行知工程

教育探索者书系

书系顾问 张志勇

书系主编 齐 健

鲁派名校系列

让个性绽放精彩

——学校课程体系整合与创生

RANG GEXING ZHANFANG JINGCAI

XUEXIAO KECHENG TIXI ZHENGHE YU CHUANGSHENG

谢建伟 徐淑萍 等◎著

参与编写人员：张新喜 刘福艳 郑明岩 解相花 纪永梅

江蘇鳳凰教育出版社

Phoenix Education Publishing, Ltd

图书在版编目（CIP）数据

让个性绽放精彩：学校课程体系整合与创生/谢建伟，徐淑萍等著．—南京：江苏凤凰教育出版社，2014.9（2023.11重印）

ISBN 978-7-5499-4428-6

Ⅰ.①让… Ⅱ.①谢… ②徐… Ⅲ.①课程改革—教学研究—小学 Ⅳ.①G622.3

中国版本图书馆 CIP 数据核字（2014）第 213067 号

书　　名 让个性绽放精彩——学校课程体系整合与创生
作　　者 谢建伟　徐淑萍
责任编辑 午新生　雷利军　张晓兰
出版发行 凤凰出版传媒股份有限公司
江苏凤凰教育出版社（南京市湖南路 1 号 A 楼　邮编 210009）
苏教网址 http：//www.1088.com.cn
照　　排 润星之源文化有限公司
印　　刷 唐山富达印务有限公司
厂　　址 唐山市芦台经济开发区农业总公司三社区
开　　本 787 毫米×1092 毫米　1/16
印　　张 18.25
字　　数 289 千字
版　　次 2014 年 9 月第 1 版　2023 年11月第 2 次印刷
书　　号 ISBN 978-7-5499-4428-6
定　　价 88.00 元
网店地址 http：//jsfhjycbs.tmall.com
邮购电话 025-85406265，85400774　短信　02585420909
E - mail jsep@vip.163.com
盗版举报 025-83658579

以有限而观无穷

——诸城市实验小学课程创新的大智慧

学校制订教育目标可从多个方面进行考虑，如学生的发展需要、社会的发展需要、国家的发展需要、国际理解的教育需要乃至于无穷，然而，其总有一个基本点可以把握。

谢建伟校长就是找到这个基本点的人。

笔者走进诸城市实验小学已有数年、数次，在其中解读到了他们的教育情怀、教育智慧、教育责任、教育体系、教育策略，从校长到教师都带给我们教育的远见与智慧。其核心则体现在他们的课程整合上。

荀子说："欲观千岁，则数今日；欲知亿万，则审一二；欲知上世，则审周道；欲知周道，则审其人所贵君子。"以这种方式来深度介入诸城市实验小学的课程整合则能从中领略到与众不同的价值体验。

一、以近知远，教师可为

2011年，义务教育课程标准的颁布使得英语、语文、数学等学科不再呈现一般意义上的单学科知识体系，更多的综合、开放价值需要学科教师来审慎地实施。

（一）从语文再出发

诸城市实验小学的语文教师在教学与研究中发现：小学阶段课程层次、门类很多，在实施中，地方课程及国家课程中的不少内容与语文内容相互重叠或交叉；学生语文知识学用脱节；学生的有效阅读量不足，整体读书质量偏低；许多教师重知识传授和情感体验，轻语文实践。

于是，学校开始从语文学科入手对三级课程进行整合：一是学科内的整合，二是学科间的整合，三是与其他资源的整合。

伴随着课程的整合，一批批教师成长起来，涌现出大批特级教师，大批课堂教学、班级管理以及文学、艺术、体育、科技等方面的名师。

伴随着语文课程的整合，其效能也逐步凸显出来。学校从一年级就开

始实施快乐识字、提前阅读的相关教学，借助学校创编的《诸城实验小学学校语文识字十级过关》，使三分之一的学生二年级结束就能把小学阶段要求认识的字认完。另外，每年的“读书节”，学校都会推出适合各年级段的系列活动，给学生搭建展示自己的舞台。

（二）一步一根基

第一次来诸城市实验小学，就被学校的文化所吸引继而被感动。每走一步都能感受到教育的存在。

启智楼、启慧楼、启德楼、启秀阁、启真楼、启正楼、启蒙楼，普通的七座建筑具有不普通的文化求索，传统道德教育、传统文化教育、健康教育等在这里一一呈现，安全文化、责任文化、道德文化、读书文化……有秩序地分布在校园的角角落落。

语文课程整合就发生在这里，通过学校师生的介绍，我们能够轻松看到课程整合走过的一段坚实的求索之路。

自 20 世纪 90 年代起，诸城市实验小学就进行了“大语文”教学的探索，学校倡导超文本阅读，使学生积累了丰富的语言材料，但他们也发现：学生在习作中并不能很好地运用积累的语言材料，也就是说，学生的阅读积累和习作脱节，不会学以致用。

针对这种现象，教师对教学的各个环节进行了观摩、分析，最后找出了问题的瓶颈：教学时偏重对文本思想内容的感悟，忽视了对写的指导和训练，即过于注重语文的人文性，忽视工具性。

于是，他们又开始了更深一步的探索：低年级开展“快乐识字、提前阅读”研究；中高年级进行“批注式阅读教学”和“读写互补，走稳作文之路——小学语文梯度性、互补性读写”的探索。但在运行一段时间之后却发现，这些方法零散、不成体系，不便于教师在实际教学中进行操作。简约、易行成为学校教学改革的又一个思考路径。

2011 年以来，学校结合潍坊市的“小学语文‘主题学习’实验”进行了更为深入的研究和实践，逐步总结出了“自主互动、读写互补”单元主题系列化教学法，整合一个单元的学习内容，分六种课型进行教学。这六种课型分别是预习过关课、字词读写课、课文品读课、拓展阅读课、主题习作课、综合实践课。

二、以一知万，万法可归

这六种课型到底承载着怎样的教育思想呢？

（一）仅仅是流程吗

一是预习过关课。其教学目标是让学生在课前预习的基础上了解本单元主题，认准字音，读熟课文，了解课文主要内容。

二是字词读写课。这一课型的教学目标是让学生把本单元的生字词及课文中的重点词语读会、读好，初步感知意思并试着运用。

三是课文品读课。教师改变以往单课授课模式，整合一个单元的课文，让学生自主学习，教师适当点拨引导。课堂教学的过程可以是让学生学完一课习得方法后，用学到的方法自学第二课，然后集体交流。

四是拓展阅读课。其目的是延伸学生的学习触角，增加知识积累，使学生在不断的积累中提高语文素养。

五是主题习作课。紧扣单元主题，学习和借鉴课文的表达方法，练习写作。

六是综合实践课。结合单元学习主题，组织相关的语文实践活动。具体内容不定，组织形式不一，可以在课堂上开展，也可以在校园里开展，还可以到社会上进行，目标为发展学生的语文实践能力。

六种课型虽是从语文的角度出发的，但具有普适性。老子曾说“一生二，二生三，三生万物”，可见在“一”和“万”的问题上，选择“一”是智慧的，学科的价值往往是开放的、多元的，厘清学科内部的规律，找到切入点，方法策略便是可行、可拓展的了。

（二）“法”度并不唯一

一法生万象。单纯的语文教学改革能够带来多大的学校变革呢？谢建伟校长自然有着自己的判断：方法改革不仅仅是一个方法的问题，还需要学校综合的改革来配套。诸城市实验小学教学领域的法度并不是唯一的，已经深入各个层面多个领域。

一是“每门功课皆育人”。诸城市实验小学的教师们认为，除语、数、英外，音、体、美及各种实践活动课对学生素质的提高同样重要，教学研究没有“主科”和“副科”之分。因此，即使是国学课、健康教育课等所谓的“边缘”课，教师们照样上得有板有眼，在教研活动时，对这些课的研究并不比其他课少。

二是“教学研究研教学”。在诸城市实验小学，周听评课、推门课、走访课、展示课有机结合。多种形式的听课和评课研讨活动，使学校里一直弥漫着课堂研究的气息。

三是“学生读书重批注”。各种语文教学方法的落实，让学生的语文学习有了内在的变化，学生开始在阅读中思考，在思考中阅读，学生在教材中做批注便是一种很好的展现。学生读书写批注，教师读书更要写批注。2012 年暑期，第二期教师培训班进行教师读书展评时，读书批注便是其中一项重要内容。

四是“作业改革应运生”。在学校的综合改革中，作业也在慢慢地发生变化。教师根据学生的知识水平、年龄特点，设计具有自主性、开放性、趣味性、生活化的作业，而且让学生参与到作业设计中来，调动了学生的学习兴趣和积极性。

三、以微知明，课程可整

回到课程的整合上来。学校要为学生的发展提供所需课程，虽然课程却并不代表学校教育的全部，但是课程却能够清楚显现一所学校的现状与未来。

我们相信，课程并不小，而且能够以此来见大。诸城市实验小学起于语文学科的课程整合就不仅仅是一个结果，而是一个教育的过程。

（一）谁来整合

2012 年 5 月，诸城市小学“整合式”语文主题教学观摩推介会议在诸城市实验小学召开，实验小学的语文教师代表，解读了“整合式”语文的整合模型，其模式分为六大操作模块，继而形成了教师们认可的“语文执行课程”。

课程的整合者不是专家，不是学校，而是教师。诸城市实验小学倡导教师批判性地使用教材，实现国家课程、地方课程和校本课程三级课程的有机整合，归还教师的课程研制参与权和自主重构权，发挥教师群体的作用，最终达到智慧共享。可以说，这是完成从“教教材”到“用教材教”的必经之路，也是提升教师课程智慧、促使师生走向幸福的必经之路。

诸城市实验小学的这一做法是科学的、合理的。教师在课程实施过程中的整合是教师教育理想、信念、方法与学生的需要、发展、兴趣的结合，是最具有真实性和可行性的。

（二）整合的是什么

一是语文教材内容本身的整合。可以是一个单元的内容的整合，一册教材内容的调整，也可以是不同册教材内容的跨越。

二是跨学科整合，主要是学科间资源的整合。

三是语文与其他资源整合。课外的相关资源丰富多彩，本着删繁就简的原则，精选与教材相关的网络资源或地方资源等进行整合。如与学校活动和重大节日的整合。

（三）怎样来整合

针对国家规定的三级课程体系，诸城市实验小学将国家、地方、校本三级课程的相关资源进行整合，其课程资源整合的步骤主要分为四步。

一是研读教材，对照整合。首先是教研组长研读语文教材，把握每个单元涉及的阅读内容、训练目标、实践内容、拓展空间，然后与地方课程的相关内容逐一进行核对、比较、分析，以表格的形式呈现，写清楚整合的内容、方法及意义。

二是核心研究团队带领，分步实施。先由核心研究团队整合一个单元，进行示范性引领，再由教师根据语文教材的单元主题，找到相关学科知识的整合点，结合学校的六种课型进行各个层面的分步整合。

三是专家把脉，课堂研讨。学校组织周听评课和课堂达标课等多种形式的课堂研讨活动，通过评课对整合内容进行再完善。邀请省内专家来校听课、指导，以明确方向，正本清源，使课程整合纳入正轨。

四是形成校本执行课程。实施“主餐＋套餐”的备课方案。主备人写好教案，然后在教研组内集体研讨，智慧共享；主备人根据研讨结果二次备课，并制作课件，形成人手一份的“通用教案”，这叫“主餐”。教师在上课前根据自身实际和特色，进行个性补充。学期结束后，教研组集体整理，如此循环，使整合课程日臻完善。整合的流程为“个人主备—集体研讨—主备人修改—教学组把关—个性修改”。

校本执行课程不再是一般意义上的由教师被动执行的课程，而是教师自己开发的可以执行的课程。课程开发的主体是离学生最近的教师，课程的主体自然也就离学生最近。

（四）整合出了什么

从学生层面说，课程整合让学生的大量阅读、学用结合、知行合一、文道合一得以实现。

大量阅读贯穿于整合教学的全过程，学校充分利用一切可利用的时间安排学生阅读。无论是哪种形式的阅读，都结合年级特点来推荐和引导。

整合课程时注意学用结合。在进行单元整合识字时，不单是让学生认识、会写生字词，还要求学生通过连词成句等形式学会运用新词；在学习了课文后，还有针对性地让学生进行小练笔。每个单元的主题习作，也引导学生尽量运用本单元学习的写作技巧和方法。

为全面提高学生的语文素养，每个单元都围绕单元内容引导学生进行主题实践活动，让学生在丰富多彩的语文主题实践活动中发展语文素质，提高学习兴趣。

语文三级课程资源的整合教学，不仅使学生进行了大量阅读，拓展了知识面，还使学生从中学到了习作方法，最重要的是在阅读的潜移默化中，学生对文本思想内容的感悟和体验更加深刻了。学生从中体验到学习的快乐，明白知识是“活的”、可以随时运用的，从而树立了正确的人生观和价值观。

从教师层面说，课程整合使教师开始打破学科分工隔阂，使教师成为课程的主人，成为真正的课程设计者、实施者、评价者、管理者，促进了教师的专业化发展。

从课程价值层面说，课程资源的重构整合，弥补了教材实用性和个性的不足。教材作为共性培养的内容，多是规律性的东西，与不同地区、不同学校的具体情况不能适应。针对此类情况，教师对教材进行了重构，使整合后的教材课程更符合本地域的特色，更具有地域实用性。

（五）比整合更重要的是什么

诸城市实验小学的课程建设收获了语文之外更丰富的课程研究成果，使课程成为学校发展的内在动力。

学校的“班级课程”异彩纷呈，主要围绕完美教室的缔造开展，它激发了每位教师的创造力，让每名学生都找到了归属感。

学校的“活动课程”丰富多彩，安全活动、文明礼仪活动、感恩活动、“五个一”活动等，都成为学校生活的一种常态，体现了育人的价值和功能。

学校的“节日课程”精彩有序，传统节日课程、校内节日课程（体育节、艺术节、科技节和读书节）等成为学生的期待。

学校的“实践课程”色彩斑斓，让学生走出校园，走进更广阔的学习空间。社区活动课程、环境保护课程、校外参观课程、家庭小主人课程等让学生的道德感、责任感、价值观开始丰盈与完善。

诸城市实验小学的学校课程正在从学科中心、学校中心走向学生中心、社会中心，统整与开放的课程发展模式来到了时代的最前沿、学术的最前沿、学生发展的最前沿。

四、以确定知不确定

学校未来该如何发展？谢校长感觉一切还都有诸多的不确定性。然而，现实中可确定的东西很多，如何用相对恒定的事物来把握不确定的未来，谢校长有他的判断。

学校要创名校，就要在文化建设和教学改革上下功夫，实施三步战略：一年巩固诸城名校地位，两年成为潍坊市文化建设与教学改革名校，三年在全省乃至全国产生影响，让教师们走向名师讲坛。如今，三步战略已经越来越接近实现，我们能够感觉到，那个不确定的未来已经越来越近地在谢校长和教师们面前确定下来。

（一）这就是责任文化

如今，责任文化已经深深植根于实小人的心中，成为学校发展的底气。谢校长曾在“第三届中国新教育新闻节名校长合作交流研讨会”上做了有关学校文化建设的经验交流，重点阐述了学校的责任文化。

科学、规范的制度能使学校领导和教师明确自己的责任，进而创造性地开展工作。为此，学校健全完善了各项规章制度，制订了本校《育人为本基本制度》《导师工作手册》等一系列管理制度，责任到人，使一切有章可依，切实保障学校的规范运行。

没有规矩不成方圆。学校还出台了《实验小学文明礼仪规范》《实验小学学生一日常规》等一系列学生规范，以强化对学生的养成教育。依托“文明监督岗”，实现学生的自我管理，通过月度“优胜班级”评比活动，使学生的日常行为与班级荣誉紧紧相连，增强了学生的主人翁意识和集体责任感。

谢校长还意识到，制度不应只有责任和义务，还应有权利和温情。因此，在日常管理中，对教师多了些理解、尊重和赏识，让每位教师都真切地感受到他们是学校“重要的人”，每个人都不可或缺。

（二）这才是真正的质量

诸城市实验小学在全国第六届中国青少年机器人竞赛中，荣获一等奖。学校代表诸城市参加“中国体育彩票杯”2011年潍坊市中小学生乒乓球联赛，获得小学男子组团体第二名的好成绩；学校还代表潍坊市参加“队旗飘飘映党旗”山东省少先队献词大赛，荣获二等奖。

这都来自于诸城市实验小学的“轻负担”之举。

精彩纷呈的艺体活动，使学生的技能和本领得到了锻炼与提升。艺体活动不仅使学生陶冶了情操，还增强了协作竞争意识。每年五月学校都会举行广播体操比赛，分级部举行冬季运动会。

诗文、英语诵读展示，提升人文素养。早晨7:30至7:50，各班轮流到门厅诵读经典诗文及英语句段，形成了班级与班级间你追我赶的氛围。这已形成一道亮丽的风景，家长及行人禁不住驻足观看。

这都是学生发展的密码。

（三）这才是真正的教学

在董凤兰老师“一设二问三展示”的数学课堂上，学生的假设、提问、解答、展示活动逐次展开，学生的深度思考、独到思路让许多听课教师赞叹：“这才是真正的学数学！”

在课堂教学改革方面，诸城市实验小学致力于改变学生的学习过程，激发学生学习的内驱力，特别是下大力气改变教师的教学方式。

数学、语文、英语等学科都获得了突破。纪永梅、董凤兰和郭琳琳等教师以其厚实的功底、全新的理念，展示出各自课堂的独有魅力。她们执教的课均以严谨的教学设计、独特的教学艺术、活泼的课堂气氛和良好的教学效果获得同行的一致好评。

（四）这就是无限的未来

谢校长说，作为一所名校，要负起对社会的责任和对兄弟学校的责任，将自己的优质资源以最大力量辐射周边，带动周边的学校建设。

诸城市实验小学特别重视对农村学校进行重点帮扶，先后和当地的多所学校建立了城乡互助共同体，除了每年选派多位教师到乡下任教外，还定期给这些学校无偿进行师资培训。此外，还在物质上进行帮扶，帮助这些学校进行硬件设施的配备。一所名校的社会大义已经被担当起来。

教育均衡发展本应是地域教育的根本任务，但是在这里，已经被谢校长纳入自己的视野。立足大时代的大教育责任就在于此。

站立在时代发展的大背景下，一项项颠覆性的创新带给人们惊喜的同时，也挑战着人们的思维，什么是真正的智者？

布鲁诺说：“聪明睿智的特点就在于，只需要看到和听到一点，就能够长久地考虑和更多地理解。”

谢校长和诸城市实验小学的教师们也给出了答案：以有限而观无穷。新的教育理想就在不远的未来，而千里之行，他们正始于足下。

（齐鲁师范学院山东省基础教育课程研究中心　李秀伟）

目　录

引论：走在课改的路上

教育绕不过“文化”和“课程”两个词，但这两个词总给我们一种空洞的感觉。正因为如此，教育才更值得研究。山东省诸城市实验小学正是从这两个方面入手，寻找“幸福快乐教育”的真谛的。诸城市实验小学从精神文化、物质文化、制度文化、课程文化、行为文化、信息文化六个方面入手，探索了学校文化建设的可行性做法，取得了初步成效，于是总结出版了《让个性绽放精彩——学校课程体系整合与创生》一书。本书呈现的是从2010年开始，诸城市实验小学在课程改革方面的做法以及成果，是对一个过程的记载，也是对一个时期研究成果的陈述。

学校的育人目标需要通过课程来实现，这就决定了课程文化是学校文化中最主要、最根本、最核心的部分。如今，“课程”概念已走进了每一所学校，走近了每一位教师。国家、地方、学校三级课程管理的相关规定，赋予了学校更大的改革空间。

学校，该如何改革？

谢建伟校长曾感慨地说：“我们曾经有过不断的变革，更有过无数的辉煌。我们始终在思考，如何让学生体验到学习的快乐，让教师感受到育人的幸福，让生命在幸福快乐中绽放……”

创想需要实践。揣着“痛则思变”的勇气，探索着“变则求通”的方法，诸城市实验小学走上了课程改革的道路。

语文教师从教材着手，整合习作内容，创造性地开展作文教学；大量读写，将一个单元的内容整合起来，进行单元整合归类教学。数学教师将数学与生活紧密结合，用“设、问、展”引领课堂教学。综合实践课与各学科活动整合，写字教学特色日益鲜明。各种各样的兴趣小组如雨后春笋般涌现。

“没有明确的目标，也没有完整科学的体系。”专家们的提醒振聋发聩。于是，谢校长带领我们广泛调查，反复研讨。从课程目标到课程总框架，

从课程实施到课程评价，经过几个回合的讨论研究，终于拨云见日。

忘不了，谢校长“课改再难也要改”的坚持；忘不了，核心团队成员从起点出发又回到起点的一次次论证；忘不了，李秀伟老师牺牲早饭时间指点迷津的无私。终于，课程理念逐渐明晰，课程目标、课程体系得以建立，完整的课程规划呈现在面前！

我们将校本课程分为选修和必修两大体系，选修包括学科课程和学校的特色课程，必修包括走班课程和班级社团课程。我校的校本课程能更好地落实国家课程标准，实施幸福快乐教育，培养个性的书香人、文明人、自信人、快乐人。

在学科课程中，教师们用“整合”的理念让三级课程为我所用，走出了国家课程的校本化实施的可行之路。

在特色课程中，用我校的办学特色体现学校的育人哲学，锻造了具有“实小”特质的接班人。

在班级社团课程中，学校重建班级新概念，形成学校、家庭、社会三位一体的德育阵地，引领师生走进幸福的教育生活。

在走班课程中，教师把学生的个性发展作为教育的终极目标，构建了开放的校本课程开发结构。

课程实施的关键在课堂。在“三勤四让五环节”这一总纲领的引领下，教师用自己的理论实践让课堂变得与众不同，提高了课程的价值。万丽华老师让《孝经》走进了语文教学，郑连叶老师将艺术与数学结合，金向丽老师把传统游戏引进体育课堂……

在课改的路上，只有起点，没有终点。回望，是为了更好地前行。撑一支长篙，让我们且歌且行，向青草更青处漫溯！

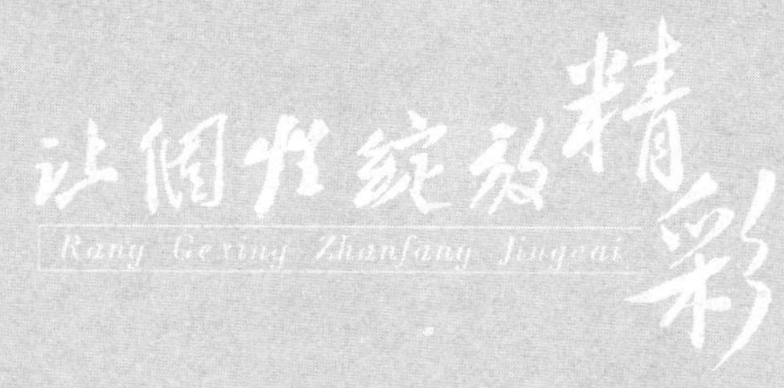

第一章

课程，学校教育目标的开始

学校的教育是有意识、有计划的活动，有着明确的方向和目标。课程是学校实施教育活动最基本、最有效的载体。大到一个国家的课程改革，小到一个教师的课程研发，在有了明确的教育目的之后，首先要考虑的就是构建什么样的课程体系，以什么样的课程来实现自己的教育目标。没有课程做依托，一切教育目的都是无源之水、无本之木。

学校的教育是有意识、有计划的活动，有着明确的方向和目标。教育目标可以规范教育活动的全过程，使教育活动合乎教育的规律和社会的需要。课程是学校实施教育活动最基本、最有效的载体，是学校提供给学生以获取知识、能力、人格，以及学习经历等一切环境和活动的总和。换句话说，一所学校有计划、有目的地让学生主动学习的一切环境及活动都是课程。学校开设什么课程，讲授什么内容，都是由教育目标决定的。也可以说，学校的教育目标首先从课程开始。

孔子一直追求“成人”的境界，他用“六艺”来实现这样的教育目的，即礼（礼节）、乐（音乐）、射（射箭技术）、御（驾驶马车的技术）、书（书法）、数（计数）。朱永新先生针对课程有过这样的比喻，如果把教室比作河道的话，课程则是水流，两者相得益彰时，才会有教育的精彩涌现。有了课程的汩汩水流，田间地头也可以成为教室的延伸部分；课程的水流枯竭了，精心布置的教室也会成为禁锢生命发展的囚笼。在苏格兰的“卓越课程改革”中明确提出了把学生培养成为成功的学习者、自信的个体、负责任的公民和社会的积极贡献者的总体目标。为了实现这个目标，其开设了表达艺术、科学、技术、数学、语言、社会研究、健康与幸福、宗教与道德教育等课程。

古今中外，没有哪一所学校不是通过课程来实现教育目标的。可见，课程在教育和教学中处于核心的地位，体现着学校培养人才的蓝图。大到一个国家的课程改革，小到一个教师的课程研发，在有了明确的教育目标之后，首先应该考虑的是构建什么样的课程体系，以什么样的课程实现自己的教育目标。没有课程做依托，一切教育目的都是无源之水、无本之木。

第一节　课程与教学改革的源起

一、国家课程政策解读

国家的课程政策决定着课程特点，从宏观上规定了课程的理念和路线。目前，关于课程政策的文件有《基础教育课程改革纲要（试行）》（以下简称《纲要》），《义务教育课程设置实验方案》《国家中长期教育改革和发展规划纲要（2010—2020年）》（以下简称《规划纲要》）。

基础教育课程改革将国家、地方、学校三级课程管理作为政策范式，以增强课程对地方、学校及学生的适应性。三级课程的内涵是什么呢？从狭义来说，课程开发的主体不一样，地方课程、学校课程是由地方政府和学校自主决定的那部分课程。由于不同地区的发展不平衡，同一地区不同学校之间有所差异，国家课程在不同地区、不同学校实施的过程与结果不可能完全相同，所以国家课程也可以成为各地区、学校开发的对象。因此，国家课程、地方课程的校本化实施也属于校本课程，这就给校本课程的开发提供了更广阔的空间。

《纲要》中指出："学校在执行国家课程和地方课程的同时，应视当地社会、经济发展的具体情况，结合本校的传统和优势、学生的兴趣和需要，开发或选用适合本校的课程。"这里所说的"适合本校的课程"正是这种广义上的"校本课程"。

注重创新精神和实践能力培养的课程设置。《纲要》指出："改变课程内容'难、繁、偏、旧'和过于注重书本知识的现状，加强课程内容与学生生活以及现代社会和科技发展的联系，关注学生的学习兴趣和经验，精选终身学习必备的基础知识和技能。"课程的设置与实施要努力寻找知识和能力的最佳结合点，以提高国民素质为根本宗旨，以培养学生的创新能力和实践能力为重点。

构建一体化的"三维目标"。《纲要》指出，国家课程标准"应体现国家对不同阶段的学生在知识与技能、过程与方法、情感态度与价值观等方面的基本要求，规定各门课程的性质、目标、内容框架，提出教学和评价建议”。三维目标中无论是知识、方法、能力、还是情感、价值观都是在“过程”中形成的，所以，关注“过程”是三维目标对课程改革最有益的启示。

二、社会发展的需要

武汉大学曾进行了“社会究竟需要什么人才”的用人市场调查研究，被调查单位遍布30个省、自治区、直辖市，调查对象包括各种类型及各种性质与规模的单位。调查显示，用人单位最看重的是“分析和解决问题的能力”，占68.7%，其次是“独立工作能力”，占53.3%，再就是“实践动手能力，占48.1%。可见，用人单位最看重的是“实干”。此外，“组织管理能力”（35.4%）、“人际交往能力”（27.6%）、“科研能力”（14.8%）等其他能力也显得很重要。当然，不同的用人单位在人才的能力偏好上是存在差异的。小学教育作为奠基工程，要为培养社会所需要的人才奠定基础，其育人目标和社会发展需求是一致的，课程改革也必然从注重创新精神和实践能力的培养开始。

三、学校的课程理念

教育哲学是学校在教书育人的长期实践与追问中形成的对教育根本问题的认识，它是课程的起点，是所有课程决策的基础。我校认为，教育就其本质来说，不是挖掘分数的机器，不是升学的工具，而是为了促进人类生命的健康成长，为了培养社会需要的人。科技在不断进步，社会在快速发展，小学教育作为奠基工程，不仅要教给学生必备的知识，还要让学生获得一生受用的东西——好习惯、好品格、好的兴趣爱好、好的文化底蕴、好的身体素质、好的心态，为幸福快乐奠定基础。幸福从哪里来呢？校训“幸福由努力和负责中来”就是最好的回答。学校倡导实施“幸福快乐教育”，以“培育书香人、文明人、自信人、快乐人”为育人目标，坚持“文化立校、科研兴校、特色强校”三大战略，积极打造“自主、活泼、乐学、进取”的校风，为每一位学生的成长和幸福奠基。幸福快乐教育，不仅要让师生感受到当下校园生活的幸福，还要为他们今后的幸福人生奠定基础。

全校师生对学校的共同愿景都很明确，形成了一个大的学习共同体。

校园平安和谐，师生幸福快乐，学校进行的课堂教学改革和各项学生活动都以让学生成长为书香人、文明人、自信人、快乐人为原点。

在这个共同体中，学生课外经常参加学校的各项活动，忙碌而充实、快乐。“从实小走出来的学生，自主、活泼、乐学、进取，有潜力。”初中学校经常这样夸赞我校的毕业生。教师虽然忙碌，但能主动追随学校的办学理念，努力、负责，认真地完成自己的使命。学校以教学质量高、学生能力强而立足于名校之列。

四、学校课程的历史及现状

我校自 20 世纪 90 年代就自发进行了学科课程改革，由以教师、教材为中心的精讲精备到以学生为中心的“以生为本，自能探究”，体现了重视学生自主发展的课程观；由关注“教师的教”到关注“学生的学”，由按部就班的文本细读，到“$1+x$”再到“单元整合”，由被动地执行教材到敢对教材“下手”等都体现了学校课程意识的萌发与成长。课堂教学改革从关注教学的规范性、落实有效知识框架开始，注重发掘知识的内在魅力，激发学生的学习兴趣。

国家实施三级课程管理，增强了课程对地方、学校及学生的适应性，同时也导致了小学阶段课程层次、门类繁多，教学内容重叠或脱节的现象。同一名教师常常担任国家课程、地方课程、校本课程的教学工作。如语文教师除任教语文学科外，还兼任地方课程“传统文化”和校本课程“书香润年华”，这就加重了教师的负担。此外，大部分教师的课程意识不足，局限于被动地执行教材。结合课程改革的相关要求，学校本着继承中发展、发展中创新的原则，深入开展课程创新，为学生提供主动发展的机会，让学生快乐学习，幸福成长，使学生成为书香人、文明人、自信人、快乐人。

五、学生发展的需求

随着学校的发展，我校在“幸福快乐教育”的目标追求下，对原有学校的课程组织形式提出了新的要求。这需要我们对现有的课程进行调查分析，不断进行课程创新，以满足学生发展的需要。家长希望学校开设丰富多彩的课程，让孩子幸福快乐地度过童年时光的同时，陶冶性情，塑造品格，成长为全面发展且有特长的好孩子。家长和社会的这些需求，为课程改革奠定了基础。同时，我校通过问卷调查，从学生的价值观、期望值、需要、兴趣等方面出发，对学生发展需求进行了全方位的评估。

学生课程需求调查问卷分析

1. 你在班里学习、生活得愉快吗？

80.2%的学生认为自己在学校的生活很愉快。这说明我校的办学理念、办学特色及教育教学等符合学生意愿。

2. 你经常用课堂上学到的学科知识解决实际问题吗？

20.3%的学生能经常运用，28.5%的学生偶尔运用，51.2%的学生基本不用。从统计数据看，学科知识的实际运用情况不佳。原因包括两个方面：一方面，学科课程是按学科分类的，而实践活动所需要的是综合知识，因缺乏必要的整合，学生一时难以应用；另一方面，教师在教学时，忽视学科课程知识与日常生活和学生经验的联系。

3. 你现在最喜欢上的课是什么，原因是什么？

从统计数据看，我校学生学习态度良好，喜欢的课不分主、副科，喜欢的原因大多是课堂上学得轻松快乐，有亲自动手和创新实践的空间，作业少等。

4. 你希望学校在课堂上安排课外阅读的时间吗？

85.4%的学生希望在课堂上进行课外阅读。

5. 放学做完作业后你最愿意做的事是什么？

放学做完作业后有35.5%的学生喜欢看电视，8.0%的学生喜欢上网，56.5%的学生做其他自己喜欢的事。我们将通过校本课程继续开发学生的潜能，发掘其特长。

6. 双休日，你是否参加补习班？

双休日50.8%的学生在上各种补习班，45.0%的学生上过补习班。

7. 长大后，你最想从事什么职业？（多选）

从统计数字看，95%的学生有美好的理想，但其中只有13.5%的学生长大后愿意当技术人员，这说明我们的学生在动手动脑等方面还存在不足，因此应该加大力度培养学生的科学意识，提高学生动手动脑能力。

8. 学校组织的集体活动你最愿意参加的是什么？

60%的学生愿意参加我校组织的主题节活动，这说明他们渴望在活动

中展示自己，增强体验。

9. 你有哪些兴趣爱好？（多选）

这是一项多选题，从统计数字看，学生爱好广泛，上网、看课外书、听音乐、做运动等共占80.5%，参加社会活动的比例只占2.5%。这说明学生社会活动意识差或没有社会活动的机会，学校应该在社会活动方面给学生创造条件，提供机会。

10. 你希望发展自己哪方面的爱好、特长和能力？（多选）

项目	比例	项目	比例	项目	比例
美术	25.3%	舞蹈、音乐	15.1%	书法	50.2%
体育	20.2%	英语	8.5%	其他	4.6%
数学	15.4%	摄影	7.1%		

学生对书法的兴趣普遍较大，这与我校长期以来的办学特色有很大关系。

11. 学校想开设选修课程供同学们自主选择，你希望通过选修课程的学习达到什么目的？（多选）

71.3%的学生选择提高自己的素质，15%的学生选择对今后的学习和生活有帮助，7%的学生选择增加学习生活的乐趣。这说明大部分学生有对自身成长的渴望与需求。

统计结果发现，学生的发展包括健康生活的需求、快乐学习的指导、幸福成长的体验、实践能力的养成。

课程创新是学校对教育哲学的诠释，对学校文化的认知，对社会发展轨迹的解读，对学生生存与发展需要的了解。综合考虑以上因素，我们将课程改革的总思路确定为突出“整合＋特色”，构建“必修＋选修”的课程体系，努力培养书香人、文明人、自信人、快乐人。在多年课堂教学改革的经验基础上，我们重整旗鼓再出发——设计问卷、举办座谈会，了解学生的需求和兴趣倾向，注重学科课程与学生生活及经验的整合，注重三维目标的整合，以提高学生的综合素质。同时，开设校本必修课程和选修课程，以满足学生发展的需求，推动学校的发展。

第二节　“自主执行”的课程总框架

一、确定目标——课程实施的导向

目标，是课程实施的导向。学校围绕“幸福快乐教育”的核心理念提出了育人目标：培育书香人、文明人、自信人、快乐人，简称“四人”。培养书香人和文明人重在让学生拥有优秀的品格、健康的兴趣爱好、深厚的文化底蕴，拥有终身受用的学习习惯和行为习惯；培养自信人和快乐人重在让学生拥有积极进取的心态。要想“自信”和“快乐”，不仅要具备良好的心理品质，更重要的是具备自信和快乐的资本，而这个资本就是学生全面而有个性的发展。所培养的这“四人”，不仅指向当下，更指向未来；不仅是一种目标，更是一种理念，贯穿课程实施的全过程。如果一个学生具备了这四种品质，将受益终身。于是学校依据课程改革的总思路，提出了本次课程改革的目标。

1. 提高学科素养。

整合三级课程资源，优化各科课程，删减重复内容，加强学科教学的序列化、系统化，实现轻负高效。通过与相关学科相互融合，最大限度地体现知识的整体面貌。努力实现由知识本位向学生发展本位的转向，强调知识与技能、过程与方法以及情感态度与价值观三个方面的整合，摒弃以往学科课程片面强调知识与技能的倾向，转变单一的课程功能，实现整体的育人功能。

2. 增强综合素质。

落实《纲要》和《规划纲要》中关于实施素质教育的要求，基于学生的直接经验，落实动手实践类、体验感悟类课程内容，综合运用知识，丰富学生的学习方式，让学生有更多亲自参与实践的机会，从此形成对自然、对社会、对自我的责任感，培养学生解决问题、探究创新和综合实践能力，使其养成合作、分享、积极进取等良好的品德习惯。

3. 促进个性发展。

开展选修课程，张扬学生个性，让学生自主选择课程，体验成功的快

乐，促进个性的发展。

4. 推动专业成长。

归还教师的课程研制参与权和自主重构权，发挥教师的主动性，转变教师的教学方式，使其更符合学生的需要、发展和兴趣。

5. 形成办学特色。

加强学科课程整合，促进三级课程的校本化实施。开发具有地方特色和学校特点的校本课程，形成必修课程和选修课程共存的校本课程体系，促进学校形成办学特色。

有了目标，课程构建就有了方向。

二、课程构建——目标实现的关键

要想实现教育目标，必须拥有一套与之相匹配的课程。国家的课程政策决定着课程的特点，从宏观上规定了课程的理念和路线。《纲要》中强调，设置综合课程，以体现课程结构的均衡性、综合性和选择性。可以说，均衡性、综合性和选择性是新课程结构的三个基本特征。

我们在这三个基本特征的基础上增加了规范性、协调性和特色化，并把这六项确定为课程规划建设的原则。均衡性指的是学校课程体系中的各种课程类型、科目和内容应保持恰当、合理的比重，学习领域或学科与活动的规划、设计应体现全面、均衡的原则，课时安排应体现均衡性，而不是平均分配。综合性指的是课程之间融合互通。选择性指的是针对学校与学生的差异，灵活地选择适应学生全面发展的课程。规范性指的是国家课程、地方课程和校本课程必须完备。协调性指的是课程之间的互补。特色化指的是课程要突出学校的发展目标和办学思想，适应本校学生的特点和学校实际，不仅体现国家基础教育课程改革的基本要求，而且体现鲜明的学校特色。

学校根据以上原则和本校课程目标，努力加强课程整合，以提高三级课程对学校和学生的适应性，形成独具特色的校本课程。学校制订的课程分必修课程和选修课程两大体系。必修课程包括学科课程（语文、数学、英语等各学科整合课程）和特色课程（书法艺术课程、棋艺课程、书香课程、健康课程）。选修课程包括走班课程和班级社团课程。走班课程是个人选修课程，学校根据学生的兴趣和需求开设 30 多个兴趣班，学生可以自主选择。走班课程包括剪纸、电声乐等内容，并以“校园四节”（体育节、艺术节、科技节、读书节）为平台，定期展示学习成果，激励广大师生的工作与学习热情。班级社团课程以班级为单位，一个班为一个社团，每个社团都起一个响亮的名字，如“青竹儿社团”“小蜜蜂社团”“金童社团”等，社团课程由班主任带领学生自主执行。也可以说，班级社团课程是以班级为整体的“团体”选修课程。

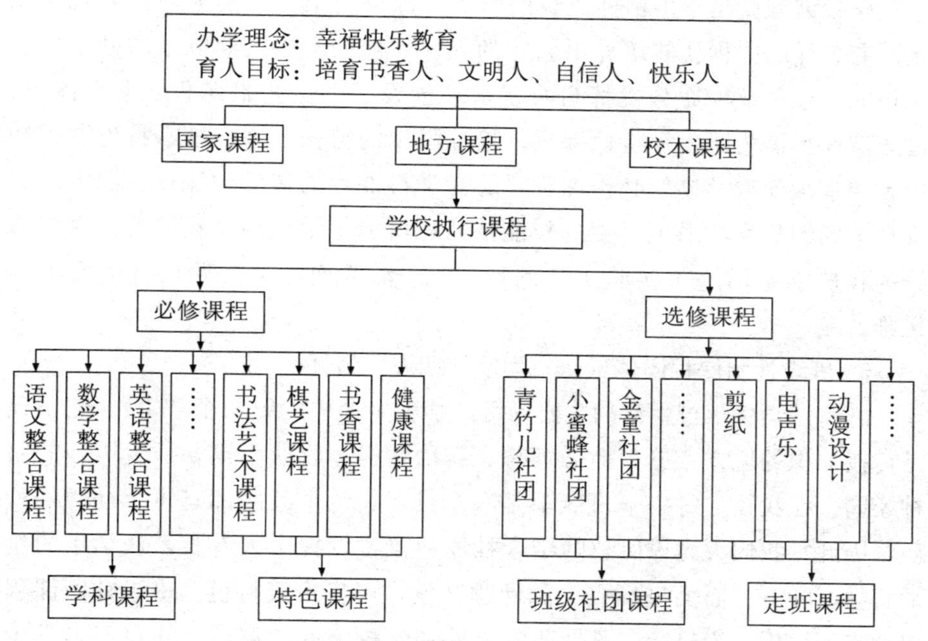

学校课程结构框架示意图

1. 学科课程自主整合，指向“四人”培养。

学科课程在学校课程体系中占有权威地位。学科课程是素质教育的根基，学校作为国家的教育组织机构，必须完成国家课程的教学内容，这是培养学生“四人”品质的根本途径。在落实的过程中，学校可以结合地域和学校特点，促进国家课程的校本化实施。为响应新课改的号召，让学生在不同内容和方法的相互交叉、渗透和整合中开阔视野，提高学习效率，初步获得现代社会所需要的实践能力，我校倡导教师批判地使用教材，对国家课程、地方课程和学校课程加以整合，以形成校本执行课程，这不仅归还了教师的课程研究参与权和自主重构权，还让学生在学科整合中享受

到快乐。

在实施过程中，教师把激发学生兴趣和培养学生良好习惯贯穿于教学的始终，教学时创设愉快的情境，通过启发引领，激发学生的学习热情，让学生逐步快乐地拥有知识、习惯、能力和创造的激情、自信向上的品质，让学习成为学生获取知识、提升生命质量的幸福之旅。

2. 特色课程常规开设，滋养“四人”品质。

学校课程就是学生精神成长的营养，课程越丰富，学生的营养就越充足，有怎样的课程就能培养出怎样的人才。依据学校长期以来的办学特色和培养目标，学校充分发挥自身优势，创设了书法艺术课程、书香课程、健康课程、棋艺课程等特色课程，培养学生的特长。这些校本特色课程和国家课程被列为学校的必修课程，成为学科课程的拓展和深化。四大类课程从不同的角度增强了学生的技能技巧，增加了学生的文化底蕴。这些课程为我校学生增添了实验小学的特质——活泼而不失文明，自信而不失优雅。

3. 班级社团课程团体选修，陶冶“四人”情怀。

教室是学生学校生活的主要场所，学生生命中的第二个“家”。它不仅是传授知识的地方，更是播撒理想、陶冶情操、收获幸福、师生历练的精神家园。在我校，每一个班级都是一个社团，每个社团都有每个社团的特质。因此，我们大力提倡教师结合社团愿景，发挥个人专长，从学生的生活、学习的方方面面进行多元的课程开发，彰显班级特色。班级社团课程以“幸福快乐”为目标，通过课堂内外和学校家庭的碰撞，让每一名学生在社团活动中亲历实践过程，获得生活经验，寻求生活的本真意义，实现学习方式的变革，体验到社团生活的快乐。

一年级的入学课程，各班的生日课程、游学课程等成了学生最期盼的事情；毕业班的毕业课程往往会成为学生最难忘的记忆。孝亲课程、器乐课程、生命课程、随笔课程等成了很多班级的名片。虽然是同样的课程，且各班开发的形式及过程各有千秋，但都立足于学生每天的生活，指向快乐，指向成长。

4. 走班课程自主开放，丰盈“四人”特质。

三级课程整合，可以有效地减轻学生的课业负担，提高学生的学习兴趣，但课堂时间是有限的，不能把所有知识全部放进去，也不能同时满足所有学生兴趣发展的需求。为促进学生的个性化发展，丰富学生的生命体验，学校开设了走班课程，把走班课程作为实施素质教育的抓手，重在浸润学生的生命底色，丰盈学生的个性特质。

学校曾针对现有的课程开设满意度对学生做了一次调查，结果出人意料。对于学校所开设的课程，49.2%的学生不喜欢，33.5%的学生无所谓，只有17.3%的学生喜欢。在填写的不喜欢的原因中，学生普遍反映课程单一，没有意思。在填写喜欢开设哪些课程中，有选唱歌、跳舞的，有选画画、书法的，有选各种棋类的，有选各种球类运动的……通过调查问卷可以看出，学校现有的课程满足不了学生的需要，学生呼唤丰富多彩的课程。所以，开设一系列适合学生兴趣爱好和发展需要的、丰富多彩的走班课程，大大激发了学生的参与热情，成为提升学生素质、发展学生个性的强有力保证，也促使一大批素质全面、个性突出的学生脱颖而出。

三、课程管理——目标实现的保证

好的课程体系是实现育人目标的根本，好的课程管理机制是实现育人目标的关键。因此，学校应积极建立和健全课程的管理制度，构建课程管理运行机制。

1. 组织管理保障。

我校成立课程专家委员会。课程专家委员会由校长，分管教育和教学的领导，省市级特级教师、教学能手，全体教研组长等组成，成员要在课程开发方面成为探索者、引领者、示范者、指导者、推动者。课程专家委员会主要对各类课程的实施进行整体规划和项目管理。学科课程由教导处具体负责，走班课程、特色课程由德育组具体负责，班级社团课程由教科室负责。各负责科室要统筹规划，从课程开发的意义、内容、评价等方面进行全方位的监控，从而保证课程的有序开展。

2. 课程安排保障。

学科课程按国家课程标准安排课时。特色课程的课时一部分与学科课程的课时相融合，另一部分则利用地方或学校课程的课时。如书法艺术课程的课时与语文课中每周一节是写字课相结合；书香课程利用每周的两节语文课和晨诵、午读时间；棋艺课程在1～2年级开设，每周两课时，利用地方或学校课程课时；健康课程，利用体育课和每天的大课间（大课间上

午一次，下午一次，共1小时），没有体育课就安排一节校园体育活动，学生根据爱好自愿选择活动项目，利用的是自主安排的课时；走班课程利用的是每周二、四下午第三节自主安排的课时，学生自主选择；班级社团课程利用的是每周一节的班队会。

诸城市实验小学课程设置与课时安排一览表

<table>
<tr><th colspan="2">年级
课程</th><th>一</th><th>二</th><th>三</th><th>四</th><th>五</th><th>六</th><th>说　明</th></tr>
<tr><td rowspan="15">必修课程</td><td>品德与生活/品德与社会</td><td>3</td><td>3</td><td>3</td><td>3</td><td>2</td><td>2</td><td rowspan="11">1. 1～2年级开设品德与生活，3～6年级开设品德与社会。
2. 一年级入学初，设置两周的入学课程，作为学习准备期。
3. 综合实践活动课程含“信息技术”。
4. 地方与学校课程：1～2年级是安全、心理健康教育，每周一节；传统文化，每周一节。3～6年级是安全、环境教育，间周一节；传统文化，每周一节。</td></tr>
<tr><td>语文</td><td>8</td><td>8</td><td>7</td><td>7</td><td>6</td><td>6</td></tr>
<tr><td>数学</td><td>4</td><td>4</td><td>4</td><td>4</td><td>5</td><td>5</td></tr>
<tr><td>英语</td><td></td><td></td><td>2</td><td>2</td><td>3</td><td>3</td></tr>
<tr><td>科学</td><td></td><td></td><td>2</td><td>2</td><td>2</td><td>2</td></tr>
<tr><td>音乐</td><td>2</td><td>2</td><td>2</td><td>2</td><td>2</td><td>2</td></tr>
<tr><td>体育</td><td>4</td><td>4</td><td>3</td><td>3</td><td>3</td><td>3</td></tr>
<tr><td>美术</td><td>2</td><td>2</td><td>2</td><td>2</td><td>2</td><td>2</td></tr>
<tr><td>综合实践</td><td></td><td></td><td>2</td><td>2</td><td>3</td><td>3</td></tr>
<tr><td>地方与学校课程</td><td>3</td><td>3</td><td>3</td><td>3</td><td>2</td><td>2</td></tr>
<tr><td>周课时数</td><td>26</td><td>26</td><td>30</td><td>30</td><td>30</td><td>30</td></tr>
<tr><td rowspan="4">特色课程</td><td>书法艺术课程</td><td colspan="6">利用语文课中每周一节是写字课，1～2年级开设硬笔书法课，3～6年级开设软笔书法课。</td></tr>
<tr><td>书香课程</td><td colspan="6">利用晨诵、午读时间，和每周的两节语文课。晨诵时间：7:40—8:00。午读时间：下午第一节课前20分钟。</td></tr>
<tr><td>棋艺课程</td><td colspan="6">在1～2年级开设，利用自主安排的课时，每周两课时。</td></tr>
<tr><td>健康课程</td><td colspan="6">体育课和每天的大课间。大课间上午一次、下午一次。共1小时。
没有体育课就安排1节校园体育活动，学生根据爱好自愿选择活动项目。</td></tr>
</table>

(续表)

<table>
<tr><th colspan="2">年级
课程</th><th>一</th><th>二</th><th>三</th><th>四</th><th>五</th><th>六</th><th>说　明</th></tr>
<tr><td rowspan="4">选修课程</td><td>走班课程</td><td>2</td><td>2</td><td>2</td><td>2</td><td>2</td><td>2</td><td>每周二、四下午第三节进行，学生自主选择。</td></tr>
<tr><td>班级社团课程</td><td>1</td><td>1</td><td>1</td><td>1</td><td>1</td><td>1</td><td>班主任协同任课教师、家长开展体现班级愿景的课程，集中与分散相结合，校内与校外相结合。</td></tr>
<tr><td>校园四节</td><td colspan="6">每年四月、五月、十月、十一月</td><td>每学年举行体育节、艺术节、科技节、读书节作为走班课程学习效果的展示。</td></tr>
<tr><td>假日雏鹰小队</td><td colspan="6">每学期两次</td><td>以小区为单位，自愿组织，以假日小队形式参加实践基地活动、社区服务等。</td></tr>
</table>

第三节　“自主选择”的教学总纲领

课程的实施关键在课堂。没有课堂的变革，课程改革就难以真正落实。课堂作为课程实施的主渠道，决定着学校育人目标能否实现。因此，课程价值要从课堂中升华，育人目标要在课堂中落实。我校以“幸福快乐”为原点，结合学校实际，对三级课程进行有机整合，探寻教学核心理念，极大地调动了教师的积极性、主动性，走出了“自主选择”教学总纲领的课改之路。

一、形成核心教学理念，让教学有标可依

课程的价值在课堂上应如何更好地体现呢？调查带给了我们思考。

一个让学生喜欢的课堂，才能使学生积极参与其中，知识与技能、过程与方法、情感态度与价值观才能落到实处。因此，我们对每个年级的100名学生进行了问卷调查，问卷的主要内容是“你喜欢什么样的课堂”。

调查发现，在学生比较喜欢的教学方式中，探究式占33%，讨论式占

26%，活动式 34%，讲授式占 6%，其他占 1%。

从问卷中我们可以看出，学生对探究式、讨论式、活动式这三种教学方式比较喜欢，只有少数学生喜欢讲授式。学生比较喜欢的这三种教学方式，共同特点都是以生为本，是以学生的体验和探究为主的学习方式。可见，学生反对教师课堂上唱主角的“一言堂式”的传统教学模式，渴望做学习活动的主人，渴望通过自己的探究获取知识。看来，学生是否喜欢学习，学习的投入程度如何，最深层的力量并不在于学习内容本身是否有趣味，而在于学生的内在体验和价值认同。

纵观传统的课堂教学，多是以教师的传授为主，教师“霸占”了课堂，教师将自己对知识的理解强行灌输给学生，学生只是一味地被动接受。这看似减轻了学生的负担，实则禁锢了学生的思维，限制了学生潜能的发挥。事实上，教师在滔滔不绝地讲授、命令、评价时，没有时间来反思、关注学生的状态，致使学生失去了探究的欲望、学习的兴趣，使学习变成了一种苦役。这是我们应该认识到的。

齐鲁师范学院山东省基础教育课程研究中心李秀伟说，教学首先要“顺应性情”，顺应学生的情感；要让学生“获得方法”，学会自己去学习；要让学生“积累兴趣”，积累从方法得来的内在兴趣；要让学生“形成习惯”，形成一个自觉学习的习惯，通过方法、兴趣进入自觉的学习状态。他的课堂价值观自始至终都是以学生为根本，从顺应性情到获得方法，从积累兴趣到形成习惯，都遵循人的发展规律，注重挖掘人的潜能，最终内化成自主行为，达到“形成自觉”的价值境界。

爱因斯坦说，什么是教育？当你把学校所学都忘记了，剩下的就是教育。只有那些影响了学生生活的内容才构成教学的有效素材，只有真实地关注学生的发展，教学才有意义和价值。

据此，我校提出了“以生为本，自能探究”的核心教学理念。通过这样的理念引领，引导教师改变传统教学方式，以生为本，关注学生，给学生提供各种尝试的机会，创造各种条件，让学生在自主探究中获得学习的兴趣、成功的体验。

核心理念引领下的教学，从最初的“学生不敢说”到“学生说给学生听，学生说给老师听”，我们的学生不一样了，我们的课堂不一样了，变革让教师明白，师者，出则明，入则迷。“入”是一种职责，“出”也是一种职责，而且是一种充满智慧的职责。把课堂还给学生，才会成为“君子之教”，才能“教学相长”。

二、设计教学总纲领，让教学有章可循

理念引领下的课堂改革还只是“粗放型”的，理想课堂似乎仍然遥不可及。我们遵循总的教学理念，不断总结经验，不断梳理、创新，在课堂教学改革中取得了突破性的进展，确定了以构建幸福快乐高效课堂为目标的教学总纲领。

美国埃德加·戴尔的“学习金字塔”（如下图）理论引起了我们的思考。它以数字形象显示了采用不同的学习方式，学习者在两周以后还能记住多少内容。这是一种现代学习方式的理论。

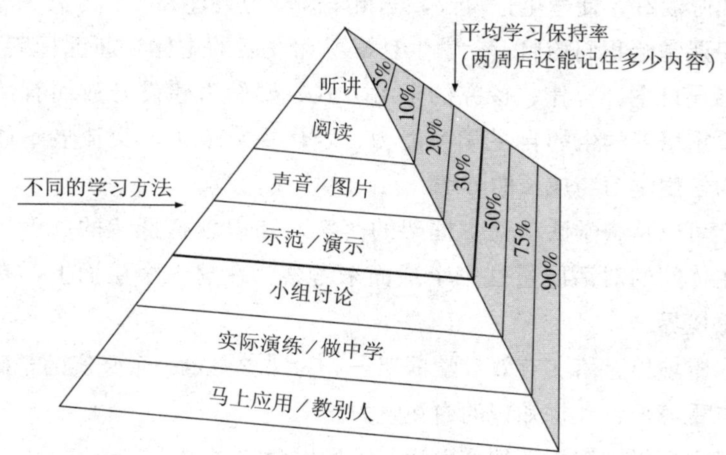

学习金字塔

通过第一种学习方式“听讲”，这种我们最熟悉、最常用的方式学到的内容，两周以后学习的内容只能保持5％。

通过第二种学习方式“阅读”学到的内容，两周以后可以保持10％。

通过第三种学习方式“声音、图片”学到的内容，两周以后还能保持20％。

通过第四种学习方式“示范、演示”学到的内容，两周以后还能保持30％。

通过第五种学习方式“小组讨论”学到的内容，两周以后还能保持50％。

通过第六种学习方式“实际演练”或“做中学”学到的内容，两周以后可以保持75％。

在金字塔基座的学习方式，是“马上应用”或“教别人”，两周以后学

习的内容还能保持90%。

在我们的课堂教学中，教师的讲解多于学生的亲身体验；课堂交流师生单向互动多于生生、师生多向互动；重学习结果，轻学习过程；重认知目标，轻情感态度与价值观；重示范，轻让学生实际演练。当前课堂教学中存在的这些问题，正是我们课堂教学改革的起点。

优秀课例给我们的反思。我校一直坚持周听评课，每周一小评，每月一大评，每学期一总结。从这些总结来看，高效课堂具有以下特点：课堂教学中能运用评价充分调动学生学习的积极性，使学生能主动参与学习；学习方式多样化；教师具有良好的点拨技巧，能引起学生的情感共鸣；让学生走上讲台"讲课"，其他学生听得更认真，教学效果良好；能及时练习应用、实际演练，使学生记得快，学得牢，学习兴趣高。

理想课堂给我们的启示。学生是学习和发展的主体。新课标明确提出，要积极倡导自主、合作、探究的学习方式，要努力建设开放而有活力的课堂，要着重培养学生的自主学习能力、合作探究能力、交流展示能力，让课堂成为学生学习与成长的阵地。

课堂可以从教学活动基本框架的落实、知识理解抵达的深度、主客体之间及主体间的对话质量这三个层面来考察。在这三个层面上，有理想课堂的三重境界。

第一重境界：落实有效教学框架——为课堂奠定一个坚实的基础。

第二重境界：发掘知识的内在魅力。

第三重境界：知识、社会生活与师生生命的深刻共鸣。

基于以上分析和课改现状，我校总结各科教学的经验，结合新课标理念，梳理提炼出了课堂教学的五个环节，经过反复打磨，最终将"三勤四让五环节"定为课堂教学总纲领。

"三勤"为暗线，贯穿整个教学过程，"勤动口、勤动手、勤动脑"，身动引领心动，身心齐动方是身心参与学习的正道。"三勤"让学生动了起来，思维活了起来。"四让"就是在执教的过程中把读、练的时间交给学生，把讲、议的机会还给学生，把评、用的权利放给学生，真正做到以学生为主体。"五环节"为明线，注重首兴趣、次自主、细思考、重合作、多展示、贵迁移。每一环都以学生为主，任务明确、做法具体、环环相扣。努力追求"人人乐学，人人会学"的目标。

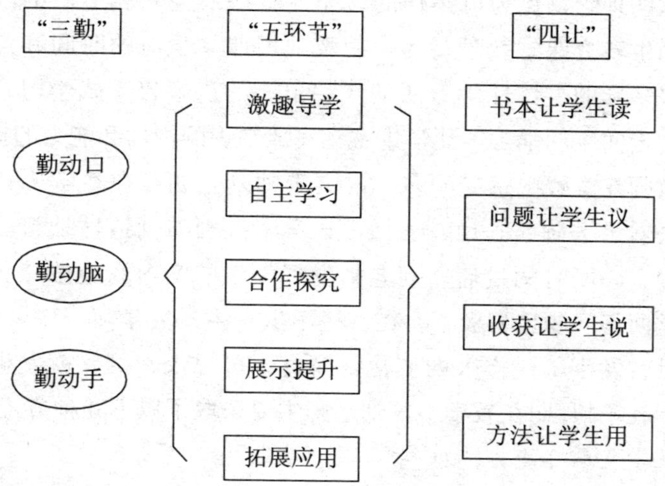

"三勤四让五环节"模式流程图

"五环节"的具体流程如下图。

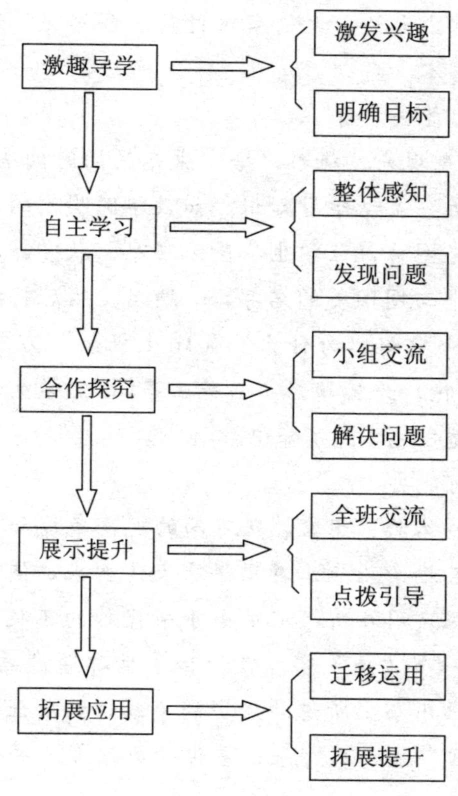

将课堂的理念物化为可操作的教学流程以及与之相适应的师生课堂教学，引领师生转变课堂教学行为，使教师把课堂学习的时间和空间还给学生；用丰富多彩的主体性学习活动代替单一的讲解接受式学习，促使学生由被动接受走向主动学习，让学生主动完成知识的构建和能力的提升。

我校教师在实践中感受颇多。语文教师刘兰明，在教学中让学生尽可能去想、去看、去画、去说、去做，让学生批判与创造性地接受知识，展示思维过程。一段时间过后，刘老师发现学生的学习兴趣浓厚了，学习主动了，课堂回答问题也积极了。在《让学生自主探究学习》中，她说："短短的几个月就发生了这样大的变化，简直不可思议，可它就发生在我的眼前，使我不吐不快。"在教学中，刘老师主要采取了以下几种方式。

一、让学生尽可能去"想"

培养学生"敢想"，鼓励他们毫无顾忌地尽情去想，合理去想。如学《圆明园的毁灭》时，采用多媒体创设情境，播放《火烧圆明园》影片的片段，让学生看后谈体会，学生便联想到火药。学生提出中国是最早发明火药的，为什么不制造出火炮、火枪来对付英法联军呢？这样一来，学生的思维一下子超越了书本。

二、让学生尽可能去"看"

"看"就是让学生观看、观察，给学生充足的时间去观察，通过"看"去发现，在此基础上去主动学习知识。如教学圆明园的风光时，通过多媒体出示圆明园的风光图片，让学生尽情地观察、欣赏，再据自己的观察和发现，给图片题一个与图同美的名字——题名。然后将图片的原名对照自己题的名，比较哪个更好，为什么？如学生根据"万花阵"的建筑特点（它像一朵绽开的荷花）为其题名"石花玉亭"，使学生在充分"看"的基础上进行探求并创造性地学到了知识。

三、让学生尽可能去"画"

学生通过观看、体验、想象，从不同的观察角度和思考层面把自己所获得的信息画下来，描绘出来，再用语言表达出来，使学生的手和大脑都动起来，克服了上课只用耳听，不用小手来操作的不足。如上《画风》一课时，充分体现了一个"画"字，教师和学生都通过画来表达思维结果，教师用"简笔画"画出书上所说的风中的事物，然后让学生在这幅美丽的风景画上想办法"画"出"风"来，看谁的办法多，并说出为什么这样就把风画出来了。这样就激起了学生主动探究的意识和兴趣，培养了学生动脑和动手的能力，学生在探究怎样画这一过程中，也就明白了风是不能被直接画出来的，只能通过其他事物在风的作用下所呈现的形态来表示，比教师讲出来的效果好多了。

四、让学生尽可能去“说”

学生的思维是通过语言表达出来的，通过他们的说，教师能了解他们是怎么想的，是如何思维的。教师给学生创设畅所欲言的自由空间，真正做到课堂教学氛围和谐、民主，给学生一片自主探究的天空。如可以是指名说、上台说、小组说、问答式交流，可以是学生补充说、总结说。

五、让学生尽可能去“做”

学生自己动手做的过程，实际上也包含了思考与探究的过程，教师要为学生设计、提供做的时间和必要的物质条件。如在期末复习成语时，教师改变以往将全节的成语找出来，让学生抄、读、记等的做法，而是相信学生，放手让学生自己去读课文，自己去找、去抄、去积累，还要求学生比一比，看谁能将书中所有成语全找出来。这样充分体现了学生的自主性，激发了学生的积极性。

六、让学生批判性、创造性地接受知识，展示思维过程

为学生营造宽松的环境，鼓励学生坚持真理，遵循事物的客观规律，敢于怀疑前人，不唯书，不唯上。如学习《詹天佑》一课时，学生在敬佩詹天佑的同时，还针对他的“‘人’字形铁路的设计”“中部凿井法”“相对凿井法”谈了自己的设计和想法，并进行了合理的想象、科学的思维。学生用自己已有的知识经验进行了合理的分析，并敢于创造性地接受知识，充分展示了学生合理的思维过程。

七、给学生提供“捕鱼”的“场所”，教给学生“捕鱼”的“方法”

人们常说：“授人以渔，终身受用。”在这个知识爆炸的时代，我们不能只注重教给学生“如何捕鱼”，还需要告诉学生“捕鱼”的“场所”，告诉学生学习的多种渠道和网上的庞大资源应该如何利用，即告诉学生收集资料、获取信息的途径和渠道，如报纸剪贴、书刊摘抄、电视录音、网上下载、实地调查等。对于收集到的材料又怎样来整理、处理，使之成为自己有用的资料呢？如从电视上知道“明天有雨”，你将怎样处理这个信息呢？明天你就要带雨伞。又如你从报纸上看到一个中学生因考试成绩不好，

竟跳楼自杀，你会怎样想，对你会有怎样的启示？如果自己也是一个承受力差，经不起挫折的人，你面对这种情况会怎样处理？是不是该调整一下自己的心态，正确对待考试呢？

只要我们转变教育观念，给学生留下时间、空间和机会，放手让学生大胆去想、去看、去说、去画、去做、去怀疑，既教给学生学习方法，又教给学生获取知识的途径，就能培养学生自主探究的能力和意识。

三、实施学科建模，让教学自主执行

有形的教学模式与无形的教学智慧哪个更重要？从有形到无形是教学行为显著提升的标志，即便如此，有形的过程也是必不可少的，它承载着特定的动机和价值。

教师逐渐发现，每个学科有每个学科的特点，每个学科都有不同的课型，总模式只能是一个纲领。课堂的走向是什么？面对学科内涵挑战时，如何发挥学科特点，并运用课堂优势将其呈现出来，是成功教学的关键。而在二者的统一下，只有在实践中，才可以得到思维依据。为了更好地进行学科教学，我们又走上了学科建模的道路。

我们先结合学科特点，确定了各学科的课型，遵循总的教学理念和模式，针对每一种课型采取了“三步走”战略，即“定模—入模—出模”。结合周听评课这一常规教研活动，推出“研究型教师—达标型教师—创新型教师”三大系列评选活动，深化学科模式研究。

定模：模式形成阶段，在此阶段开展“研究型教师”评选。依据教学总纲领，各教研组首先进行“同课异构”活动，通过磨课、观课、议课初步形成各学科教学模式。然后，进行“异课同构”活动，验证初步形成的教学模式的普适性，进一步优化并最终确定模式。活动中各教研组根据组内成员的得分，评选出 30 位研究型教师。

入模：模式实践阶段，在此阶段举行“达标型教师”评选。达标课是在组内群研的基础上深化模式的研究。学校组成评委团对达标课进行打分评比，评选出达标型教师 48 名。

出模：模式成熟阶段，在此阶段进行“创新型教师”评选，目的是让教师以模式为引领，发挥自身特长，展示自己的特色，促进课改向纵深方向发展。学期末，评选出课堂教学创新型教师 20 名，教师节期间进行表彰。

“三步走”战略确定了每个学科的各类课型，形成了我校“学科建模，一科多模”的特色。

建立模式的过程就是创新的过程，实践模式的过程就是形成特色的过程。学科模式的构建，是围绕学校“以生为本，自能探究”的核心理念，在总模式下创建更符合各学科特点的教学流程，能在课堂上淋漓尽致地体现各学科的课程价值。如语文学科形成的“整合式”语文主题教学法，基于数学与生活相结合的“一设二问三展示”数学教学法，综合实践与各学科相结合的“三段十环节”教学法，英语口语化情境教学法，品德与生活、品德与社会生活化教学法等。

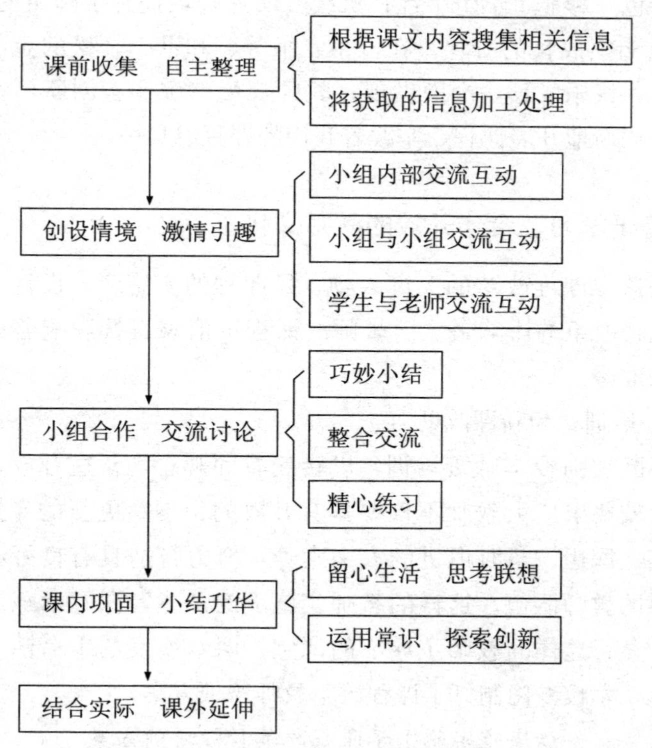

品德与生活、品德与社会生活化教学法

学校鼓励教师创造性地实施教学，以模式为引领，但不模式化，追求“从心所欲，不逾矩”的教学境界。

第四节　开放自主的教学文化

历经三年多的改革之路，课程建设已成为学校素质教育的有效载体，选修与必修并存的课程体系环环相扣、互为补充，体现了“培育书香人、文明人、自信人、快乐人”的教育目标。学科课程整合让三级课程更好地为我所用，夯实了学生的发展根基；丰富多彩的特色课程、走班课程，突出了学校特色，彰显了学生个性；班级社团课程，提升了师生的生命质量，搭建了师生幸福成长的阶梯。在民主、平等、和谐、轻松的氛围中，学生活泼、乐学，快乐成长，全面发展；教师仁爱、敬业、创新，不断改变着行走方式，创新地开展课程，实践着我们的课程愿景……

一、善于学习、合作开放的教师文化

教师是落实课程改革的关键人物，是课程的实施者、设计者、实际解读者，对课程改革的影响最大。教师的课程价值观直接影响着课程内容和教学过程的取舍。

1. 校本培训，为新课改助力。

学校不断加强校本师资培训，以转变教师观念，营造开放、合作的教师文化。学校要求广大教师不仅要具有开放的、不断更新的专业素养，还要拥有厚实、深邃、与时俱进的人文素养，努力打造具有良好心态和强烈教育责任感的教师队伍。这样的教师实施下的课堂，课堂承载的文化价值才能得以彰显；这样的教师主导下的课堂，课堂焕发的生命活力才能得以实现。为此，学校专门制订了课程改革教师培训方案。

诸城市实验小学课程改革教师培训方案

一、指导思想

1. 通过培训明确新一轮课程改革的目标、任务及工作方式与策略，激发广大教育工作者参与改革的自觉性、积极性，确保实验工作健康发展。

2. 培训工作贯穿于实验的全过程，是个不断学习、实践、提高的过程。

3. 通过培训，培养、锻炼课程改革的骨干力量，带动新课程的推进。

二、主要任务

1. 认真学习《基础教育课程改革纲要（试行）》（以下简称《纲要》），了解新课程改革背景、《纲要》内容和实施计划等。重点学习我校制订的课程规划方案，并理解课程功能、课程结构、课程内容、课程实施、课程评价和课程管理等方面的改革目标，增强实施课程改革的自觉性和责任感。

2. 组织参加实验的教师认真学习相关学科的课程标准，重点学习和了解本门课程的课程目标、具体的课程内容和评估标准等内容，使教师通过教学实践逐步掌握实施新课程的有效教学方法和手段。

3. 强化教师的课程意识，聚焦新课程改革中的课程整合、自主落实、以生为本、自能探究。

4. 通识培训内容主要包括基础教育课程改革的指导思想、教育观念、改革目标以及相关的政策措施，培训对象为全体教师。学科培训内容主要包括各学科课程标准解读、学科教学改革发展、新教材的体系安排、教材编写意图、教学要求、教材处理和教法研究等，培训对象为任课教师。

三、具体方法

启动“三大提升工程”：教师素养提升工程、潜质教师给力工程、名师团队打造工程。

坚持“三结合”原则：教学理论学习与反思性教学实践相结合；全员群体研修与骨干教师研修相结合，教师个体研修与教师群体交流相结合。

四、组织实施

1. 结合我校开展新课程改革的实际情况和具体安排，有计划、有步骤地组织本校广大教师的新课程培训工作。

2. 学科教师培训由教科室统一时间，协调安排。

3. 师资培训工作是课程改革工作的重要组成部分，又是小学教师继续教育的核心内容，参加新课程师资培训计入教师继续教育学时。

五、应注意的几个问题

1. 要切实保障新课程师资培训工作的经费。

2. 要将课程改革的师资培训工作始终贯穿于课程改革推广的全过程，本着“边实验，边培训，边总结，边提高”的原则，探索新的培训模式和新的培训手段。

3. 学校要强化“校本培训”，要为教师的业务提高创造条件。学校学科

教研组要以新课程实施为契机，改进和加强教学研究，结合教学实践重视和组织好教师的专业进修、研讨。

4. 要切实加强对课程改革中师资培训的科学研究工作；要通过培训探索建立继续教育工作的新理念和新机制，进一步增强小学继续教育工作的针对性和实效性。

扎实有效的校本培训中，既有个体反思，又有群体对话；既有同伴互助，又有专业引领。实践与理论互通互向，不同经验、体验的互动交流和激情碰撞，使教师在读懂别人的同时认清自己，在借鉴别人的同时发展自己，在实践尝试的同时突破自己。加上教育专家的点评，有效促进了教师群体教育“公共知识”向个人专业素养的转化，有效推动了积聚的知识活化成为合乎理性的教育思维方式和行为方式，进而“积识成智”，夯实了课程改革的基础。

2. 课程里的精彩故事，为新课改增趣。

不管走多远，不要忘记停下来想想当初为何出发。及时对照目标进行反思、总结，才能发现理想与现实的差距，才能在差距中调整自己的思路，进而不断接近自己的目标。

我们边研究边实践，课堂已成为知识与思想的集散地、文本与生活的对接舱、师生生命成长的平台。最细微的实践往往又孕育着最伟大的创想，而课堂实践与课堂创想又如此积极地进入师生的灵魂深处。每年一度的“我和我的课程故事”成为教师经验交流与展示的舞台。

纪咏梅老师在“课程整合”中改变着教学生活：

小学语文教材的知识极为丰富，很多知识是看不见、摸不着的，但却与学生的日常生活密切相关。所以，语文的学习就是一种“随风潜入夜，润物细无声”的行为，是一种“此中有真意，欲辨已忘言”的境界。

若教师在教学中只是一味地依教材而教，学科间“老死不相往来”，势必使学生的知识学习和思维训练处于无序状态，致使学习效率低下。所以我在教学实践中，进行了语文三级课程资源的整合，优化教学资源配置，使教学设计有进有退、有取有舍，以获得整体的最优化。

我以语文教材为核心，充分挖掘语文课程资源和其他相关学科资源，结合课堂内外进行资源整合，构建了语文教学系统的内容结构，实现了学生从“学会知识”到“学会学习”的转变，凸显小学语文的大语文观。

在教学实践中，我主要从以下几方面进行了整合。

一、语文教材的整合

对教材的整合，可以是一个单元的整合，也可以是整册教材，甚至是年级教材的整合。其目的就是结合学校、学生的情况，对教材的单元结构进行重组，遵循由浅入深的规律进行语文学习，弥补教材的不足。如在本学期的教学中，我尝试进行了单元内和单元间的语文课程整合，《游园不值》《宿新市徐公店》《六月二十七日望湖楼醉书》《晓出净慈寺送林子方》，整册教材中的这些古诗可以整合起来学习。同时，我又带领学生整理了秋、冬系列的古诗，从而形成了我们的“古诗中的四季”课程。

二、语文课程与三级课程的整合

在整合相关资源的过程中，生成了许多教学智慧。在学习地方课程“传统文化”时，我发现里面的内容其实和语文教材是同根；“安全教育”“环境教育”也都可以作为语文课程的补充材料，实现对课程学习的拓展和深化；校本课程中的“书香润年华”等诵读教材，对丰厚语文课程和提升学生素养起着不可替代的作用。课外的相关资源丰富多彩，我们本着“删繁就简从经典”的原则进行整合。这些跨学科的整合，是对语文学习的延伸。

三、语文课程与本土课程资源的整合

诸城市是恐龙之乡、舜帝故里，拥有优美的自然风光、悠久的历史和厚重的文化积淀，课程资源十分丰富，学校先后整理开发出恐龙文化、孝文化、超然文化、茶文化等优质课程资源。这些丰富的课程资源成为语文课程的拓展基地，让学生理解了“知”是“行”之始，“行”是“知”之成。

此外，我还整合学校活动和重大节日进行教学，活动的组织和反思都可以成为语文课程的一部分。

在不断地思考、实践中，我逐渐对语文新课标产生了感情，认识到了它的价值所在。同时，也深感自身知识面的狭窄，对专业书籍阅读充满了渴望。

“课程整合”的理念走进了纪老师的心里，落实到她的教学中，成就了她的精彩课堂。

“早起的鸟儿有虫吃。”这是朱秀华老师班的学生耳熟能详的一句话。朱老师用自主开发的晨诵课程“四季之旅”，谱写着幸福的教育篇章：

学校赋予教师课程权，给了我和孩子们广阔的空间。我试着将中华文化的精髓——诗歌、美文整合进我们的生活。

我和孩子们相约于“秋之意、冬之语、春之色、夏之情”的诗歌美文里，有对“苹果为秋天而低垂”的敬畏，有对“风一更，雪一更，聒碎乡心梦不成”的家国之思，也有对“要耕种了的紫云英地”的期许和向往，更有对“绿树阴浓夏日长，楼台倒影入池塘”的喜爱。就这样，从《苹果为秋天而低垂》《秋思》《秋词》直至《六月二十七日望湖楼醉书》《山亭夏日》，一首首古韵今风如相约的友人走进了我们的生活，这些鲜活而丰富的文字诠释着四季的意义，也让孩子们爱上了诗歌，爱上了一年四季里的每个日子，也结识了李白、杜甫、苏轼、金波、艾米莉·狄金森、金子美玲、泰戈尔等古今中外伟大的诗人。

翻开孩子们的晨诵本，都是精心思考的名字：“我的早晨”“宝贝王国”“诗意天空”“像鸟儿鸣唱”“吟诵黎明”“诗海采贝”……正如金子美玲《草的名字》所说，“那都是我取的名字，给我喜欢的草取我喜欢的名字”，孩子们也在给自己的晨诵起着自己喜欢的名字。一行行诗句，一篇篇诗章，孩子们在认真书写，也在用生命吟唱。二十分钟的晨诵时间在孩子们眼里转瞬即逝，他们意犹未尽，于是他们用自己的想象、联想和创造提笔写下属于自己的诗行：“即使我是春天弱不禁风的小草，也要笑对微风，给大地带来一点绿意；即使我是生长在藤蔓下的小树，仍要冲破束缚，茁壮成长，给夏日劳累的人们带来一丝清凉；……”聚沙成塔，在吟诵中，在书写中，师生忘情其间，生命也逐渐变得诗意、丰盈与厚重起来。

在吟诵中，在歌唱中，让生命朝向美好，这是真正的四季之旅，也是对四年级七班“蒲公英班”每个生命最真切的祝福。

朱秀华老师用“四季之旅”编织的美好生活在每个学生、每个家长中传递……

程馨同学的妈妈在一次家长会上深情地讲述了自己亲历的场景：

那是一次家长开放日，我早早地来到了教室。原本7:35才开始的晨诵，孩子们赶在7:30前就已经等在教室了，而朱老师来得更早。这是多么温馨的场景，一起等待晨诵的美好时刻！晨诵中，朱老师并不刻意要求什么，但朱老师嘱咐孩子们一定要从对诗意的理解开始。一个词一句诗弄懂是那么艰难，需要老师的一再启发和指导才行，但豁然开朗后的朗读是那么认真与开心。看看孩子们脸上攻克难关后的喜悦和自豪，我知道，老师这样做是值得的。各种形式的朗诵也让晨诵变得活泼而生动，领诵的孩子多了起来，连那些一贯喜好“沉默”的小家伙都争先恐后地举起了小手……那声音，整个教室孩子们的声音，有时还包括老师的声音，或低沉或高昂，如音乐般自然流淌，这是诗歌的感染力，这是真正的诗意朗读——用全部的感情去理解，去体会，去吟诵。这才是真正的与黎明共舞！

郑连叶老师用“课程整合”连接了数学与音乐，用“自主执行”发挥了自身特长，将数学这般“大船”变成了“航空母舰”：

这是一节一年级的数学课，我在黑板上飞速板画，多彩的海洋生物眨眼间“游”到了黑板上，课堂气氛顿时活泼起来。学生的注意力被吸引了，大家端坐在座位上显得很兴奋，有的发出唏嘘声，有的小声赞叹“哇，真漂亮”……我引导学生观察，不断说出海洋动物的数量和方位，学生学得津津有味。伴随着我的引导，教学目标在不知不觉中实现了。在课的最后，学生唱起了根据授课内容编写的童谣，和着《数鸭子》的曲子，复习了旧识，巩固了新知，放松了身心……这是让我很满意的一节课。

我有一个梦想，我希望每一个孩子的身上都洋溢着艺术的气息。所以我将数学与音乐、美术整合，让学生由欣赏情境到融入情境，自己发现问题，并解决问题；让学生通过音乐欣赏及创编表演等，活跃思维，培养审美能力；让学生通过画、折、做等操作活动，轻松愉悦地学会新知，进而将数学这艘“大船”变成“航空母舰”。

董凤兰老师鼓励学生大胆质疑，在宽松的氛围中，营造了灵动、鲜活的课堂：

镜头一：本节公开课的课题是“复习长方体和正方体”，可能是因为准备充分，课堂上学生非常活跃，学习气氛热烈，学生一个接一个站起来展示，几乎没有我插嘴的机会。学生石昊宇对一道综合习题提出了异议：“老师，你只告诉我们油箱从外面量的长、宽、高各是多少，而这道题涉及求油箱的容积，因此必须加上一个条件‘油箱的厚度忽略不计’，否则这道题就是出题不严密。”听到这样的质疑，听课教师禁不住啧啧称赞。

镜头二：为了展示教学法，我执教了一节“分数”的公开课。在进行拓展练习时，出现了一道$\frac{1}{7}-\frac{1}{3}$的题。李想说：“老师我认为这道题出错

了。因为$\frac{1}{7}$比$\frac{1}{3}$小，所以不能用$\frac{1}{7}$减$\frac{1}{3}$，应该把被减数和减数交换一下位置。”

可以看出数学课堂出现了多么令人欣喜的场面，学生不再信奉“老师是对的”“老师是这样说的”，而是自己去观察、分析、验证，运用所学数学知识质疑学习过程中出现的种种不合理现象。

我经常对学生说，数学的魅力，一是它的严密性，体现在思维、方法、途径上，你必须做到一丝不苟、环环相扣，才能达到目的；二是它的答案唯一，数学答案谁说了也不算，不论你是数学权威还是幼儿园的孩童，所有人在数学面前都是平等的，任何人都可以自由表达自己的想法。

基于这样的理念，学生才能向教师提出质疑，给教师纠错。这样的课堂才是灵动的、鲜活的、创新的、有价值的课堂。

“以生为本，自能探究”意味着把课堂还给学生，要尊重学生，信任学生，使学生能够独立思考，自主发现问题，并鼓励学生大胆地提出问题，培养学生批判求新的精神。我们要接受学生对教师说“不”，接受学生的个性，用民主的阳光去照亮学生创造的原野，让学生的能动性充分发挥出来。董老师的课堂让我们看到了“以生为本，自能探究”的光芒。

在课改中，越来越多的教师总结着、实践着、反思着，很多教师的感慨充溢着职业幸福感：

“好多年没有急于上课的冲动了，现在有了。我发现，一旦课堂活跃起来，学生和我每天都有新的收获。”

“当我真正做到‘以生为本’，把心思放在学生身上时，不仅使学生学习成绩进步了，还使学生对语文产生了更浓厚的兴趣，并建立了良好的师生关系……”

“学校的执行课程改变了我的教学生活，使我不用再疲于抄教案，让我有更多的时间认真思考课堂，发展个性化教学了。”

一滴水可以反射太阳的光辉，一个细节可以折射思想的光芒。教师的观念在变，教学生活也在变。教师从被动的“消费者”成了主动的“生产者”，从单一的“教书匠”成了专业的“研究员”，从传道、授业、解惑的“教师”成了促进学生健康成长的“导师”。校本化课程实施成为教师发挥自主性、创造性的重要场所，“以生为本，自主整合”成了教师的行走方式。这些改变，最终使得教师的课程意识、课程理解、课程实施能力得到了提高，大批教师成为真正的课程专家，而教师专业水平的提高又是继续开发校本课程的基本保证。这种相互依托的关系，使教师品尝到职业的幸福。如今，学校涌现出一大批课堂教学、班级管理以及文学、艺术、体育、科技等方面的名师，有全国百名班主任之星、省教学能手、市级优秀教师和教学能手等近50人，获市级荣誉称号者100余人，获得国家级三级心理咨询师资格者50余人，千余篇教科研论文在国家级、省级报刊发表。

二、平等合作、自主探究的学生文化

我校的课程改革着眼于学生幸福成长的需求。学生呼唤平等和参与，我们就要以学生发展为本，尊重每个学生的个性差异，给学生平等的学习机会，实现每个学生的个性化发展。学生需要合作与分享，我们就要倡导探究的、合作的、个性化的学习方式，让学生学会探究、交流与合作。从学生的视角看课堂，变化是可喜的。

1. 学生眼中的课堂。

在“我最难忘的课堂”征文比赛中，有学生马云燕最难忘的课堂：

今天，我们学习了《自己的花是让别人看的》一课，在充分理解了课文内容的基础上，王老师布置我们背诵自己喜欢的段落。几个同学忽然齐声说：“王老师，我们要和你比赛，看谁背得快!”平时，经常有这样的事发生，老师经常与我们进行比赛，写字比赛、讲故事比赛、朗读比赛、背古诗比赛，各有输赢。有时，老师真的输了，便会真诚地祝贺我们；有时，老师假装输给我们，只为逗大家开心一笑。今天，小伙伴们又来劲了，再看老师，欣然点头同意了。

徐浩源大声说：“看谁先背过，比王老师先背过的得一朵小红花。”

“同意!”我也大声说。心里暗自揣摩，老师会不会早背熟了?

“比一比谁的语气好，有感情，语气超过老师的得一朵小红花。”这是曲林，他读书最有感情了，每次王老师都表扬他。今天，他拿自己的强项同老师比，太聪明了。只见王老师一点也不示弱，说：“好!”

“看谁背得有表情，声情并茂，背得好的得一朵小红花。”平时王老师要求我们读课文时不仅要读出语气，还得有表情，大多数同学还真能做到。这一点王老师是比不过我们这群表情丰富的小精灵的。只听王老师满不在

乎地说："好，同学们，我接受挑战！快准备吧！"

话音未落，我们就急急地找到自己喜欢的部分认真地读起来。同学们有的静静地默读，有的大声朗读，有的摇头晃脑地读，还有的比画着读。王老师看着我们积极认真的样子，不由地笑了。这时，前排的王同越小声说："老师，你怎么还不背，又要输了。"看来，还有人在背诵时没忘了观察一下老师。

王老师大声地朗读起来，同学们听到老师的朗读声，背得更认真了。不到5分钟，就有几只小手举了起来，几双眼睛热切地盯着王老师。王老师对他们竖起了大拇指。随后越来越多的手举了起来，王老师一声令下："停，比赛开始！"

同学们嘴里不停地喊："我！我！……"大家都想抢在老师的前面背诵。

王老师找了几个文静的、平时表现不太积极的同学背诵，他们都一字不错地背下来了，不过有些拘谨。王老师说："很好，我要背了。"

"不行！不行！"赵玄如他们不依不饶。

于是王老师又让郝倩、周怡彤、张秀怡、李泽南等几个同学背诵，他们不仅背得声情并茂，还加上了动作。老师不由得说："佩服，佩服，你们的背诵真令人佩服。你们已经超过我了，每人得一朵小红花，不用再比了。"

"不行！不行！"同学们又齐声说，一副老师不背决不罢休的样子。王老师清清嗓子，也有声有色地背了一段。背完后，王老师笑着说："怎么样？"大家齐声说："好！老师赢了！""不，是同学们赢了，因为老师早就背过了。"大家都笑了，在愉快的笑声中这节课结束了。

课虽然结束了，但老师和我们的比赛并没有结束，老师早就成了我们的同学、朋友，和我们共同学习，互相促进，课堂早已变成我们学习的乐园！

王老师以学生为中心，营造宽松的课堂，冲淡了学习的紧张气氛，并利用小学生的好胜心，让学生在和谐的师生关系中竞争、合作、交流，使学生在不知不觉中收获知识、体验成功，受到了学生的喜爱。

虽然教师很受学生喜欢，但六（10）班的胡肇贤还是准备给老师提点意见：

周四第二节课讲授完学习内容后，进入反思评价环节。说实话，老师这节课制作的课件很精致，但是也很花哨，看起来很费眼睛。我坐在教室中间位置，也感到有些费劲，能不能给老师提提意见呢？我犹豫着……正当老师要结课时，我鼓足勇气站了起来：“老师，你这节课设计得非常好，讲解也很清晰，但我想给你提个建议，以后你再制作课件时，课件的底色不要太鲜艳，因为这样后面的同学看不清。”

初闻这一席话，老师有点意外。自从实施评价反思环节以来，同学们有给自己提要求的，有给其他同学和小组提建议的，可给老师提建议还是第一次，我心里直打鼓。

谁知，老师当即表示：“非常好，老师一定牢记你的建议。希望同学们向他学习，在适时适当的情况下，本着能更好地学习的目的，给老师提出建议和意见。老师一定虚心接受和改进。”老师接着说，“针对老师的授课，你们应该有意识更有权利提出自己的意见，帮助老师改进教学。教学相长嘛！”

后来，老师在反思评价中加了一条“评价老师”，评价老师知识的讲解和应改进的教学环节。

真没想到，老师能这么虚心地接受我的意见！

课堂教学不仅是对学生“知识生命”的培养，更是对学生“价值生命”的培养，每一堂课都是学生生命的一部分。董老师的心向学生敞开，赋予学生评价老师的权利，善于从学生的批评中汲取营养，把学生的意见当成促进自己专业成长的资源，同时让学生体验到了来自教师的尊重。这将激发学生主动思考的主人翁意识，使课堂成为自能探究、主动分享的乐园，使学习成为愉快的精神旅行。

在每学期一次的课堂教学调查问卷中，学生的诉说充满着快乐气息：

“在课堂上，我是自由的，自由的吮吸着知识的甘露，我们与老师一起交流，与同学一起讨论、一起比赛，不知不觉就下课了……”

“课堂上，我与老师争得面红耳赤，好过瘾。下课后，老师还对我竖起了大拇指，好兴奋……”

“我最喜欢的是小组一起研究问题，不但能完成任务，还能有很多意外的收获。”

“我最喜欢剪纸课，优美的音乐一响起，我们就开始了自己的小创作。小小剪刀，大大世界，我的剪纸本都快贴满了……”

“我喜欢的是书法课，它不但让我的字更漂亮，还让我做事更有耐心了。”

"舞蹈课锻炼了我的体型，也磨炼了我的意志……"

学生需要平等和参与，需要体验与合作，需要自主探究，需要多彩课堂，需要幸福快乐。在幸福快乐的课堂里，教学是学生在充分预习之后的个人体验、探究与对话；课堂是激情燃烧的动感舞台，是学生求知、创造、展示自我与体验审美的地带。对师生来说，教即学，学即教。课堂上的师生互动，每个环节均体现了师生的智慧、品德、情感和创造才能。这个时候，学习就是一种艺术享受，课堂就是让人流连忘返的幸福殿堂。

2. 学生，使课程的价值得以体现。

每每看到课堂上学生娴熟的琴法、飘香的字画，听到学生灵动的话语、嘹亮的歌声，望着大课间操场上一个个龙腾虎跃的身姿和各社团的节目表演，我们无愧于心，这才是我们想要的书香人、文明人、自信人、快乐人。学生的行为、情感、精神乃至生命都发生了深刻的变化。课堂上，他们主动探究，敢于争论，逐渐呈现出"小主人"的姿态；活动中，他们积极参与，乐于展示，展现出"舍我其谁"的精神风貌。学生的兴趣得到了发展，个性得到了张扬，平等参与、自主探究、合作分享的校园文化逐渐形成。学生素质的发展也令人振奋，每年我校都有学生在县级以上文艺、书画、体育、科技、电脑绘画等项目的比赛中获奖或在报刊上发表作品。

在第四届星光校园"全国中小学音乐舞蹈优秀获奖作品会演"中，我校有 9 个个人项目和 1 个群舞获得金奖。

央视少儿频道《芝麻开门》栏目摄制组曾走进诸城恐龙世界，探秘诸城恐龙，感受震撼神奇，体验快乐之旅。学校的 6 名小记者团成员参与了现场互动，拍摄过程中，孩子们有礼有节，活泼灵动，精言妙语不时赢得阵阵喝彩，令拍摄组刮目相看。

《超然诗书画》刊登了我校学生的 60 幅书画作品。我校学生的作品也经常被作为礼物送给前来参观学习的各级领导。诸城电视台、《潍坊教育》等先后报道了我校书法名生的突出事迹。国家教育行政学院牛文起教授来我校调研，高度评价我们实验小学"有灵气"，整个学校就是一本"活的教科书"，实实在在地在做奠基人生的教育，并欣然题词：弘扬书法艺术，凸显办学特色。

2013 年 3 月，在我校举办的"全国小学学校文化建设和特色办学现场会暨全国首届和谐杯'七说'说课大赛"活动现场，全校学生参与了展示。

电声乐队的激情放歌，民族器乐的合奏表演，乒乓球、门球队员的精彩展示，小解说员的精言妙语，小记者们机灵睿智、有礼有节的采访，以及学生的各类作品，无不让与会领导、教师震撼，纷纷赞赏我校走出了一条符合新课程理念的新路子。正如学生说的：“自从有了选修课程，我们的课余生活丰富多了，我们发现了自己身上的闪光点，感受到了快乐和自信!”

一位参观者在自己的博客中这样写道：走班活动时间一到，校园里就沸腾起来，孩子们纷纷打破班级界限，快乐“走班”，到自己喜欢的班内学习、活动，脸上溢满兴奋，内心充满愉悦。看着他们开心的笑脸，你会真正体会到孩子们成长的快乐。

“幸福快乐教育”的办学理念已融入我校的课程与教学中，也只有当课程与教学充分体现学校的教育理念时，才是内化了的、落实了的、具体的学校文化价值观，才能充分发挥学校的育人功能和作用。在这种理念的引领下，不知不觉形成了师生一致的态度和共同的行为方式。这种影响不是立竿见影、一蹴而就的，而是隐性的、长效的、综合的。学校教育的真正价值就在于通过这种熏陶和感染，引领师生体验情感、理解观点、生成智慧、积淀文化，最终形成丰富的精神世界。

“以生为本，自主整合”是我校对三级课程进行的再加工、再创造，是在学校文化基础上的融合与建构，它更符合学生、学校的特点和需要。因此，每个课堂都是一个课程实验室，每个教师都是一个课程实验者，它使学生的兴趣、能力、成绩不断提升，学生、教师、家长的幸福感不断增强。其影响力也在不断扩大，使越来越多的教师行动起来。

第二章

学科课程，在整合中为我所用

课程整合是现代课程改革的主要问题之一，而学科课程整合是课程整合的初级形式，也是课程整合最基本的模式，是课程整合在学校教育实践中最典型的体现。学科整合能使每个学科都在学校课程体系中找到自己的位置，实现对学生的教育功能，同时有力推进多学科间的合作，促进教师的专业成长，促进学生各方面能力的发展。

在国家、地方、校本三级课程的实施过程中，学生学习的科目增多了，学习内容也更加丰富多彩了，但学科间的教学内容有重复交叉的现象，浪费了学生的有效学习时间。同一教师常常同时担任国家课程、地方课程、校本课程的教学工作，如语文教师除任教语文学科外，同时兼任地方课程的“传统文化”和校本课程的“书香润年华”等，教师负担重。

学科课程以分门别类的方式组织和编排，各学科相互分离，彼此孤立，造成学习内容相互分离甚至脱节。而学生的现实生活是完整的，这种课程上的人为的割裂，造成学生认知结构支离破碎，不利于学生综合能力的培养和发展。

在日常教学管理中，我们经常会有这样的发现。

2001 年教育部印发的《纲要》中明确提出了六个改变，即改变课程过于注重知识传授的倾向，改变课程结构过于强调学科本位、科目过多和缺乏整合的现状，改变课程内容“难、繁、偏、旧”和过于注重书本知识的现状，改变课程实施过于强调接受学习、死记硬背、机械训练的现状，改变课程评价过分强调甄别与选拔的功能，改变课程管理过于集中的状况。根据学校实际，我们又进行了问卷调查，通过对学生、教师、家长进行调查论证分析，决定对三级课程进行有机整合，从而让三级课程更好地为我所用。

第一节　整合从目标入手

确立目标是课程设计与实施工作的首要环节。课程目标体现着学校对学科课程整合的总体理解，体现了国家教育目的和学校的育人哲学及办学特色，也是课程本身要实现的具体要求。目标一经确定，就会发挥导向、

激励、协调和测度功能，就会渗透在课程开发、设计、实施、评价等各个环节。

一、目标整合

1. 与三维目标整合。

课程目标要求任课教师要关注知识与技能、过程与方法、情感态度与价值观三个方面。三维目标意在突破狭隘的知识、技能与智力教育的界限，把课程教育引向意义更广泛、更深远、更丰富的生命成长。“方法”是由知识活化而成的关于实践行为的思维方式；“情感”是在学习知识的过程中生成的体验；“价值观”是情感逐步沉淀积聚的成果，是实践行为的指南针；“态度”是对事情的看法和由此产生的实践行为。我们坚定地认为，在课堂教学中，三维目标的实现，必须融入学生自主发现知识、探索知识、形成知识和应用知识的情境与过程之中。这个过程，就是对三维目标的整合过程。因此，我们在制订课程目标时应首先着眼于三维目标。

2. 与课程标准、学校育人目标整合。

各学科的课程标准是由学科专家制订的，是规定该学科课程性质、课程目标、内容目标，提出实施建议的教学指导性文件，它对课程目标的制订具有指导意义。课程标准明确提出了面向全体学生的基本要求，具有普适性。而课程目标的制订需要增强对学校的适应性。因此，美国“现代课程理论之父”泰勒提出，用学校的育人目标来过筛，得出体现学校特色的课程目标。过筛的过程也就是融通、整合的过程。

3. 与学生生活及现代社会发展需求整合。

学生从学科课程那里绝不仅仅是获得知识，还应该学会生存的本领和生活的智慧，将来能够在社会上立足，并为社会发展做出贡献。而且，知识与学生的生活相结合，也会焕发应有的魅力。课程目标与学生生活相联系，与社会发展需求相碰撞，就能摸准时代的脉搏，满足学生的成长需求。

4. 与不同学科整合。

有些学科之间的课程目标并不是相互割裂、彼此孤立的，而是相互联系、相容相关的。如品德与社会、环境教育两门课程中都有关于人与自然的目标。

【品德与社会目标】

关爱自然，感激大自然对人类的哺育，初步形成保护生态环境的意识。

了解一些基本的地理知识，理解人与自然、环境相互依存的关系，简单了解当今人类社会面临的一些共同问题。

【环境教育目标】

通过对身边自然事物的观察，发现和提出问题。

珍爱并善待周围环境中的自然事物，逐步形成人与自然和谐相处的意识。

不难看出，上述两门学科的课程目标就是相互联系的。这样的课程目标就可以整合为“通过观察与实践，形成人与自然和谐共处的意识和能力”。地方课程中的传统文化、环境教育、安全教育等课程，其课程目标与语文、品德与生活、品德与社会等国家课程的目标存在广泛的联系，所以我们可以以国家课程为中心，进行目标分类整合，使原本分散的目标相互融合，使杂乱的目标变得清晰，用超越不同知识体系而关注共同要素的方式来安排学习活动。

二、确定课程总目标

学校课程委员会根据以上原则，认真学习课程标准、课程指导纲要、地方课程指南等材料，经过反复论证、层层过筛，制订了我校的课程目标。

1. 课程总目标。

激发学习兴趣，培养良好的读书习惯、学习习惯，在德、智、体、美诸方面幸福快乐地发展，成为书香人、文明人、自信人、快乐人；具有社会主义民主法制意识，遵守国家法律和社会公德；逐步形成正确的世界观、人生观、价值观；具有社会责任感，努力为人民服务；具有初步的创新精神、实践能力、科学和人文素养以及环境意识；具有适应终身学习的基础知识、基本技能和方法；具有健壮的体魄和良好的心理素质，养成健康的审美情趣和生活方式，为成为有理想、有道德、有文化、有纪律的社会主义建设者和接班人奠定基础。

2. 课程具体目标。

（1）德育方面。

初步具有爱祖国、爱人民、爱劳动、爱科学、爱社会主义和爱中国共

产党的思想感情；初步养成关心他人、关心集体、认真负责、文明、诚实、勤俭、勇敢、正直、合群、活泼向上等良好品德和个性品质，以及分辨是非的能力，养成讲文明、懂礼貌、守纪律的行为习惯。

（2）智育方面。

掌握阅读、书写、表达、计算等基本知识和基本技能；了解一些生活、自然和社会常识；初步具有基本的观察、思维、动手操作和自学的能力；学会主动探索的研究式学习，形成科学态度和探索精神。

（3）体育方面。

增强体能，掌握基本的健康知识与运动技能；培养运动的兴趣和爱好，形成坚持锻炼的习惯；具有良好的心理品质，表现出人际交往的能力与合作精神；提高对个人健康和群体健康的责任感，形成健康的生活方式；发扬体育精神，形成积极进取、乐观开朗的生活态度。

（4）美育方面。

丰富精神生活，培养热爱艺术、追求真善美的情操；开发创造潜能，培养艺术感受力、想象力及创造力；培养广泛的兴趣和爱美的情趣；将审美能力的培养与智力的培养熔为一炉，发展学生鉴赏美、创造美的能力。

（5）劳动技术教育方面。

初步学会生活自理，会使用简单的劳动工具，掌握简单的劳动技能，养成爱劳动的习惯；培养热爱劳动、热爱劳动人民的情感。

三、确定各学科课程目标

课程目标体现了课程开发与教学设计中的教育价值。从学科课程总目标到各学科课程目标再到教学目标，是一个从概括到具体，从抽象到具象的不断转化、呈现和增加的过程。课程总目标是由学校制订的，反映人才培养的价值追求，它往往指静态的属于制度层面的课程要求；各学科课程目标是由各教研组制订的，体现本学科的课程特点。教学目标则是实践层面的，是本学科课程目标的细化与具体化，是师生课堂互动要达到的要求，它主要由教学工作者来完成。

各学科教研组，认真学习课程指导纲要、课程标准、地方课程指南等材料，结合学校培养目标和课程总目标，制订具有学校特色的课程目标。

如语文教研组制订的课程目标简称为“八好”素质，具体包括以下几方面。

1. 小学语文课程总目标。

培养语感，发展思维，初步掌握学习语文的基本方法，养成良好的学习习惯；具有适应实际需要的识字与写字能力、阅读能力、写作能力、口语交际能力等；提高思想道德修养和审美情趣，逐步形成良好的个性和健全的人格，促进德、智、体、美诸方面的和谐发展。

2. 小学语文课程具体目标。

好习惯：保持正确的写字姿势，养成良好的书写习惯；养成读书做笔记的好习惯；养成留心观察周围事物的习惯。

好思想：明辨是非，爱憎分明，向往和追求美好的理想。

识好字：善用工具书，有较强的独立识字能力，累计认识常用汉字3000个左右。

读好书：默读速度每分钟不少于300字，学会浏览，按需搜集信息；联系上下文，理解词句意思，辨别词语感情色彩，体会表达效果；了解文章的表达顺序，体会作者的思想感情，领悟表达方法；体会顿号与逗号、分号与句号的不同用法；朗读注意语调、韵律、节奏。

写好字：能用硬笔书写楷书，行款整齐、美观，有一定速度；能用毛笔书写楷书，并能在书写中体会汉字的优美，体会书法的独特魅力。

写好文：留心观察周围事物，丰富自己的见闻，表达自己的独特感受；纪实和想象作文，都要做到内容具体，感情真实，能自改或与他人互改；学会写读书笔记和常见应用文。

好口才：积极参与讨论，敢于发表自己的意见，表达有条理；认真、耐心倾听别人说话，能抓住要点并简要转述；根据对象和场合，稍做准备，即席发言；语言文明，语气、语调适当。

好能力：利用多种渠道获取资料；关注生活、社会；调查研究，讨论辨别，形成简单的研究报告；策划参加学校或社会活动，学写活动计划和总结。

第二节　目标决定课程内容的整合

目标刻在石头上，计划写在沙滩上。目标是坚定的，是恒久的，是教学内容的主体和核心。计划是为目标而制订的行动纲领，它是为目标服务的，可以随时随地调整，直到获得最佳方案。也就是说，每一个课程内容的选择与设计都指向明确的教育目标，每一个知识点、每一个练习项目都是对目标的进一步分解。因此，只要牢牢抓住目标，就能从整体上把握教学内容和要点。如果要在实现目标的策略上下功夫，最好的方法就是把目标细分、微化，将课程"大"目标逐步分解，转换成每一节课的教学"小"目标。

一、逐步分解学科整合目标

各教研组在各科的课程总目标基础上进一步细化出各学段的教学目标下面以语文学科为例介绍学科课程目标的细化过程。

语文学科目标整合一览表

	学科总目标	低年级学段目标（1～2 年级）	中年级学段目标（3～4 年级）	高年级学段目标（5～6 年级）
好习惯	认真写字、认真倾听、阅读积累、留心观察、说普通话。	养成良好的写字、听讲习惯。养成爱护图书的习惯。	保持正确的写字姿势，养成良好的书写习惯。养成留心观察周围事物，爱读书看报，做笔记的好习惯。	保持正确的写字姿势，养成良好的书写习惯。养成读书做笔记的好习惯。养成留心观察周围事物的习惯。
好思想	爱国家、爱环境、爱学习、爱劳动、讲文明、讲诚信、遵纪守法、尊老爱幼。	向往美好的事物，关心自然和生命。	明辨是非，爱憎分明，向往和追求美好的理想。	明辨是非，爱憎分明，向往和追求美好的理想。

（续表）

	学科总目标	低年级学段目标（1～2 年级）	中年级学段目标（3～4 年级）	高年级学段目标（5～6 年级）
识好字	有较强的识字能力和识字愿望，认识常用汉字。	喜欢学习汉字，有主动识字的愿望。认识常用汉字 1600 个左右。	对学习汉字有浓厚的兴趣。累计认识常用汉字 2500 个左右，其中 2000 个左右会写。会使用字典、词典等工具书，有初步的独立识字能力。	善用工具书，有较强的独立识字能力，累计认识常用汉字 3000 个左右。
写好字	正确、规范、美观。	能用铅笔流畅地书写，初步感受汉字的形体美。	能使用硬笔熟练地书写正楷字，规范、端正、整洁。用毛笔临摹正楷字帖，并能在书写中体会汉字的优美，体会书法的独特魅力。	能用硬笔书写楷书，行款整齐、美观，有一定速度。能用毛笔书写楷书，并能在书写中体会汉字的优美，体会书法的独特魅力。
读好书	理解、感悟、朗读、积累、运用。 具有一定的课外阅读量。 背诵优秀诗文。	喜欢阅读，能借助读物中的图画进行阅读，在生活和阅读中积累、理解词语。认识基本的标点符号，学习基本的朗读技巧。背诵优秀诗文不少于 50 篇（段）。阅读总量不少于 6 万字。	初步学会默读。能联系上下文，理解词句的意思，体会关键词句在表情达意方面的作用。能初步把握文章的主要内容，体会文章表达的思想感情。学习略读，粗知文章大意。朗读注意语调、韵律、节奏。背诵优秀诗文不少于 50 篇（段），课外阅读总量不少于 40 万字。	默读要达到每分钟不少于 300 字，学会按需搜集信息。能联系上下文理解词句意思，辨别词语感情色彩，体会其表达效果。了解文章的表达顺序，体会作者的思想感情，领悟表达方法。体会顿号与逗号、分号与句号的不同用法。朗读注意语调、韵律、节奏。背诵优秀诗文不少于 60 篇（段）。课外阅读总量不少于 100 万字。

（续表）

	学科总目标	低年级学段目标（1～2年级）	中年级学段目标（3～4年级）	高年级学段目标（5～6年级）
写好文	观察、运用、修改、评价。	对写话有兴趣，留心周围事物，能写出自己想说的话。	能复述叙事性作品的大意，感受作品中生动的人物形象和语言。能不拘形式地写下自己的见闻、感受和想象。能把内容写清楚、具体。能修改习作中的错误句段，尝试写读后感、读书笔记。	留心观察周围事物，丰富自己的见闻，表达自己的独特感受。纪实和想象作文，都要做到内容具体，感情真实，能自改或与他人互改。学会写读书笔记和常见应用文。
好口才	倾听、表达、应对。	学说普通话，能认真听别人讲话，努力了解他人讲话的内容，并能复述大意。交谈时大方，有礼貌	在交谈中能认真倾听，领会要点，并能就不理解的地方向对方请教，就不同的意见与人商讨。能把握他人说话的主要内容，并能简要转述。能清楚地讲述见闻，并说出自己的感受和想法。能具体、主动地讲述故事。	积极参与讨论，敢于发表自己的意见，表达要有条理。认真、耐心地倾听别人说话，能抓住要点进行简要转述。能根据对象和场合，稍做准备，即席发言，语言文明，语气、语调适当。
好能力	查阅、整理、分析。 自主、合作、探究。	能针对自己感兴趣的内容提出问题。结合语文学习，观察大自然，热心参加活动。	能在综合活动中，提出问题，有目的地搜集资料。初步学会对搜集到的资料进行整理与运用。能在教师的指导下组织有趣味的语文活动，在活动中学习语文，学会合作。	能利用多种渠道获取资料，通过调查研究、讨论辨别，形成简单的研究报告。策划参加校园与社会活动，学写活动计划和总结。

各教研组将课程总目标具体到学期后，任课教师再将其细化到单元，最后落实到每一节课。如四年级语文组老师进行的目标细化。

四年级语文（下）目标整合一览表

	学科总目标	中年级学段目标（3～4 年级）	学期目标（四年级下学期）
好习惯	认真写字、认真倾听、阅读积累、留心观察、说普通话。	保持正确的写字姿势，养成良好的书写习惯。养成留心观察周围事物，爱读书看报，做笔记的好习惯。	初步养成写字、读书、观察等好习惯，并进一步巩固。
好思想	爱国家、爱环境、爱学习、爱劳动、讲文明、讲诚信、遵纪守法、尊老爱幼。	明辨是非，爱憎分明，向往和追求美好的理想。	通过细读文本、整合其他学科以及开展的实践活动，受到真善美的熏陶，从而培养良好的品德。
识好字	有较强的识字能力和识字愿望，认识常用汉字。	对学习汉字有浓厚的兴趣。累计认识常用汉字 2500 个左右，其中 2000 个左右会写。会使用字典、词典等工具书，有初步的独立识字能力。	认识 200 个左右的汉字，会写 190 个左右，养成主动识字的习惯（不认识的字能想办法认识，如查字典）。不断提高独立识字和理解词语的能力，加快汉字书写的速度。
写好字	正确、规范、美观。	能使用硬笔熟练地书写正楷字，规范、端正、整洁。用毛笔临摹正楷字帖，并能在书写中体会汉字的优美，体会书法的独特魅力。	顿笔、运笔、回锋、出锋等方法得心应手，书写流畅美观，有一定速度。在书写中体会书法魅力，培养对书法的热爱。
读好文	理解、感悟、朗读、积累、运用。 具有一定的课外阅读量。 背诵优秀诗文。	初步学会默读。能联系上下文，理解词句的意思，体会关键词句在表情达意方面的作用。能初步把握文章的主要内容，体会文章表达的思想感情。学习略读，粗知文章大意。朗读注意语调、韵律、节奏。背诵优秀诗文 50 篇（段），课外阅读总量不少于 40 万字。	默读要有一定的速度。养成读书看报的习惯和使用工具书的习惯。课外阅读总量不少于 40 万字，背诵优秀诗文不少于 50 篇（段）。
写好文	观察、运用、修改、评价。	能复述叙事性作品的大意，感受作品中生动的人物形象和语言。能不拘形式地写下自己的见闻、感受和想象。能把内容写清楚、具体。能修改习作中的错误句段，尝试写读后感、读书笔记。	愿意将自己的习作读给他人听，与他人分享习作的快乐。能用简短的书信进行书面交际。尝试在习作中运用自己平时积累的语言材料，根据表达的需要，使用冒号、引号。学习修改习作中有明显错误的词句。

（续表）

	学科总目标	中年级学段目标（3～4年级）	学期目标（四年级下学期）
好口才	倾听、表达、应对。	在交谈中能认真倾听，领会要点，并能就不理解的地方向对方请教，就不同的意见与人商讨。能把握他人说话的主要内容，并能简要转述。能清楚地讲述见闻，并说出自己的感受和想法。能具体、主动地讲述故事。	认真、耐心倾听别人说话，领会要点。积极参与讨论，敢于发表自己的意见，表达有条理。
好能力	查阅、整理、分析。自主、合作、探究。	能在综合活动中，提出问题，有目的地搜集资料。初步学会对搜集到的资料进行整理与运用。能在教师的指导下组织有趣味的语文活动，在活动中学习语文，学会合作。	搜集资料，共同讨论，在活动中学习语文，学会合作。在家庭生活、学校生活中，尝试运用语文知识解决简单问题。

四年级语文（下）第一单元目标整合一览表

教材内容	单元目标	课时目标
《古诗词三首》 《桂林山水》 《记金华的双龙洞》 《七月的天山》 《语文园地一》	1. 认识教材要求认识的字。 2. 正确、流利、有感情地朗读本单元的4篇课文，会背诵《古诗词三首》《桂林山水》《记金华的双龙洞》。 3. 感受文中所描写的景物的美好，感受大自然的壮观，培养热爱祖国大好河山、热爱大自然的感情。	1. 能结合插图，用自己的话说出诗句的意思。 2. 通过诵读体会作者的思想感情，感受古诗词的语言美、韵律美。
		1. 强化认读“澜、峦”等二类字，指导书写“攀、泰”等生字。 2. 联系上下文理解重点词语，感悟升华并试着运用。 3. 通过看图、学文，感受桂林山水的独特风景，感受大自然的美，体会作者对大自然的热爱。
		1. 了解游览顺序，感受双龙洞景象的奇异，激发热爱大自然的情感。 2. 了解按一定顺序阅读的方法。 3. 有感情地朗读课文，背诵课文中自己喜欢的段落。 4. 培养通过搜集材料丰富课外知识的习惯。

（续表）

<table>
<tr><th>教材内容</th><th>单元目标</th><th>课时目标</th></tr>
<tr><td rowspan="2">《古诗词三首》
《桂林山水》
《记金华的双龙洞》
《七月的天山》
《语文园地一》</td><td rowspan="2">4. 了解作者的语言表达特点，学会按一定顺序进行叙述的写作方法。
5. 能借助字典或联系上下文读懂词语的意思，积累佳句。
6. 通过各种途径搜集整合自己所需的资料。</td><td>1. 能正确、流利、有感情地朗读课文。
2. 能联系上下文，理解词句意思，积累并感受优美语句。
3. 感受北国天山的美景，培养热爱大自然的感情。
4. 爱读游记，感受大自然令人神往的景观之美，体会作者是怎样用优美词句表达情意的。</td></tr>
<tr><td>1. 学习本单元课文的写法，按一定的顺序观察校园中的景物，然后写出校园的景物特点。
2. 搜集“五岳”或者五大淡水湖的有关资料，在图片、文字或声像世界里，游览祖国的山山水水，交流自己的感受。</td></tr>
</table>

二、以目标为依据研究课程资源，整合课程内容

有了具体的目标，就可以依据目标确定需要整合哪些内容了。在整合内容的过程中，我们本着以国家课程为中心，通过重组、补充、取舍、替换、拓展和调整等策略对课程资源中的典型内容进行保留，将割裂的内容进行统整，重叠的内容进行合并，使之更加符合教学实际状况，也更符合学校的培养目标。整合分为以下三个层面。

一是学科内的整合。首先是学科组教师在教研组长的带领下研读本学科教材，把握每个单元涉及的阅读内容、训练目标、实践内容、拓展空间，并对其逐一进行核对、比较、分析，最后以表格的形式呈现出来。然后，可以是将一个单元的所有内容进行优化组合，作为一个整体进行教学设计；也可以是同一册教材内容的调整，不同册教材内容的跨越。调整方法：一调顺序，让体系更系统；二调重点，让内容更集中；三调例子，让训练更有效。

二是学科间的整合。学科间的整合指本学科教材与相关学科资源的整合，是将相近的学科完全整合在一起。

首先由教导处组织各学科教师一起打破学科界限，以学科内整合的点为基础，进行国家课程资源的比对，一个内容一个内容地与其他学科进行核对、比较、分析，使课程内容跨越学科之间的鸿沟，找到相关学科知识

的整合点。对于同一内容，确定不同的侧重点，以最大限度地体现知识的“整体”面貌。

三是学科外的整合。学科内及学科间的整合，确定了整合中心点，学科外的整合，主要围绕学科的中心点，本着贴近学生生活、现代社会和科技发展的原则，精选与教材相关的网络资源和地方资源进行整合。如诸城市是恐龙之乡、舜帝故里，拥有优美的自然风光、悠久的历史和厚重的文化积淀，课程资源十分丰富，教师将这些丰富的资源较好地整合到了教学活动中。地方资源的整合主要是通过学科实践活动进行。

当然，以上三个层面的内容可以同时整合，也可以根据实际任选一个或两个层面进行整合，还可以逐次开展整合。在我校，最早走上整合之路的语文学科就是先从学科内整合开始，逐步延伸到学科外的。

三、从“学科内”到“学科外”的语文整合课程

语文作为一门工具性、综合性学科，一直走在课改的最前沿。我校一直在进行“大语文”教学探索，倡导超文本阅读，指导学生进行大量的课内和课外阅读。开展主题学习以来，我们又采用了“单元整合归类教学法”，即每单元中详学一篇或两篇课文，其他的进行略处理，空出课堂时间进行阅读，使学生积累丰富的语言材料，但我们发现，学生在习作中不会学以致用，阅读积累和习作脱节。针对这种现象，我们进行了调查分析，最后找出了原因：教学时偏重对文本思想、内容的感悟，忽视了写的指导训练，即过于注重语文的人文性，忽视其工具性。

习作教学是语文的半壁江山。在习作教学中，我们发现在不同年级或同一教材的前后会出现相同主题的习作训练，而教学大纲和课程标准也没有对此做详细的说明和指导，以至于教师在进行习作教学时，处于无序状态。比如，写一处景物，第一次遇到时，教师便挖空心思地把所有方法都教给学生：注意结构的“总分总”；内容的表达顺序可以是春夏秋冬，可以是脚步的变换……凡是教师能想到的统统教给学生。可当同一内容再次出现时，教师就觉得所有方法都教给学生了，没有什么可教的了，可谓黔驴技穷。而学生一见到同类作文，就没了习作的兴趣，又把以前的作文背写一遍，其效果可想而知。

《义务教育语文课程标准（2011 年版）》（以下简称“语文新课标”）指

出："应密切关注现代社会发展的需要，拓宽语文学习和运用的领域，注重跨学科的学习和现代科技手段的运用，使学生在不同内容和方法的相互交叉、渗透和整合中开阔视野，提高学习效率，初步养成现代社会所需要的语文素养。"所以，重新建构、拓展和整合语文课程资源，提高语文教学实效已是势在必行。针对以上问题，学校实施了"三步走"计划。

第一阶段：单元整合

"自主互动、读写互补"单元主题系列化教学法应运而生。

我校倡导超文本阅读，指导学生进行大量的课内外阅读，使语文教学不囿于课本。但在教学过程中我们发现，学生在习作中并不能很好地运用积累的语言材料。

基于此，我们开展了有效的探索：低年级开展"大量识字，提前阅读"研究；中高年级进行"批注式阅读教学"和"读写互补，走稳作文之路——小学语文梯度性、互补性读写"的探索。这些都取得了不错的成效。

当时，正是潍坊市"语文主题教学"的实验深入研究和实践阶段，于是我校聚集骨干教师，并邀请教研室领导多次研讨，逐步总结出了"自主互动、读写互补"单元主题系列化教学法，即整合一个单元的学习内容，分六种课型进行教学。这六种课型分别是预习过关课、字词读写课、课文品读课、拓展阅读课、主题习作课、综合实践课。

小学语文教学本身就是一个有机的整体，它包括字词句篇的教学，听说读写的训练，观察、思维、想象以及非智力因素的培养。读写互补符合儿童认知发展规律，符合儿童的学习心理，因此，"自主互动、读写互补"单元主题系列化教学法是可行的。我们又经过多次案例分析、验证，总结出了每种课型的教学环节及需要完成的主要教学内容。

1. 预习过关课。

此课型的教学目标是让学生在课前预习的基础上了解本单元主题，认准字音，读熟课文，了解课文主要内容。主要包括以下几个环节。

（1）在课前预习的基础上整体把握、提炼本单元主题。

（2）检查生字词的认读情况。要求学生正确认读，用心感受，语言有温度，字词知冷暖。

（3）检查课文朗读情况。这一环节主要在小组内实施完成，教师辅以抽查的形式落实。

（4）了解课文主要内容。要求学生用规范的语言概括出每篇课文的主要内容。

（5）交流有关资料。

需要说明的是，预习要分两步走：第一步是利用早读、语文自习课以及课余时间布置学生对课文进行自主预习，预习的要求是通读课文，画出、认会生字词，查自己不理解的词语，查阅相关资料；第二步主要是对第一步的预习情况进行检查和交流。（年级不同，形式不一）

随着年级的升高，预习要求也不断提高，低年级以熟读课文为主，中高年级则要做批注。

2. 字词读写课。

此课型的教学目标是把本单元生字词及课文中的重点词语读会、读好、写好，初步感知其意思并试着运用。主要包括以下几个环节。

（1）回顾本单元课文的主要内容。

（2）出示本单元重点词语，（教师可以有意识地将词语分类，如按课文分类，按词性或词语的感情色彩分类等，但不宜分类太多）初步理解重点词语的意思。这一步要求学生能根据自己的理解读词语，并联系上下文理解词语，找到文中词语所在的句子读一读、谈一谈。

（3）在正确认读的基础上指导书写学生认为难写的生字。

（4）从本课出示的词语中任选几个写一段话。要求在规定的时间内（一般是五分钟）写出一段话，要语句通顺，用词准确，写完后用两三分钟的时间修改完善，然后展示朗读，教师做总结性评价。本环节由易到难，层层推进，根据不同年级特点提出不同的要求。“写话—修改完善—展示交流”是一步一个台阶，梯度进行的，这既符合小学生的认知规律，又体现了小学语文的学习特点。

（5）拓展阅读。教师结合本单元的主题来选择阅读内容，以精品段、经典诗词为主。

需要说明的是，随着年级的升高，学生自学能力逐渐增强，预习过关课和字词读写课可以有机整合。写话练习时，在词语的选择上体现层次性，鼓励优秀的学生多选，基础较差的学生可少选。

3. 课文品读课。

我们改变以往单课授课模式，整合一个单元的课文，可以一节课学习二到三篇，一个单元安排一至二课时。学生自主学习，教师点拨引导。课堂教学可以是学完一课习得方法后，学生再用学到的方法自学第二课然后集体交流。主要包括以下环节。

（1）导入新课后出示自学提示，学生根据提示自学课文，然后集体交流，感悟并朗读课文。

（2）谈学习收获。教师引导学生从情感态度价值观和写作方法两个方面谈收获。谈写作方法方面的收获时，教师要引导学生探究哪些方法是值得借鉴和学习的。

（3）片段练习。学习其中一种自己认为最值得借鉴和学习的表达方式写一个片段，要求用词准确，不写错别字，语句通顺，尽量写得生动。

（4）拓展阅读。选择一到两篇紧扣单元主题的文章给学生阅读，然后让学生交流读后感，进一步深化学生对单元主题的理解和领悟，强化对一些表达方法的认识，增加阅读积累。

需要说明的是，一节课学几篇课文要根据课文内容的多少和难易程度来决定。

4. 拓展阅读课。

学完课文后就是拓展阅读课，其目标就是延伸学生的学习触角，增加学生的知识积累，使学生在不断的积累中提高语文素养。主要包括以下环节。

（1）回顾单元主题，谈学习收获。

（2）教师提出要求，学生自主阅读课本中的指定篇目，边读边圈点勾画，并随时写下自己的感悟和体会。

（3）阅读交流。读一读，谈一谈。学生读自己画出的精彩片段，然后谈自己的感悟、体会或收获。谈的时候可以就某一篇谈，也可以就某一段或某几段谈，形式不拘一格。

（4）写一写。选自己喜欢的一段文字或一篇文章写读后感。

5. 主题习作课。

其教学目标为紧扣单元主题，学习和借鉴课文的表达方法练习写作。主要包括以下环节。

（1）习作准备。提前告诉学生习作的主题，让学生观察、搜集与习作有关的资料，为课堂习作做好充分的素材准备。

（2）读。小组内读搜集到的资料。

（3）议。结合本单元学到的写作方法，讨论交流本次习作方法。

（4）思。思考文章的整体布局和思路，列习作提纲。

（5）说。口述习作内容，同学互评，提出改进意见。

（6）动笔习作，修改完善。

6. 综合实践课。

结合单元学习主题，组织相关的语文实践活动。具体内容不定，组织形式不一，可以在课堂上开展，也可以到校园里开展，还可以到社会上进行，其目标就是发展学生的语文实践能力。

“自主互动、读写互补”单元主题系列化教学法，突破了传统的教学法，形成了六大课型，避免了重复机械的学习，压缩了学习课本的时间，使学生有了大量的时间进行阅读；注重读写结合，让学生从“读”中悟出“写”的技巧，从“写”中悟出“读”的意义。在每一种课型中，我们都把学生解读文本的兴趣点、文本意蕴的侧重点、语言范式的训练点作为切入点，使读写结合最优化，让学生能够学以致用。在教学中，注重学生对文本思想内容的感悟和体验，引导他们表达真实的情感，树立正确的价值观，同时也注重对习作方法的学习运用。在这六种课型中，积极倡导自主、合作、探究的学习方式，学生是学习的主角，教师是课堂上“平等的首席”，是学生学习的组织者、合作者、引导者和促进者。

第二阶段：学科内整合

“整合·梯度·序列”习作体系顺应构成。

语文新课标提出：“写作是运用语言文字进行表达和交流的重要方式，是认识世界、认识自我、创造性表述的过程。写作能力是语文素养的综合体现。”可见，学生的习作能力训练是语文教学的核心。

于是，我们对主题习作课进行了重点研究，构建了完整的1～6年级习作训练课程结构体系。

1. 整合方法。

（1）整合习作目标，让目标形成序列。

在语文新课标的指引下，我们把各学段习作目标进行了梳理，不同年级目标的设置由易到难、层层递进，在同年级内体现目标的分解落实。如五年级上学期初步学习细节描写，到了下学期就在上学期的基础上，主要学习通过细致观察刻画出人物特点，并且开始学写简单的应用文。习作目标的整合，使习作教学更加有据可依、有章可循，为此，我们专门列出《习作训练目标系统构建阶梯样表》，形成了习作教学的序列，使学生在达成一个个目标的过程中，不断提升自己的习作水平。

（2）整合习作内容，让内容形成序列。

将所有年级的习作内容按年级的习作侧重点进行整合梳理，使之形成序列。上一年级重点训练的内容，下个年级就不再作为重点训练内容进行学习。如四年级上学期，教材共安排了3次写景的习作，指导学生学会写景就是本学期的重点。当学生掌握了写景习作的基本技巧后，随着年级的升高，再出现写景类习作时，就不再进行详细指导，而是重点进行技巧的训练了，这样就形成了写景类习作的序列。

（3）设计训练梯度，让训练体现层次。

学生的习作训练要有梯度，要求应逐年提高。如随文小练笔，一年级上学期每次一句话的训练即可，下学期可以围绕两三个词进行写话训练；中年级每次可选取一点进行片段训练；高年级就可以让学生进行段或篇的训练。这样的训练有梯度、有层次，非常适合各年级段学生的不同训练要求。

（4）强化阅读支撑，让阅读有序开展。

阅读是写作的基础，可按年级的不同实行分层阅读，构建“整本书”阅读序列。如童话类书目，一年级阅读《格林童话》《洋葱头历险记》，二年级阅读《木偶奇遇记》《列那狐的故事》，三年级阅读《绿野仙踪》《宝葫芦的秘密》，四年级阅读《郑渊洁童话选》《夏洛的网》，五年级阅读《尼尔斯骑鹅旅行记》《水孩子》，六年级《乌丢丢的奇遇》《哈利波特与魔法石》。总之，就是让有序的阅读为语文学习服务，为写作指导服务，从而成为强有力的学习支撑。

（5）归类梳理，编写作文校本教材。

为了使“整合·梯度·序列”习作体系更好地服务于教学，我们利用假期从每一个年级找两名骨干教师对这种体系进行归类整理，经过反复的修改，编写了1～6年级（每个年级分上下两册）作文校本执行教材，语文教师人手一份。编委们先把每一册教材的作文训练主题、内容及相应课标要求以表格的形式呈现，使整个小学的作文训练内容一目了然。然后对于

相同内容或相同主题的作文进行重新构建：一是结合单元课文内容和年级特点重新设置作文要求，以至于不重复，使作文训练呈序列；二是在第二次出现时，不做重点指导；三是在同一册教材出现时，调换作文训练位置，使其更为集中；四是作文主题训练的时间不符合地方特色和季节特点的，进行调整和改编；最后，根据调整好的作文训练内容及要求，编写每一单元的习作执行方案，包括每一个单元的每一课时或每一篇课文应涉及怎样的练笔都做了详细的备课，并且每一个小练笔或主题习作后都有学生的习作范文。这样的编写为习作教学提供了有利的指导，教师在使用时可根据本班实际情况，进行有机的教学。

2. 整合原则。

目标设计要灵活。习作目标落实在教材的层层面面，整合时应抓住关键目标灵活安排，单元习作要求和教材中的习作方法不协调时，可以重新设置新的习作要求。如苏教版六年级下册第六单元的习作是写一份调查报告，但教材中的《广玉兰》《夹竹桃》都是借物咏怀的文章，教师可从实际的需要出发，将习作改为写学生熟悉的一种植物，而调查报告的写作则可以和综合实践活动结合进行。

内容设置要系统。写作内容是丰富多彩的，训练内容的设置要围绕整个体系进行，通过对教材的梳理我们发现，整个小学阶段很多的训练其实是重复的，如描写一处景物，在三年级、四年级、五年级均有出现。而写景的习作指导是三、四年级的训练重点，我们在进行写作序列整合与构建时，在三、四年级确立了此项训练的重要地位，到五年级就不再进行重点训练和指导了。

习作要求要合理。训练目标应体现学生成长认知的层次性，坚持目标相同，而要求不同。如写景类的习作，很多教师认为不管是三年级还是四年级、五年级，都应该按“总分总”结构，或是时间顺序，或是地点转换顺序来写，在写作过程中再用上大量的比喻和拟人等修辞方法，才算是合格的作文。这忽视了学生的实际，三年级的学生刚刚学习习作，习作能力较弱，而五年级的学生已经有了相对较高的习作水平和阅读积累。“一锅端”“一样齐”的要求，扼杀了学生的发现和想象。

读写结合要紧密。结合习作训练的阅读，指向性要明确。练习什么样的内容就相应地读什么样的文章。比如，在训练学生描写一处景物时，可同时阅读名家相类似的文章，如叶圣陶的《荷花》，朱自清的《荷塘月色》片段等，使阅读和训练融为一体，相得益彰。

实际教学要创新。基于课程整合构建起的习作序列表格，着眼于面向全体学生，某些训练点的设置并不一定完全适合每一个学生的发展，而且，每个教师都有自己的风格，这一体系只是提供给教师一个例子。苏霍姆林斯基说过："如果学习被思维、情感、创造、游戏的光辉照耀的话，学习对于儿童来说，可以成为一种富有兴趣的、引人入胜的事。"在习作教学中，同样需要这样的"光辉"。如我们将习作序列的实施和网络进行结合，创新了训练形式：学生互发邮件、写问候信、故事漂流等。

如今，学生笔下的《校园回忆录》《成长中的故事》《我真想……》等系列主题习作都已装订成册，成为学生成长的里程碑。学生经常在自己的随笔集锦本里记下文字，精彩纷呈的集锦本，成为他们成长的美丽见证！学生在校级、市级等作文大赛中多次获奖，并在各大刊物发表了自己的习作。《红领巾报》上经常能见到我校学生的作品。2013 年山东省小学习作教学成果观摩研讨会在我校举行，纪永梅老师上了一节观摩课，就"整合·梯度·序列"习作体系的构建做了详细的介绍，得到与会领导、专家、教师的高度赞扬。

这些都不重要，重要的是学生不仅爱上了习作，而且正在享受习作。

第三阶段：三级整合

"整合式"语文主题教学法自然生成。

"自主互动、读写互补"单元主题系列化教学法实现了语文教材的一个单元的整合，"整合·梯度·序列"习作体系的构建完成了全册语文教材习作的整合。三级整合指的是国家课程、地方课程和校本课程资源的有机整合，既有学科内的整合，又有学科间、学科外的整合。

1. 整合内容。

语文三级课程资源整合，总的来说就是以全面提高学生的语文素养、综合素质为总目标，依据各年级课程目标，在尊重学生认知规律的基础上，根据当地的地域特点和学校的教学实际，以语文教材为核心，以"自主互动、读写互补"单元主题系列化教学法的六种课型为载体，充分挖掘语文课程资源，结合课内与课外、校内与校外，以及学校活动、重大节日、当地文化等资源进行资源整合，构建起语文教学系统的内容结构，使整合的

内容更加丰富，实现学生从“学会知识”到“学会学习”的转变，凸显小学语文的大语文观。

语文教材与三级课程资源的整合。一是学科资源与学科元素的整合。如学习“环保”这一主题单元时，可以整合环境教育中的相关章节。如学习苏轼的《水调歌头·明月几时有》时，可以与音乐元素整合，让学生欣赏和学唱：“明月几时有，把酒问青天，不知天上宫阙……”优美婉转的旋律，宁静悠远的意境，使全班同学深深地陶醉在词曲营造的美妙情境之中，世事的变迁、人间的悲欢离合与人生哲理都不言自明。二是把省级地方课程“传统文化”完全整合进语文课堂，主要以简单理解和诵读为主进行整合。三是整合潍坊市的主题丛书阅读计划，主要从阅读拓展层面进行整合。四是整合校本课程“书香润年华”，《书香润年华》每年级一本，低年级主要是童谣、《三字经》《弟子规》；中高年级主要是《笠翁对韵》《增广贤文》《论语》以及《大学》等经典文章的节选，主要以速读为主进行整合。最终使学生写好字、做好人，提高阅读能力，扩大知识面。

2. 整合方法。

（1）研读教材，对照整合。

首先是教研组长研读教材，把握每个单元涉及的阅读内容、训练目标、实践内容、拓展空间。然后把“传统文化”“书香润年华”等课程按照相关内容，逐一进行核对、比较、分析，以表格的形式呈现，写清楚整合的内容、方法以及意义。

（2）核心研究团队带领，分步实施。

由核心研究团队首先整合一个单元进行示范性引领，教师再根据语文教材的单元主题，找到相关学科知识或相关资源的整合点，结合学校六种课型进行各个层面的分步整合。

（3）专家把脉，课堂研讨。

学校组织周听评课和课堂达标课等多种形式的课堂研讨活动，通过评课再次完善教学设计，撰写心得体会。邀请省内专家来校指导，明确方向，正本清源，使课程整合走上正轨。

（4）形成校本执行课程。

在语文课程的整合中，结合学校的六种课型，整合出了“主题识字”“主题阅读”“主题背诵”“主题习作”“主题实践”“主题训练”“主题过关”

七大操作模块，编写出校本执行课程教材。

3. 整合效果。

从学生层面来看，课程整合让学生的大量阅读、学用结合、知行合一、文道合一得以实现。

大量阅读贯穿于整合教学的全过程，学校充分利用一切可利用的时间安排学生阅读。一是重视随堂阅读，让学生阅读相关课文或试着背诵经典名篇句段；二是集中性的拓展阅读，在每周两节的阅读课上，进行集体大量阅读；三是自由读，让学生利用课余时间自由阅读教师推荐的书目。无论是哪种形式的阅读，都要结合年级特点来进行。

整合课程时注意到了学用结合。整合后的识字教学，不单是让学生认识、会写生字词，还要求学生通过连词成句等形式学会运用新词；在学习了课文后，还要抓住文本意蕴的侧重点和习作方法的训练点，有针对性地让学生进行小练笔，如学习了《穷人》一课，就让学生写一段心理描写。每个单元的主题习作，也要引导学生尽量运用本单元学习的写作技巧和方法。

为全面提高学生的语文素养，每个单元都围绕单元内容引导学生进行主题实践活动。如学习了《爬山虎的脚》《白鹅》等描写动植物的文章后，就指导学生亲手种植花草、饲养小动物，并对其进行观察，写出观察日记。学生在这些丰富多彩的语文主题实践活动中发展了语文素养，提高了学习兴趣，形成了健全的人格。

三级课程资源整合后的语文教学，不仅使学生进行了大量阅读，拓展了知识面，从中学到了习作方法，最重要的是在阅读的潜移默化中，学生对文本思想内容的感悟、体验更加深刻了。学生从中体验到学习的快乐，明白知识是“活的”、可以随时运用的，从而树立了正确的人生观和价值观。

从教师层面来看，教师开始打破学科分工隔阂，课堂智慧得到了提高。教师有了学科间系统知识的融通，便能真正落实与实践课程标准对课程整合的要求，使师生成为了课程的主人，成为真正的课程设计者、实施者、评价者、管理者，促进了教师的专业化发展。

从课程价值的层面来看，课程资源的重构整合，弥补了教材实用性和个性的不足。整合后的教材，更具有地域实用性。

教育部基础教育课程教材发展中心的莫景祺先生对我校“整合式”语

文主题教学法的研究给予了充分肯定，他认为这种重新构建课程体系的做法，方向正确，前瞻性强，具有重要的实践意义。

如今，“整合式”语文主题教学法一直为我们所践行着，改进着。

四、其他学科整合

其他学科的整合也是按照这样三个层面展开的，如品德与社会学科的整合教学。

品德与社会五年级下册目标及内容整合一览表

单元主题	教材内容	单元目标	整合内容			整合后的学习方式
			学科内	学科间	学科外	
第一单元“一山一水一圣人”	本单元由三个主题活动构成：站在泰山顶峰，来到黄河岸边，寻迹孔子故里。	1. 了解我国悠久的历史和灿烂的文化，知道我国古代文化对世界发展做出的贡献。 2. 培养收集、整理、分析资料的能力，学习做专题研究的方法，培养利用专题探究解决问题的能力。 3. 培养热爱祖国文化艺术的情感，激发强烈的民族自豪感和自信心。	品德与社会三年级下册“爱护我们的生活环境”，六年级下册“只有一个地球”。	语文课文《黄山奇石》《黄河是怎样变化的》《趵突泉》《只有一个地球》。	视频《泰山》《黄河》《曲阜（三孔）》，歌曲《我们是黄河泰山》，孔子的著作介绍，相关地图、图片、文字资料（网络查询）。	注重学习方法多元化的引导。引领学生进行专题研究。
第二单元“心中有祖国”	本单元由三个主题活动构成：好大一个家，同是炎黄子孙，为了祖国的振兴。	1. 知道我国的地理位置、领土面积、海陆疆域、行政区域，知道台湾省是我国不可分割的一部分，知道我国是一个统一的多民族国家。 2. 知道新中国成立和改革开放以来各行业取得的辉煌成就，加深对中国共产党的热爱。 3. 培养收集、整理、分析资料的能力。 4. 培养识读较复杂地图的能力，并能通过地图解决一些简单的问题。 5. 培养热爱祖国的情感，增强对维护祖国神圣领土不可分割的强烈的责任感。	品德与社会四年级上册“多彩的民族节日”，六年级上册“追寻先辈足迹”“开国大典”“祖国走向富强”	语文课文《我爱祖国》《亲人》《富饶的西沙群岛》《一定要争气》《参观人民大会堂》《长城砖》《长城》《毛主席在花山》《遨游太空的五星红旗》《开国大典》《长征》《一夜的工作》。	中国地图，介绍台湾省的视频，介绍为中国做出巨大贡献的著名台胞、侨胞的视频，有关图片文字资料（网络查询）。	合作学习、主题式探究。 设计游戏、讨论、调查、访问、展览等活动辅助教学。

（续表）

单元主题	教材内容	单元目标	整合内容			整合后的学习方式
			学科内	学科间	学科外	
第三单元“不同的环境，多彩的生活”	本单元共设计了四个主题活动：林海雪原，江南水乡，黄土高坡，雪域高原。	1. 了解基本的地理知识，理解人与自然、环境相互依存的关系。 2. 了解不同文化背景下人们的生活方式、风俗习惯；知道不同群体、民族、国家之间和睦相处的重要意义。 3. 从不同角度观察、分析社会事物和现象，尝试合理、有创意地探究和解决生活中较复杂的问题。 4. 培养收集、整理、分析和运用信息的能力。 5. 关爱自然。 6. 尊重不同地区人们的文化差异，尊重不同民族的生活习俗。	品德与社会五年级下册“祖国有多大”	语文课文《美丽的小兴安岭》《草原》《三峡之秋》《忆江南》《白杨》《青海湖，梦幻般的湖》《林海》《安塞腰鼓》《拉萨古城》	介绍我国不同地域的视频、图片、文字等资料（网络查询、图书查阅）。	了解资料，建立初步感受—形成认识，问题引导—全面了解，深入探究—解决问题，发现规律。

第三节　开发执行课程

各教研组目标分解完毕，明确了要整合的内容，要进入课堂，将其转化为师生有效的教学行为，发挥其应有的育人功能，就需要有与之相适应的执行课程。执行课程是教什么和怎么教的结合，是课堂教学三要素——教师、学生、文本的结合。为了让课程整合落到实处，完成从“教教材”到“用教材教”的过渡，学校发动广大教师，群策群力，结合整合目标和整合内容，根据各学科确定的教学模式，设计教学环节，开发执行课程，使课程整合的价值在课堂中得以升华，让师生走向幸福学习与研究之路。

一、开发执行课程流程

开发执行课程的主体，不是专家，也不是学校，而是各学科教师。课程实施过程中的整合是教师的教育理想、信念、方法与学生的需要、发展

及兴趣的结合，是最具有可行性的。执行课程的开发，实施“主餐＋套餐”的方案。以下是开发执行课程的具体流程。

个人准备。首先是发动全体教师研读课标，把握各学科的课程目标，逐级分解各学科的整合目标直到每个单元、每个课时，为教材内容的重整确定方向。其次是研读教材，确定内容。以教研组为单位，建立教师学习共同体，对课程资源进行梳理，以本册教材为中心，包括学科内、学科外、相关学科之间可以整合的资源。最后个体先行，构建框架，也就是集体研讨前必须先自主研究，产生深度思考，构建起本册书的知识结构框架，之后再进行合作交流。开学前，教研组长协调好一学期的分工计划，一人一个单元，让各位教师按照分工提前钻研教材，搜集资料，对三级课程进行整合，将知识点进行梳理和筛选，把握每个单元涉及的训练目标、教学内容、实践内容和拓展空间等。

集体研讨。同教研组的教师坐到一起，主备人展示自己的成果，组内成员一起商量知识点的前后整合、重点的确定以及突破办法，优化知识结构。然后相关学科的教师坐到一起，使课程内容跨越学科之间的鸿沟，找到相关学科知识的整合点。对于同一内容，确定不同的侧重点，最大限度地体现知识的“整体”面貌，删减重复交叉内容，使学习轻负高效。

修改完善。主备人根据集体研讨的结果进行二次备课，制作课件，命制练习题，为教研组共用。

审核把关。召开课程开发展示会，集中展示主备人的成果。每个教研组抽取一名教师，代表本组的研发水平。过关者评出等次，计入教师量化成绩。不过关者重新整理。经学校课程开发委员会通过的课程，将打印成册，形成人手一份的“通用教案”，这叫“主餐”。

个性修改。教师上课前根据学生实际和个性特色，对教案进行批注和修改，写出每一课时的教学反思，这样的个性补充叫“套餐”。学期结束后，教研组集体整理“套餐”，提出对本册执行教材的修改意见，并与下一轮教材使用教师对接。如此循环，使执行课程日臻完善。

执行课程提高了备课质量，减轻了学生的课业负担，规范了课程的落实形式。它不是一般意义上由教师被动执行的课程，而是教师自主开发的、可以执行的课程。

执行课程以“整合”为特征，以“共享”为基础。它的编写，需要打破学科知识的界限，探寻不同学科知识间的联系，需要教师付出更多的劳动。它的魅力在于智慧共享，同教研组的教师智慧共享，相邻教研组的教师智慧共享，最终达到全校教师的智慧共享。在电影《居里夫人》的片尾，居里夫人这样说："自然是伟大的，我们每个人的发现都是知识一点点微光，但把这一点点微光汇集起来，就可能照亮真理的轮廓。"我们汇集了全校教师的力量推动课程整合的进步。

二、执行课程实例

下面以语文五年级下册第一单元为例，介绍我校执行课程的开发与实施过程。

语文五年级目标整合一览表

	学科总目标	学段目标	学期目标
好习惯	认真写字、认真倾听、阅读积累、留心观察、说普通话。	保持正确的写字姿势，养成良好的书写习惯。养成读书做笔记的好习惯。养成留心观察周围事物的习惯。	继续加强写字、读书、观察等习惯的养成。
好思想	爱国家、爱环境、爱学习、爱劳动、讲文明、讲诚信、遵纪守法、尊老爱幼。	明辨是非，爱憎分明，向往和追求美好的理想。	通过文本与学科知识的有效结合以及各种语文主题实践活动，受到真善美的熏陶，体会人类的美好情感。
识好字	有较强的识字能力和识字愿望，认识常用汉字。	善用工具书，有较强的独立识字能力，累计认识常用汉字3000个左右。	认识200个左右的常用字，会写150个。在课内外阅读时勤查字词典，培养独立识字能力，养成使用工具书的习惯。
写好字	正确、规范、美观。	能用硬笔书写楷书，行款整齐、美观，有一定速度。能用毛笔书写楷书，并能在书写中体会汉字的优美，体会书法的独特魅力。	凭借写字教材进行书写训练，做到行款整齐。通过运用顿笔、运笔、回锋、出锋等方法体会汉字的魅力。能用毛笔字书写正楷。

（续表）

	学科总目标	学段目标	学期目标
读好书	理解、感悟、朗读、积累、运用。 具有一定的课外阅读量。 背诵优秀诗文。	默读要达到每分钟不少于300字，学会按需搜集信息。能联系上下文理解词句意思，辨别词语感情色彩，体会其表达效果。了解文章的表达顺序，体会作者的思想感情，领悟表达方法。体会顿号与逗号、分号与句号的不同用法。朗读注意语调、韵律、节奏。背诵优秀诗文不少于60篇（段）。课外阅读总量不少于100万字。	能用普通话正确、流利、有感情地朗读课文，能把握课文主要内容，体会作者的思想感情，领悟文中的表达方法，提高阅读理解能力。继续扩大阅读量，背诵诗文不少于30篇（段）。课外阅读总量不少于30万字。
写好文	观察、运用、修改、评价。	留心观察周围事物，丰富自己的见闻，表达自己的独特感受。纪实和想象作文，都要做到内容具体，感情真实，能自改或与他人互改。学会写读书笔记和常见应用文。	能留心观察周围事物，从生活中寻找素材，会写简单的纪实作文和想象作文。作文要内容具体，感情真实。会写常见应用文，能修改自己的作文。
好口才	倾听、表达、应对。	积极参与讨论，敢于发表自己的意见，表达要有条理。认真、耐心倾听别人说话，能抓住要点进行简要转述。能根据对象和场合，稍做准备，即席发言，语言文明，语气、语调适当。	积极参与讨论，认真倾听。表达观点时要有条理，语言要恰当，并能体现双向互动。
好能力	查阅、整理、分析。 自主、合作、探究。	能利用多种渠道获取资料，通过调查研究、讨论辨别，形成简单的研究报告。策划参加校园与社会活动，学写活动计划和总结。	积累精妙的语言，学会运用有艺术性、有魅力的语言，能写简单的调查报告，提高语文的综合能力。

语文五年级下册第一单元“走进西部”目标及内容整合一览表

教材内容	单元目标	课时目标	整合内容			整合后的学习方式
			学科内	学科间	学科外	
《草原》 《丝绸之路》 《白杨》 《把铁路修到拉萨去》	1. 认识本单元课文涉及的生字、生词，并能正确书写。 2. 通过读书和搜集资料了解西部，激发热爱西部的情感。 3. 把握课文主要内容，联系上下文，体会优美语言的表达效果，进一步提高理解能力。	预习过关课 1. 认识“鄂、勒、鸵、巍”，会写“渲染、羞涩、清晰”等生字词。 2. 正确、流利地朗读本单元课文，总结出本单元的主题，了解每篇课文的主要内容。 3. 了解与本单元相关的资料，为学习课文奠定基础，阅读主题丛书《走进西部》。阅读有关西部的资料。 课文品读课（第1、2课） 1. 有感情地朗读课文，并背诵课文优美句段。 2. 感受内蒙古的美丽风光和风土人情，体会作者的表达方法。 3. 能说出这条路被称为“丝绸之路”的原因，激发学生热爱祖国的思想感情。	长春版语文三年级下册课文《美丽的草原我的家》。	音乐《天堂》。	搜集有关草原的图片、资料，丝绸之路的历史。	自主合作、探究学习。
		课文品读课（第3、4课） 1. 理解课文内容，有感情地朗读课文，背诵课文优美句段。 2. 抓住重点语句，联系上下文，体会白杨的特点和爸爸的心愿，体会借物喻人的写作特点。 3. 体会挑战极限、勇创一流的青藏铁路精神，感受建设者勇克难关、顽强拼搏的精神。	茅盾的《白杨礼赞》。	音乐《小白杨》。 李白的《塞下曲》。	搜集青年援疆的背景资料和有关西藏的地理环境。	自主合作、探究学习。
		拓展阅读课 1. 阅读经典文章，提高自己的语文素养。 2. 学习文章的写作特点，丰富自己的语言。 3. 培养良好的读书习惯，做到读与思、读与写的有机结合。		阅读主题丛书。		阅读、理解、感悟。

（续表）

教材内容	单元目标	课时目标	整合内容			整合后的学习方式
			学科内	学科间	学科外	
《草原》《丝绸之路》《白杨》《把铁路修到拉萨去》	4. 背诵课文优美句段和关于西部的经典古诗词，积累语言，增强语感。 5. 了解借物喻人、借物抒情、以动喻静等写作方法，并试着将这些写法运用到自己的习作中。	主题习作课 1. 学会用书信体写作，并把“手拉手”活动开展下去。 2. 能在信中把自己对活动的打算做具体清楚的描述，同时能合理地提出可行性建议。	《给家乡孩子的一封信》。	例文《给远方朋友的一封信》。		理解、感悟、创新。
		综合实践课 1. 结合课文内容和读过的关于西部的图书、资料，谈自己心目中的西部。 2. 全班交流。	《出塞》《从军行》《凉州词》等经典西部诗词。		采访身边的西部工作者。	搜集、整理、归纳。
		复习过关课 1. 掌握文中生字词。 2. 明确文中的表达方式。				自主、合作、交流。

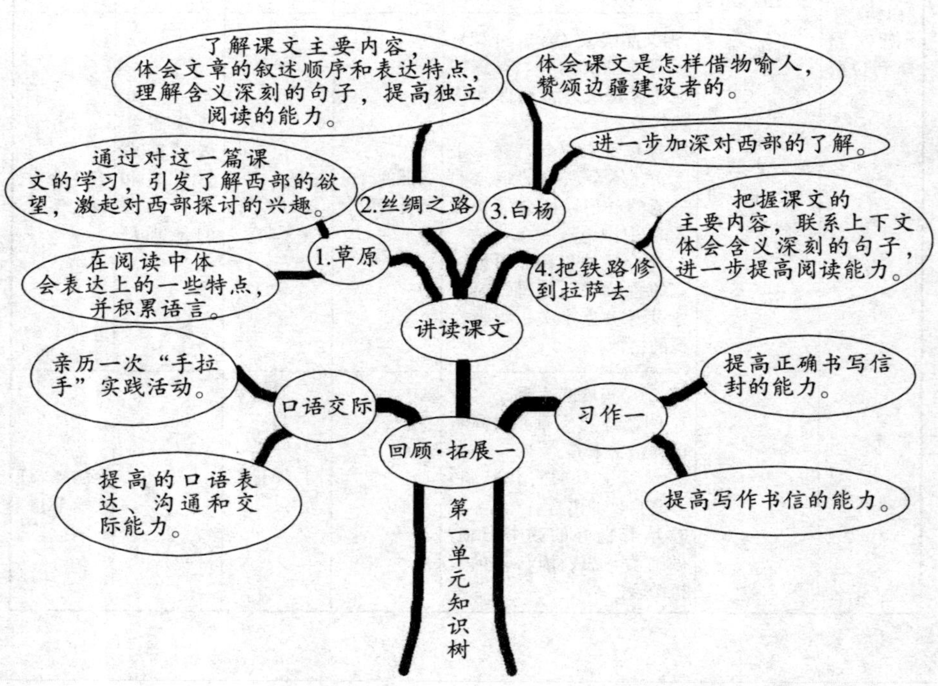

【教学重难点】

认识生字，会写一类字；能把课文读正确、流利，了解课文的主要内容。

【课前准备】

课前诵读：“经典诵读”第1课。

【教学过程】

一、谈话导入

1. 课前，同学们对本单元的课文进行了预习，你们觉得本单元的课文是围绕什么展开叙述的？说一下你们对西部的了解。

2. 本单元包括哪些课文？齐读课文题目。

二、检查生词认读

1. 出示词语。

2. 自读，同桌检查读。

3. “开火车”读，每人读一个。

4. 教师领读易读错的词。

三、检查读课文，概括主要内容

1. 自读，把难读的地方再读几遍。

2. 组内检查。

3. 全班检查，让刚才组内检查有读错现象的同学再读一遍读错的地方。

4. 概括每篇课文的主要内容，从而进一步深化主题。

四、书写生字

1. 让学生观察田字格里的字，找出容易写错的字和难写的字。

2. 教师根据学生的回答范写。

3. 学生描红，并把难写、难记的字在本子上书写几遍。

五、交流相关资料

1. 组内交流，选出最有意义的几个问题准备全班交流。

2. 全班交流，不要说重复的内容。（其他同学可以有选择地记录，学生回答不全面的地方，教师补充）

六、拓展阅读

1. 学生自读语文主题学习丛书一。

2. 学生交流感受。

3. 通过本节课的学习，你有哪些收获？

七、作业

继续读第1、2课，画出不理解的词语并想办法弄明白。（可查阅工具书，也可以多读课文，联系上下文来理解）理解课文内容，做批注。

八、课堂检测

第1课《草原》

【教学重难点】

1. 感受内蒙古的自然风光和风土人情，背诵优美段落。

2. 感受丝绸之路的光辉与灿烂。

【课前准备】

阅读长春版语文三年级下册课文《美丽的草原我的家》。

【教学过程】

一、情境铺设，复习导入

草原之行给作者留下了哪些深刻的印象，现在我们继续来学习这篇课文。

二、自主学习

出示自学提示：草原景色美在哪儿？你是从哪些语句感受到的？请自读有关句子，想想自己怎样从中感受到了美。

三、小组合作交流（略）

四、全班交流

1. 来到草原，作者还有哪些感受？

默读交流：前面我们感受了草原空气之清新、天空之明朗，感受了草原之绿、草原之静、草原之美，现在作者又感受到了什么？你能结合课文说得具体些吗？

学生交流行车之洒脱，环境之安静。

教师指导学生读好第2自然段第2、3、4、5句，感受草原行车之洒脱，再次感受草原之辽阔无垠。从鸟的忽飞忽落感受草原之静、草原之高远。通过见到河时的惊喜，体会河之清澈、河之迂回，感受比喻的作用。

启发：你还感受到了什么？能结合课文说得具体点吗？

2. 我们先来看看第3自然段，你从哪些地方感受到了蒙古族兄弟的热情好客？

(1) “大家的语言不同，心可是一样。”你能想象此时大家会说些什么吗？

(2) 指导学生有感情地朗读第3自然段，感受更多的热情。

(3) 过渡：“也不知怎的，就进了蒙古包。”让我们再来看看蒙古族兄弟是如何招待汉族兄弟的。（献上奶茶、奶豆腐、手抓羊肉，敬酒，唱民歌……）

(4) 蒙古族同胞使出浑身解数，热情地款待我们这群汉族兄弟，我们能做的就是一样地礼貌待人、一样地回敬酒、一样地唱歌，不管干什么，脸上总挂着会心的微笑。

3. 师导读：“饭后，小伙子们表演套马……太阳已经偏西，谁也不肯走。是啊，蒙汉情深何忍别，天涯碧草话斜阳!”

读到这里，你脑海中出现了什么样的画面？此时此刻，主客间，会说些什么呢？你又从中体会到了什么？

4. 总结：虽说天下无不散之筵席，离别是必然的规律，但蒙汉民族兄弟间的深厚情谊将会地久天长。

五、学生演唱《天堂》

第2课《丝绸之路》

一、激情导入

出示丝绸之路的相关风景图。

为什么称丝绸之路是“对话之路”“开放之路”？（课前让学生了解丝绸之路的历史）今天，我们就沿着这条丝绸之路，察看一番，感受一番。

二、再读课文，理清思路

1. 激疑：联合国教科文组织将丝绸之路称为“对话之路”，当代的中国人称它为“开放之路”，那么，文中所写的中国使者为什么称它为“伟大的路”呢？

2. 学生读课文，回答教师的提问。

3. 齐读中国使者的话——没想到，一条道路将远隔千里的我们联系在

了一起，这真是一条伟大的路呀！

4. 进一步激疑：听了这句话，你有什么想问的吗？启发学生多层面追问：为什么说这条道路将远隔千里的“我们”联系在一起了？联系“我们”的仅仅是一条路吗？中国使者为什么称它为“伟大的路”呢？伟大体现在哪里？

5. 小组合作讨论。要求摆出观点，层次清晰地罗列事实。

6. 各小组陈述自己的观点，教师相机梳理思路——友谊之路、经济之路、科技之路、文化之路……

三、深入读文，把握主旨

1. 感受友谊之路。

(1) 自由读课文中描写大汉国和安息国使节见面的部分，在原来小组同学发言的基础上，进一步发掘：两国人民的友谊体现在什么地方？

(2) 交流。

2. 感受经济（科技）之路。

(1) 丝绸之路是伟大之路，除了因为这是一条友谊之路，还因为这是一条经济之路、科技之路。为什么说这是一条经济之路、科技之路？

(2) 有感情地朗读。

3. 感受文化之路。

(1) 丝绸之路的伟大还体现在它是一条文化之路。

(2) 齐读“我国的音乐、舞蹈、绘画、雕刻，由于吸收外来文化的长处，变得更加丰富多彩、美轮美奂”。

(3) 你是怎样理解这一句话的？

四、总结升华，领会现代意义

同学们，从这些首尾似乎重复的话语中，你体会到了什么？（丝绸之路对古代经济、文明的巨大贡献；民族自豪感；丝绸之路对现代西部人的一种感召力——西部大开发）

五、课堂检测

第3课《白杨》

【教学重难点】

背诵优美的段落，学习衬托、象征手法的运用。

【课前准备】

诵读李白的《塞下曲》。

【教学过程】

一、激情导入

1. 出示大戈壁的精彩图片。

你们想不想和作者一起走进大戈壁去看一看呢？现在假设我们也坐上了开往新疆的火车，火车把我们带到了戈壁，大戈壁是什么样的呢？齐读第1自然段。

理解大戈壁的环境恶劣，抓住“茫茫”“浑黄一体”“没有……没有……也没有”等词语。

2. 出示大戈壁的录像，教师描述：茫茫的大戈壁上，没有山，没有水，也没有人烟，只有满地的沙石。飞沙走石，遮天蔽日，一片浑黄，分不清哪里是天，哪里是地。戈壁是多么荒凉呀！

3. 作者要写白杨树，为什么开篇写这荒凉的大戈壁？

学生发表看法。（告诉我们白杨树所生长的环境很恶劣。这里用恶劣的环境烘托白杨树的高大形象）

学生齐读第3自然段，读后回答：在戈壁上白杨树长得怎样呢？（高大挺秀）

师：在满目荒芜、单调的大戈壁，看到这清秀挺拔的白杨树，那碧绿向上的叶子，银白泛青的树干，给茫茫的戈壁带来了生机和希望，这怎能不使人油然而生敬意呢？

4. 看到这白杨树，爸爸的神情是怎样的？兄妹俩又是怎样争论的呢？

大戈壁这么荒凉，环境这么恶劣，白杨却长得那么高大挺秀，像卫士一样守卫着铁路。读到这里，你觉得白杨树怎样？应该用怎样的语气朗读爸爸说的话？（赞美）

二、课文讲解

1. 课件出示爸爸介绍白杨树的第12自然段，然后逐句读讲。

（1）“这白杨树从来就这么直。”

“从来”是什么意思，这句话讲了白杨树的什么特点？

（2）“哪儿需要它，它就在哪儿很快地生根、发芽、长出粗壮的枝干。”

（3）“不管遇到风沙还是雨雪，不管遇到干旱还是洪水，它总是那么直，那么坚强，不软弱，也不动摇。”

师：这段话用了哪些关联词语，请画出来。（学生画后交流）

（“哪儿……哪儿……”“不管……不管……总是……”）

师：同学们，学到这里，你对白杨树产生了什么感情？（崇敬）下面，我们带着这种感情来读读这几句话。

指导朗读。（自由读、指名、齐读）

师：白杨树不择环境，不讲条件，哪里需要，就在哪里生根、发芽。不管遇到风沙还是雨雪，不管遇到干旱还是洪水，它总是那么直，那么坚强，不软弱，也不动摇。这就是白杨的品格。

过渡：爸爸只是向孩子们介绍白杨树吗？不是的，他也在表白着自己的心。“心”指的是什么？

2. 引读讨论第 14 自然段。

(1)“他们只知道爸爸在新疆工作，妈妈也在新疆工作。”

(2)“他们只知道爸爸这回到奶奶家来，接他们到新疆去念小学，将来再念中学。”

(3)“他们只知道新疆是个很远很远的地方，要坐几天火车，还要坐几天汽车。”

师：爸爸妈妈为什么去新疆工作？爸爸为什么要带孩子们去新疆读书？

同学再读第 14 自然段，重点读爸爸介绍白杨树的三句话，从课文中找答案。

过渡：爸爸介绍的这一点知识就像一粒种子播在了孩子们幼小的心里，这种子能不能生根、发芽、成长呢？

3. 学习课文最后一个自然段，体会蕴含的意思。

质疑、小组讨论。

(1) 一棵高大的白杨树指谁？几棵小树指谁？

(2) 为什么爸爸看到在一棵高大的白杨树身边，几棵小树正迎着风沙成长起来，嘴角会浮起一丝微笑？

白杨：哪儿需要，哪儿生根，不管风沙雨雪干旱洪水。（坚强）

爸爸：边疆需要，扎根边疆，不怕任何艰难困苦。（坚强）

三、总结课文，升华中心

请学生用文中的重点词语连成一段通顺的话：

“哪儿……哪儿……”

“不管……不管……总是……”

坚强　白杨　边疆建设者

第 4 课《把铁路修到拉萨去》

一、创设情境，引入课题

1. 播放西藏的风光图片，师生一同感受西藏的纯净、美丽和圣洁。

2. 师生交流关于青藏铁路和西部大开发的相关资料。

二、学生自学

1. 自由读文，思考：青藏铁路是一条怎样的铁路？在课文中找出有关的句子。

2. 小组合作交流。

3. 课堂交流。

（1）“把铁路修到拉萨去！”这句话在课文中反复出现了很多次，默读课文，在课文中画出这句话。

（2）自由朗读课文，想想面对着风火山这只“拦路虎”，筑路大军会在什么时候说“把铁路修到拉萨去！”这句话？

① 在遇到困难的时候，他们会说“把铁路修到拉萨去！”。

a. 他们遇到了哪些困难？在课文中找出有关的句子，再用自己的话说一说。

b. 面对着困难，他们会怎么样说这句话？有感情地朗读“把铁路修到拉萨去！”要读出怎样的语气？

② 在战胜困难的时候，他们会说“把铁路修到拉萨去！”

他们是怎样战胜困难的？在课文中找出有关的句子，再用自己的话说一说。

（3）想象一下，筑路大军还会在什么时候说“把铁路修到拉萨去！”这句话？

① 风火山隧道全线贯通的时刻。

有感情地朗读课文第 11 自然段。

② 青藏铁路全线贯通的时刻。

a. 播放录像：青藏铁路全线贯通的庆祝场面。

b. 如果你是筑路大军中的一员，此时此刻，你最想说的一句话是什么？

三、课外延伸，情感升华

1. 交流搜集到的关于青藏铁路和西部大开发的资料。

2. 学生演唱《小白杨》。

四、课堂检测

【教学重难点】

阅读方法的指导。

【整合内容】

语文主题学习丛书。

【教学过程】

一、谈话导入课题

走进经典文章，体会名家风采，感受语言魅力。今天让我们再次走入作家笔下的西部。

二、出示阅读要求

1. 勾画出精彩词语和句段，写出自己的感悟和体会。

2. 积累语言，做好摘记。

3. 体会文章的写作特点和语言风格，选择其中的一篇谈一谈自己的认识。

三、学生自主阅读

四、阅读交流

1. 读一读。读精彩句子和段落，读出自己的理解和感悟。

2. 谈一谈。谈自己的理解、感悟、体会。

3. 议一议。说出自己的不解，互相质疑争论，发表自己的不同看法。

学生自由发表自己的看法，形式可以多样。

五、写作练习

选自己最喜欢的一段文字或一篇文章谈感想。

【教学重难点】

明确书信格式；写出真情实感。

【课前准备】

阅读巴金的《给家乡孩子的一封信》，了解书信的格式。

【教学过程】

第一课时

一、谈话导入，激发兴趣

上节课我们已经讨论过活动的方案了，今天就开始行动。第一步——写信，建立联系。

二、讨论内容，激发写作灵感

小组讨论：信的内容包括哪几方面？

1. 让对方了解自己的情况。(学习，生活，生活的小环境、大环境)

2. 把自己班级策划的方案详细地进行介绍。

3. 提出自己认为可行的建议。

4. 希望以后如何进一步地相互了解。

5. 想了解对方的哪些情况。

三、动笔写作，开启心扉

1. 明确写信方式。

(1) 小组合作写信，分工合作，一人写一个部分。

(2) 自己独立完成。

2. 开始写信。

3. 交流书信的格式。

4. 交流第一部分内容：自我介绍。

在交流中明确自己该如何修改，如何补充材料，才能让对方更了解自己，了解我们的大家庭。

第二课时

一、继续写作，在交流中充实内容

1. 交流第二部分内容：介绍活动的方案。

学生各抒己见，边讨论边修改，使内容更加充实。

2. 介绍信封的写法。

二、合作交流，在修改中完善

1. 小组合作。

写信的同学把自己所写的那部分与其他几位同学合起来，再读一读，

一同修改：是否有错别字，语句是否通顺，文章内容是否饱满。

2. 课堂交流。

对于自己写的文章，把自己认为最满意的一部分与大家分享。

对于小组合作写的文章，就把自己组认为比较有新意的语句读给大家听。

【教学重难点】

回顾本单元所学内容，交流学习与感悟；通过“趣味语文”的学习，感受标点符号的魅力。

【教学过程】

第一课时

一、交流平台

1. 想一想，通过这一组课文的学习，你有什么收获和体会？

2. 自由进行课堂交流。

3. 选择重点展开讨论。

(1) 说说对西部的认识和感受。教师可以帮助学生理清思路，让学生有条理地表达对西部的认识。比如，西部的历史、西部的自然环境、西部的发展。

(2) 说说对课文写法特点的认识。

①《白杨》这篇文章在写法上有什么特点？在课文中找出相关的例证。(以白杨的品格来比喻、暗示西部建设者的品质等)

②《草原》这篇文章在写法上有什么特点？在课文中找出相关的例证。(景色的铺陈，直抒胸臆的抒情等)

(3) 理解含义深刻的句子。

① 找一找在这组课文中有哪些含义深刻的句子，简要地说说其中的含义。

② 说说你是怎样理解句子中暗含的意思的？

二、日积月累

1. 导入。

古人云，“熟读唐诗三百首，不会做诗也会吟”。从中可见积累的重要性。今天，我们就来学习素有诗豪之称的大诗人刘禹锡写的《浪淘沙》。

2. 学生自由朗读，如果有不理解的地方，教师可做适当讲解。

此诗写九曲黄河的雄伟气势，并展开了奇特的想象，表达了作者的向往与追求。

3. 指导学生有感情地朗读、背诵。

4. 展示朗诵并尽量背诵《出塞》《从军行》《凉州词》等经典诗词。

第二课时

一、谈话导入

批改作文时，常发现有些学生随心所欲地使用标点符号。或一“，”到底，或通篇不用，想起来了就随手点一下，这说明学生对标点符号极不重视。今天我们来读一则关于标点符号的故事，读完之后，谈谈你的感想。

二、故事学习

1. 教师提供故事。

有一个富翁生性吝啬，聘请教书先生时，讲明膳食供给很微薄。教书先生一口应允了，但借口恐怕口说无凭，写了一张没有加标点符号的合约：“无鸡鸭亦可无鱼肉亦可青菜一碟足矣。”富翁根据自己的主观愿望理解为“无鸡鸭亦可，无鱼肉亦可，青菜一碟足矣”，于是欣然签字。哪知吃第一顿饭时，教书先生拿出合约大喊：“怎么尽是素菜，没有荤菜？我们不是约定了‘无鸡，鸭亦可；无鱼，肉亦可；青菜一碟，足矣’的么?”富翁只好照合约上的办。

2. 学生读故事。

3. 学生交流读后感受。

4. 加标点，使句子表达出不同意思。

① 下雨天留客天留我不留

② 过路人等不得在此小便

③ 某家有少女人才十分丑陋全无一双好脚

④ 今年好倒霉少不得打官司

三、小结

标点一定要恰当，它就像一个人的五官。不能因为它不是字就觉得无足轻重。标点错了，意义也就变了。

一、看拼音，写汉字

jū　　jiāo　xuàn　　yá　　jùn

(　)束　　摔(　)　　(　)染　　天(　)　　(　)马

lè　　xiū　sè　　xī　　shào　　jiāng

勾(　)　　(　)(　)　　清(　)　　介(　)　　新(　)

二、将词语补充完整

襟飘(　)舞　　(　)(　)如生　　作(　)还礼　　彩旗招(　)

杯水车(　)　　始料不(　)　　废(　)忘食　　夜以(　)日

三、形近字组词

毯(　　)　　勒(　　)　　跤(　　)　　晰(　　)　　疆(　　)

毡(　　)　　鞋(　　)　　胶(　　)　　浙(　　)　　僵(　　)

四、先找出句子中的错别字，并在后面的括号中改正过来

1. 草原上行车十分酒脱。(　　)

2. 羊群一会儿上了小丘，一会儿又下来，走在哪里都像给无边的绿毯秀上了白色的大花。(　　)

3. 天和地的界限并不那么清淅，都是浑黄一体。(　　)

4. 那里的天比别处的更可爱，空气是那么清鲜，天空是那么明郎。(　　)

5. 蒙汉情深和忍别，天涯碧草话斜阳。(　　)

五、按要求改写句子

1. 威尼斯是世界闻名的水上城市。

改为感叹句：________________________________

改为反问句：________________________________

2. 爸爸说："我明天要去北京开会。"

改为转述句：________________________________

六、请你当医生，给下面的句子治病

1. 我敢肯定今天可能会下雨。

2. 教室里的同学都走了，只剩下林飞在订正考卷。

3. 元宵节，大街上挂满了五颜六色的大红灯笼。

七、给下面的句子排队，把序号填在括号里

（　　）训练有素的宇航员并不紧张，他们知道，这是飞船脱离了地球引力而产生的失重现象。

（　　）一艘载着三名宇航员的飞船在火箭的推送下升上了天空，开始了奔赴月球的旅行。

（　　）他们在座舱里飘来飘去，仔细地检查一个个仪器，还不时地和地面指挥中心联络着……

（　　）飞船绕地球飞行几圈后，径直向月球加速飞行。

（　　）这时，宇航员们感到自己的身体轻飘飘的，无法在座舱里站稳，稍一抬脚，就会跳起三四米高。

（备课人：张燕　校对：孔祥叶）

第四节　评价让课程升华

好的课程体系是实现育人目标的根本，好的课程评价机制是实现育人目标的关键。

在学科整合课程评价中，我们落实开放的发展性三螺旋结构课程评价体系，以能否促进学生的可持续性发展为目标，分课前研究、课中实践、课后评价三个时段，从课程设计、课程实施、课程效果三个方面入手对师生进行评价，以此检测学科整合课程的可行性，使学科整合课程进一步得到完善、价值得到升华。

一、开放的发展性三螺旋结构课程评价体系概述

我校将课程能否促进教师专业发展、学校发展，并最终促进学生全面、和谐、可持续发展作为最基本尺度，尝试构建了开放的发展性三螺旋结构课程评价体系，以对学校课程构建的可行性进行自我诊断，其根本目的在于通过评价促进学生的发展，它基于学生的过去，重视学生的现在，更着眼于学生的未来。

开放的发展性评价，在评价目的上，注重学生的个体发展；在评价内

容上，注重全面性，不只关注知识，更关注学生的实践能力和情感态度、价值观；在评价主体上，注重学生的自评与互评，学校、教师、教育专家、家长、学生等多主体共同参与、交互作用，强调评价主体的多元性；在评价标准上，注重绝对评价，削弱相对评价，强调学生在原有基础上的发展和进步；在评价过程中，重视对学习过程的评价，充分发挥评价的反思、调控功能；在评价方法和手段上，注重定性与定量评价的有机结合。

三螺旋结构评价指的是以目标为中心的课程设计评价、过程为中心的课程实施评价和结果为中心的课程效果评价。三类评价相互交融、互相渗透，密切关联。其中，以目标为中心的课程设计评价在课前研究阶段，即在“课前研究”阶段完成。主要是看教师围绕课程目标所做的课程设计是否科学、合理，把好课程质量第一关。以过程为中心的课程实施评价在课程实践过程中，即“课中实践”阶段完成，主要是对课程实施进行过程性评价，包括课堂教学和相关的过程性材料。以结果为中心的课程效果评价是在课堂或全部课程结束后，即“课后评价”阶段完成，主要对课程实施的效果进行综合评价，所有评价结果都反馈给相应教研组及教师个人，以便调整，制订出新的课程设计方案，使课程逐渐走向最优化。

二、评价的三时段

为更好地实施这种评价体系，学校成立了课程开发委员会，以负责新课程的研究、指导和管理。每学期从课前研究、课中实践、课后评价三时段出发，制订相应的措施。

1. 课前研究。

课前研究实行学科负责制、专题负责制、专人负责制。学科负责制指由名师负责本学科方案的制订和过程的指导；专题负责制是充分发挥教师的特长，分工负责专题，形成精品案例；专人负责制是在专题之下确定自己的小课题，打造人人有特色、个个有绝活的良好局面。在课前研究中，教师以课程目标为中心，基于上一级使用本教案的学生、家长以及教师的调整意见，进行新的课程设计；课程开发委员会对课程的设计是否科学、合理进行评价和指导。

课程设计结束后，学校召开课程开发展示会，集中展示个人设计的成果。每个教研组抽取一名教师，代表本组进行展示。过关者评出等次，计入本组教师的量化成绩，不过关者重新整理。经学校课程开发委员会通过的课程设计，将被打印成册，形成人手一份的“执行课程”，这样的执行课程才是可以执行的，可以进入课堂和学生见面的。

“执行课程”的编写要求

【编写原则】

1. 教师是执行课程的直接建构者和参与者，要始终以“整合”理念设计各科课程。

2. 以教研组为单位分工合作完成一册书的课程设计。

3. 三个层面的整合可以逐次展开，也可以根据实际任选一种。

4. 符合学校总的教学纲领和各科教学模式。讲究实用，杜绝低级错误和网载。

5. 基于上一级执行课程使用教师的修改建议和上一级使用学生的调查问卷进行设计修订。

【编写要求】

1. 执行课程都要根据学科整合总目标，逐步细化分解出学期目标、单元目标、课时目标。目标的确定要科学、合理，可操作、可检测。学科目标和学期目标放在执行课程的最前面，以表格的形式呈现，第一栏是学科总目标，学科总目标要简单明了，第二栏是学期目标，每一类目标都要跟总目标的分类对应起来，要具体写。单元目标和课时目标放在每个单元的前面，也用表格形式展示，单元目标要根据本学期目标结合本单元内容制订，课时目标是单元目标的细化，要具体可操作。在单元目标和课时目标之后要加一栏“整合内容”。

2. 每一单元开头先是单元知识树，主要梳理本单元的知识点，让执教教师看到知识树就能知道本节课的教学内容。

3. 每一课时省去教学目标加上教学重难点

4. 教学过程要落实整合的目标，其中“自主学习”“小组合作”环节，要有明确的要求。

5. 教学过程中知识点的授课方法和难点的突破方法要明确。

6. 每个单元写一篇详细的教学反思。

7. 每个课时后要有练习题。

【汇总上传要求】

教研组长分好工，最后汇总、严格把关。学习期间完成，开学一周内上传。

【评价说明】

每单元备课后写明备课人和校对人，学校将召开课程展示会，对备课质量进行检查指导，计入量化。不合格者，将重新编写。

2. 课中实践。

再好的方案最终也必须通过课堂教学来检验、发展和完善。为此，学校以“三勤四让五环节”为基本指导纲领，以异课异构（名师精品课）、同课异构（对比公开课）、异课同构（专题研究课）为基本形式的赛课来检验研究的效果，并结合教师执行课程的使用情况做出相应的评价和指导。

执行课程的使用是整合课程落实的关键。学校要求教师上课前根据学生实际和个性特色进行批注和修改，写出每一课时的教学反思。学期结束后，教研组对教学反思进行集体整理，提出对本册执行教材的修改意见，并与下轮教材使用教师对接。学校会对执行课程的使用过程进行跟进，随时抽查量化这一使用情况，并适时给予指导。

赛课主要指结合周听评课这一常规教研形式，推出以上三种形式的赛课，并将成绩计入教师的量化。同时评选研究型教师、达标型教师、创新型教师，进行隆重的表彰。

诸城市实验小学2012—2013学年上学期课堂教学赛课简报

本学期，我校隆重举行了磨课、赛课活动。在此期间，教研组共同制订了翔实的计划，经历了集体备课、组内磨课，最后确定了代表本组水平的教师参加学校的赛课活动。赛前，学校对活动做了细致的安排，确定了以教学管理人员和教研组长为代表的评委成员，分成了语文、数学、综合三大组，本着公平、公正的原则当堂打分；赛中，教研组内的所有教师对赛讲的这节课进行了精心打磨，每一节课，都闪现着集体的智慧；赛后，分语文、数学、综合三组进行了评课。

本届比赛共有19位教师参赛，其中语文6人，数学6人、其他学科各1人。所有参赛教师素质高，教学扎实，都展示了自己独特的教学风格。根据评委的打分，评出一等奖7名，二等奖12名。

一等奖：宋杰锋　王淑秀　杜叶军　王泽珍　林在霞　衣明翠　李志慧

二等奖：郭培芹　丁培霞　纪艳梅　朱秀华　宋新霞　王秀萍　谢培香
徐丽艳　徐荣兰　戴晓慧　高　燕　徐洪波

教研组赛课总成绩的计算方法：根据赛课教师的成绩（占80分），教研组长的听课次数（占10分），教研组内所有教师的人均听课次数（占10分），得出教研组的得分（具体得分略）。

本次活动，有效促使我校教师更加深入地学习教育教学理论，深入研究学情、课堂，进一步提高了课堂教学效率。同时为广大教师搭建了展示才华的舞台，提供了相互学习、相互交流、共同提高的机会，进一步促进了教师的专业成长。让我们以本次赛课活动为契机，掀起新一轮教学研究的热潮，大力推进课堂教学模式的研究，提升学科品味，打造个人特色，把我校的课堂教学改革推向高潮！

3. 课后评价。

主要以课程目标为依托，实施过程为依据，从教师的课程教学和学生的课程学习两方面对课程效果进行评价，这两类评价互为补充，对教师课程教学的评价能促进学生课程学习的有效落实，对学生课程学习的评价又为教师改进课程教学提供了依据。

所有评价结果都反馈给相应教研组及教师个人，从而有利于教师对课程实施做出相应调整，制订出新的课程实施方案，依照新方案再次进行教学，学期结束后再进行评价。在这样多次循环螺旋式上升的评价中，达到全程覆盖，使课程实施逐渐走向更优化。

（1）对教师课程教学的评价。

对教师课程教学的评价分三个部分进行，以量化分的形式呈现。

① 学校评价。

通过考查学生的学习成果、学生作业、成长档案袋内的资料等对任课教师的教学情况进行检查，做出评价，计入教师量化成绩，及时与任课教师交流意见和建议。

② 家长评价。

利用“家长开放日”，邀请家长到学校听课、座谈，之后家长提出对课程及教师的建议，并结合孩子的学习表现对教师满意度做出评价。这些都按一定的比重计入教师量化成绩。

每学期召开一次家长委员会会议，请家长给教师、学校的课程实施提出意见或建议。

③ 学生评价。

通过每学期两次的调查问卷，让学生对任课教师的课程讲授、辅导、作业批改、讲评、实践活动指导等各项教学活动做出评价，并反馈至教师本人。

（2）对学生课程学习的评价

在评价中，结合学科特点选择多样化的测评方式，采取全过程、全方位、多元化评价策略，依据学习成绩等级与学习行为等级相结合的原则，科学地评价学生的课程学习状况，促使学生找到主动发展的动力，也为教师的课程设计找到新的努力方向。

① 过程性评价与终结性评价相结合。

各模块内容学习完毕，进行阶段考查，考查结果计入课程学习阶段成绩。课程学习结束，进行期末考查（考试），检测学生的学习成果。最终的考查（考试）结果用等级加评语的方式呈现。

② 学习成果评价与学习品质评价相结合。

除了学习成果，我们还考查评价学生在课程学习中的学习习惯、情感、态度与价值观等方面的发展，我们称之为学习品质考查。学校根据每月进行的一次问卷调查或个别访谈来评价学生的学习习惯、学习兴趣、学习方法、学习态度等，并给予针对性的指导。进行问卷调查或个别访谈时，采用自评、互评、师评、家长评相结合的方式，并逐步强化学生的自评和互评，突出评价过程中学生的主体地位。

③ 等级评价与特长评价相结合。

学校以校园“四节”为平台，积极为学生搭建展示特长的舞台，评选各级各类特长生，如体育节的跳绳比赛、踢毽子比赛；艺术节的器乐比赛、书法比赛；读书节的朗诵比赛、读书达人比赛；科技节的科技小发明、小制作比赛等，让不同兴趣爱好的学生都能找到自己的强项，所获奖项记录到学生的成长档案袋中，让学生找到不断发展的动力。

期末，每一个学生都要综合学习小组、家长、教师对自己提出的改进建议，做出评价反馈，即制订下学期促进自身发展的、有针对性的学习计划。

三、对师生的评价策略

结合学科课程整合的特点，对于学生，我们使用“评价手册”，实施“等级＋特长＋评语”的评价方式。其中，等级包括学习成绩等级与学习品质等级两部分。

学习成绩等级＝过程性评价×50%＋终结性评价×50%。

过程性评价即日常评价，其内容、形式丰富多彩。日常作业评价中，我们根据学生的个人情况给予鼓励性评语，结合学生年龄特点在其作业上画小红旗、小苹果、小红星、小笑脸等，激发学生的学习积极性。另外，语文学科的课文朗诵、作文，数学的口算、动手操作、应用题，英语的口语交际、单词默写等，都是日常监测的内容，这些都不使用分数评价，而以评语、等级或其他形式进行评价，如考级、成果汇报展示、喜报、证书等鼓励学生持续发展的多样化的评价方式，这些都会记录在学生的评价手册中。各学科本着“加强平时，取消期中，淡化期末”的原则，注重“堂堂清”“单元达标”等形成性测查，这些过程性评价占学习成绩等级的50%。

期末考试不仅采取笔试，还根据学科特点分项检测。比如，语文加了朗读，科学加了实验操作，音体美更注重表现和创新等。这些终结性评价占学习成绩等级的50%。对非考试科目，每学期期末考试前两周，学校会成立专门的考评小组进行考查，避免了学生对非考试科目学习的轻视和不认真。

学习品质等级关注的是学生的学习习惯，以及学习过程中的方法、情感、态度、价值观。采用的是学生、同伴、教师、家长等评价相结合的办法，全面反映学生的学习状况。

学习品质评价表

班级：________ 姓名：________ 第____周

评价项目		学生自评	组长评	教师评	家长评
家庭作业	认真 A				
	一般 B				
	不认真 C				

（续表）

评价项目		学生自评	组长评	教师评	家长评
课堂听讲	专心 A				
	一般 B				
	不专心 C				
回答问题	积极 A				
	一般 B				
	不积极 C				
小组合作	主动 A				
	一般 B				
	不主动 C				
值日	好 A				
	较好 B				
	一般 C				
课外阅读	经常 A				
	一般 B				
	不经常 C				
本月等级：					

学习品质评价表可以根据班级实际和学生的年龄特点由班主任自行设计。

特长是学生在学科竞赛或学科单项测评中表现突出的某一方面，教师针对此予以奖励，并记录在评价手册中，以全程观测学生进步、促进学生发展。各学科依据学科特点，制订了具体的评价办法。以下以数学学科为例进行阐述。

学生数学学习质量考核与评价办法

《义务教育数学课程标准（2011年版）》明确提出："学习评价的主要目的是为了全面了解学生数学学习的过程和结果，激励学生学习和改进教师教学。应建立目标多元、方法多样的评价体系。评价既要关注学生学习的结果，也要重视学习的过程；既要关注学生数学学习的水平，也要重视学生在数学活动中所表现出来的情感与态度，帮助学生认识自我、建立信心。”为了有效实施对学生的知识技能、数学思考、解决问题、情感态度这四方面内容的评价，我们构建了有利于促进学生全面发展的多元评价方式，多角度、全方位地评价学生。

1. 形成性评价。

（1）即时性评价。

即时性评价是评价者（教师、学生、家长）对学生学习、活动中的表现进行即时评价。评价的内容包括学习兴趣、参与学习的主动性、积极性，学习中提出问题、解决问题的策略与能力，想象的丰富性，独立思考与合作交流，良好的学习习惯等。

平时可采取即时点评、示意评价（如微笑、抚摸等）、借物评价（红花、五星等）等，并根据课堂观察记录表按一定的标准填写学生的星级评价等级。结合平时观察，每周记录1次。一般情况下，每学期记录不少于15次。

（2）表现性评价。

作为一种发展性评价，表现性评价是指通过观察学生在完成实际任务时的表现来评价学生已经取得的成就。我校在实施这一评价的过程中，着重设计了表现性任务，实行课内外相结合的评价体系。

表现性评价的关键在于合理设计表现性任务。课堂上可以组织有关探索与发现的数学活动，对学生在学习过程中的表现进行多方位、多角度的评价，还可以设计形式多样的表现性作业。我校对数学作业进行了大幅度改革，把作业分为口头、书面、操作实践三大部分。口头作业有说算理、说算法、说过程等；书面作业有基础性练习、数学日记等；操作实践作业有小设计、小发明、小制作、小调查等。对学生书面作业的评价又从两个方面进行：一是从对作业的态度、书写及格式的规范程度进行评价；二是从对基本知识和基本技能的掌握程度进行评价，而且要给学生及时订正错误、再次学习的机会。

（3）档案袋评价。

建立学生个人数学成长档案袋，以真实地展现学生的成就与进步，描述学生学习的过程与方法。我校注重以多元评价方式构建较为科学、合理的档案袋评价体系。如第一页设计“我的自画像和我的成长目标”；其余页是“我满意的作品”“我的成长足迹”“个性展示台”等。其中“我满意的作品”可以包括学生满意的试卷，创作的数学小故事、数学日记等，这部

分是学生成长档案袋的重要内容，它最能体现学生的个性特长，同时又是常规评价中最缺乏的东西。

2. 阶段性评价。

阶段性评价是将学生在某一阶段的学习表现、实践活动、考查科目等情况进行的连续性的过程性成果评价。阶段性评价采用“★＋等级＋评语”的评价方式，将评价结果记入学生成长档案袋，并通过“家校联系卡”反馈给学生家长。等级划分标准由学校或教师根据学生相对的层次而定。评语是教师在对学生资料进行分析的基础上，用激励性的语言，客观描述学生的进步、潜能及不足。

3. 水平性评价。

水平性评价是促进学生发展的一种有效方式。我校采用“分项考核，综合评定”的方法对全体学生的数学学业发展水平进行评价。

数学学科的“分项考核”是指通过月常规单项基础能力考核制度，强化对学生学习过程的评价。由教导处对各项考核内容实施统一安排，实施全员内容检测与抽测相结合的形式，将学生的笔试、口试和实践操作等实施等级量化考核。月考核的成绩采用等级制评价。

4. 综合性评价。

综合性评价是指把学生学习过程中的各种平时的评价成绩，按一定的权重综合评定一个等级。除了“分项考核”中的月单项能力考核成绩外，还要把课堂评价、日常作业评价、单元检测、期末检测的等级计算在内。综合评价有利于激励学生学习，有利于学生全面地掌握知识、提高能力。

采用自我评价、学生互评，家长评价，教师评价等方式呈现评价结果，并对评价结果进行综合分析，给学生的表现及学业情况做出评价。学校每学期进行一次归总性评价，学期末登记一次，使用《学生数学学习评价表》按各学段分项细则登记备案。

学期结束，我们将综合学生各方面的表现，以朴实、生动、饱含激情的评语描述学生发展的状况，提出激励性的改进意见或建议，为学生的发展指明方向。

总之，单一的书面笔试不再是学生学业评价的唯一手段，这使学生的学习压力得到一定程度的缓解，因畏惧、害怕考试而产生厌学情绪的学生越来越少。学生开始由关注分数高低逐步向关注学习过程中的表现转变，由单纯地比分数向比努力转变。又因为实施学生自主评价和同伴互评，学生学习的积极性和创造性不断高涨，学生之间比学赶超的氛围越来越浓，在相互学习和评价中，合作学习的意识和能力也不断得到提升。这样的评价不仅是对学生学习状况的价值判断，更是开展下一步学习活动的起点，真正体现了评价的发展性。

同时，教师也从对学生的评价中反思哪些课程内容是受欢迎的，哪些课程内容是学生容易接受的，哪些课程内容是有难度的，哪些更有利于促进学生的发展，以此作为起点再进行新的课程设计。

针对学科课程的特点，学校对教师的评价主要从执行课程的编写和使用、落实整合教学的过程和学生的学业成果三方面进行。（见教师发展性评价表）

诸城市实验小学教师发展性评价表（部分）

执行课程编写

时间	月　日	月　日	月　日	月　日	月　日
自评					
组评					
学校评					
总评	A　B　C	A　B　C	A　B　C	A　B　C	A　B　C
努力方向					

注：A—符合要求并达到优秀；B—基本符合要求；C—不太符合要求。

上课

类型	自定指标	评价意见与教学反思
自上自评课	课题与时间：	
	1. 2. 3.	
教研组周听评课	课题与时间：	
	1. 2. 3.	

（续表）

类型	自定指标	评价意见与教学反思
师徒互听课	课题与时间： 1. 2. 3.	
家长开放课	课题与时间： 1. 2. 3.	
其他形式的课	课题与时间： 1. 2 3.	

作业

	评价人	形式多样	及时批改	即时性评语	有无复批	批改记录	指导意见或建议
月	团队教师	A B C	A B C	A B C	A B C	A B C	
月	学生	A B C	A B C	A B C	A B C	A B C	
月	学校	A B C	A B C	A B C	A B C	A B C	

注：A—非常好；B—一般；C—需要改进。

学生反馈

满意	%	基本满意	%
优点			
主要问题			

家长反馈

满意	%	基本满意	%
优点			
主要问题			

教学效果统计

项目		合格率	优秀率	平均分	成绩分析
单元检测	1				
	2				
	3				
	4				
期中					
单元检测	5				
	6				
	7				
	8				
期末					

最后，每一位教师依据本学科的课程目标，借鉴学校、家长、学生对自己的评价和学生课程学习的效果，制订下一阶段促进自身发展的、有针对性的课程改进方案。

四、开放的发展性三螺旋结构课程评价体系的作用

开放的发展性三螺旋结构课程评价体系是学校课程建设中的重要一环，

它在课程建设中发挥着诊断、激励、导向的功能，从整体上调节着课程建设的进行，保证着各类课程向预定目标前进并最终达到该目标。具体看来，表现在以下几方面。

1. 引导课程方向。

评价的导向作用，在实践中是显而易见的。课程设计的目标化、整合化，常常要受评价内容和评价标准的影响。教师教学目标、教学重点的确定也要受到评价的制约。如果课程评价的标准和内容能全面反映课程计划和课程目标的要求，能体现学生全面发展的方向，那么教学评价所发挥的导向作用就是积极的、有益的，而开放的发展性三螺旋结构课程评价体系正是这样的评价。

2. 诊断教学问题。

诊断是该评价体系的又一重要功能。通过课程实施过程中的课堂教学评价，教师可以了解自己的教学目标确定得是否合理，教学方法、手段运用是否得当，教学的重难点是否讲清，还可以了解学生学习的状况和存在的问题，发现造成学生学习困难的原因，从而调整课程设计方案，改进教学策略，有针对性地解决教学中存在的各种问题。

3. 提供反馈信息。

实践表明，该评价体系的评价结果不仅为教师判定课程状况提供了大量反馈信息，而且为学生了解自己的学习情况提供了直接的反馈信息。通过评价的结果，学生可以清楚地了解自己学习的好坏优劣。

4. 检验课程效果。

测量并判定课程效果，是该评价体系最重要的一项职能。课程设计得如何？学生是否掌握了预定的知识、技能？教学目标、教学任务是否得以实现？都通过该评价体系得到验证。而检验和判定教学效果，是了解学生学习状况，提高课程质量的必由之路。如语文执行课程中，我们整合了大量的课外资料，加快了课堂节奏，可是有很多学生不感兴趣，未能起到应有的作用。经过对学生进行问卷调查，我们发现有的内容难度较大，学生难于理解；有的内容过于陈旧，与现在的生活相去甚远，学生不感兴趣。这些都超出了学生接受的范围，也拔高了课程标准的目标。这提示我们，再进行课程设计时，要杜绝盲目整合，要充分考虑学科课程标准中要求达到的目标，考虑学生的接受能力和知识现状。

5. 调控课程方案。

对课程方案的调控，是该评价体系多种功能和作用的综合表现，它建立在对教学效果的验证、教学问题的诊断和多种反馈信息的获得等基础上，具体表现为对课程目标的调整、整合内容的调整、教学节奏的改变、教学方法与策略的更换，以及教学环境的调整，等等。实际上，客观地判定教学效果，合理地调节、控制教学过程，使之向着预定的教学目标前进，也正是该评价体系追求的基本目标。

6. 促进师生发展。

该评价体系评价的范围是广泛的、全面的，从课程设计到课程实施再到课程效果，从教师的教学行为到学生的学习行为。这些评价相互交融、互相渗透，密切关联。在评价的过程中，伴随着学科整合课程体系的不断优化，学生自信地成长，教师满怀成就感，学校特色日益鲜明；学生的能力、成绩不断提升，学生、教师、家长的幸福感不断增强，其影响力在不断扩大。

该评价体系提升了教师的课程智慧，使师生成为课程的主人，师生成为真正的课程设计者、实施者、评价者、管理者，促进了教师专业化发展的进程。特色化课程不断涌现，如郑连叶老师的“数学与艺术结缘”，万丽华老师的“《孝经》走进了语文”，褚金霞老师的“识字也在考级”……都受到了学生和家长的欢迎。

教育部基础教育课程教材发展中心莫景祺对我校的课程整合予以高度肯定，认为这一做法走在了全国各实验区的前列。学校应邀在山东省普通中小学“1751”改革创新工程义务教育段暨国家课程校本化研讨会上就这一做法进行了介绍。之后，又应邀到邯郸、青岛、济南、枣庄等地做经验介绍，为推动区域课程改革起到了很好的示范引领作用。

《中国教育报》《创新教育》《基础教育课程》以及中央电视台、山东电视台等多家报刊及媒体先后报道了我校课改的实施情况，吸引了多个教育考察团及加拿大等国际教育友人亲临学校参观学习，有效提升了学校知名度，产生了很好的社会影响。

第三章

特色课程，呈现学校育人哲学

书香课程、书法艺术课程、健康课程、棋艺课程等特色课程的开设，以润物细无声的形式作用于学生，使学生的学习积极性得到充分调动，情操得到陶冶、品位得到提高，这些将深深印刻在学生心中，使他们受益终身。此外，特色课程的开设还彰显了学校的办学特色，实现了“幸福快乐教育”。

学校的育人哲学即一所学校信奉的教育理念，是学校所追求的教育价值，是学校办学的灵魂与核心。

苏霍姆林斯基曾说过，理想的教育是培养真正的人，让每一个从自己手里培养出来的人都能幸福地度过一生，这就是教育应该追求的恒久性、终极性价值。从这一终极性价值入手，我校确立并倡导实施了“幸福快乐教育”，为每一位学生的成长和幸福奠基。幸福快乐教育不仅要给予学生快乐的校园生活，还要为学生今后的幸福人生奠定基础。

学生是学校存在的理由，也是教师存在的理由，培养学生是学校一切工作的出发点。因此，育人目标是学校育人哲学的核心。在育人目标问题上，任何一所学校都既要考虑共性的任务和要求，又要注意特色的体现，使学校培养出来的学生具有与其他学校学生不同的个性特色。因此，我校围绕核心理念把“培养书香人、文明人、自信人、快乐人”作为学校的育人目标。

特色课程是学校育人目标的最好体现。为了更好地实现育人目标，为了让特色具有强大的生命力，我们立足学生的终身发展对“特色”定位，既考虑教育本身的要求，又考虑学校的优势，更考虑社会的需求。我们通过现状分析，采用选择、补充、拓展、整合等方法，充分开发学校的特色项目，构建出特色课程体系，即书香课程、书法艺术课程、健康课程、棋艺课程。

目标是行动的指南。我们根据育人目标确定了特色课程的总目标：通过特色课程建设，最大限度地发挥学校现有优势，营造书香、艺术、快乐的校园氛围，创设学生健康成长的育人环境，促进学校特色建设；激发教师进行特色课程开发的积极性，形成一套比较完整、科学的校本教材，提高教师的课程开发和执行能力；在书香的浸润、艺术的陶冶、阳光运动的锻炼中，培养学生高尚的情操、高雅的审美情趣，使学生的个性特长得到初步发展，使学生文明、健康、自信、快乐地成长。同时，让教师获得职业幸福感，让学生获得学习生活的快乐。

第一节 书香课程，浸润生命底色

朱永新教授说过，一个没有阅读的学校永远不可能有真正的教育。没有阅读的学习就是训练，不是教育。只有进行阅读的孩子才能拥有健康的精神发育过程。

一个人知识的丰富、情操的陶冶、智慧的启迪都离不开阅读，阅读能给人带来终身发展的幸福。一所学校没有书香不能称其为学校，书香飘溢的校园，一定有内涵，有发展；与书相伴的人生，一定有质量，有生机。“立身以立学为先，立学以读书为本。”学校教育应依靠大量的阅读来陶冶学生的情操，发展学生的兴趣，提升学生的素质，从而浸润学生生命的底色。因此，我校制订了书香课程，并从目标的确定、氛围的营造、活动的开展与评价等方面进行了细致的规划与实施，使书香课程得以顺利开展。

一、目标，让课程实施有方向

根据我校的育人目标，我们把书香课程作为培养“书香人”的重要渠道，确定了如下目标。

1. 营造书香校园，塑造儒雅少年，让阅读浸润学生生命的每一段时间，实现“书香人”的培养。

2. 引领学生爱上读书，会读书，并能持续深入地投入阅读，让阅读成为学生的生活习惯。

3. 把课内外阅读有机结合，优化学生的阅读行为；让学生能灵活运用阅读方法，逐步养成边读书边思考、不动笔墨不读书等良好的读书习惯；提高学生的阅读能力、写作能力和语文素养，提升学生的审美体验，丰富学生的精神世界，积淀学生的文化底蕴，为学生的终身发展奠定深厚的人文基础。

4. 使学生在阅读践行之旅中，激发创新意识，发展实践能力，陶冶高尚情操，完善健全人格。

结合书香课程的实施目标，根据语文新课标的要求，我们把阅读目标进行了细化，以便于对照操作。

小学生阅读目标细化表

年级段	阅读目标			
	情感态度	能力与方法	内容范围	阅读数量
低年级学段	1. 喜欢读书，感受阅读的乐趣。 2. 喜欢图书，爱护图书。	1. 用普通话正确、流利、有感情地朗读。 2. 学习默读，做到不出声、不指读。 3. 能借助插图阅读。 4. 结合上下文和生活实际了解词句的意思，在阅读中积累词语。 5. 对感兴趣的人物和事件有自己的感受和想法，并乐于与人交流。	1. 浅显的童话。 2. 寓言。 3. 故事。 4. 儿歌、童谣。 5. 浅显的古诗。 6. 自己喜欢的成语和格言警句。	1. 优秀诗文不少于50篇（段）。 2. 阅读总量不少于5万字。
中年级学段	喜欢读书，能在书中寻找到乐趣。	1. 初步学会默读，能对阅读中不理解的地方提出疑问。 2. 能够联系上下文理解词句的意思，体会关键词句在表达情意方面的作用。 3. 能借助字典、词典和生活理解生词的意义。 4. 能初步把握文章的主要内容，能够复述叙事性作品。 5. 学会略读。 6. 能够感受作品中生动的形象和优美的语言，关心作品中人物的命运和喜怒哀乐，并与他人交流自己的阅读感受。	1. 优秀诗文。 2. 各类童话。 3. 科普读物。 4. 名人传记。 5. 历史故事。 6. 文学名著（儿童版）。	1. 优秀诗文不少于50篇（段）。 2. 阅读总量不少于40万字。

（续表）

年级段	阅读目标			
	情感态度	能力与方法	内容范围	阅读数量
高年级学段	喜欢读书，把书籍作为自己的好朋友。	1. 学习浏览，能根据需要搜集信息。 2. 默读速度每分钟不少于300字。 3. 在阅读中揣摩文章的表达顺序，体会作者的思想感情，初步领悟文章的基本表达方法。 4. 敢于说出自己的看法。	1. 对人生富有启迪的作品。 2. 名家的散文、诗歌。 3. 文学名著。 4. 网络文章。	1. 优秀诗文不少于60篇（段）。 2. 阅读总量不少于100万字。

二、氛围营造，让学生闻书香

环境是教育的重要资源。学校精心设计、利用每一处空间，让每一面墙壁会说话、每一束花草会传情、每一幅匾牌会劝学。建筑与文化共舞，自然与书香一色。走进校园，首先映入眼帘的是学生们的读书宣言：“阅读是一把万能钥匙!”“今天，你读书了吗?”“我读书！我快乐!”……学校充分利用电子屏幕，每天播放一条学生的读书宣言，提醒学生多阅读，同时让学生为有自己的读书宣言而自豪，让学校因为有学生的读书宣言而流露出“书香”。电子屏幕上每天还定时呈现学校为每个年级学生推荐的阅读书目。学校图书室新进的图书也都会在电子屏幕上公示，师生可随时根据需要借阅。

走进教学楼，《三字经》《弟子规》、古代名句、好书推荐、名人读书法等楼道专题文化分布其间，使学生随时都能触摸经典、感受书香；楼道展厅内展出的是大量的学生作品，有读后感、摘记、好书推荐等，这些都让建筑充满了书香气息，造就了学校的书香文化。陆机在《文赋》中说：“课虚无以责有，叩寂寞而求音。”即从虚无中求实，从寂静中求声。学校正是这样将书香气息春风化雨般“化”入环境中的，从无声的建筑中求声，外感而内通，时时处处以“久熏幽兰人自香”的无声召唤引领着学生的读书生活。

一所学校不仅要环境充满书香，更重要的是要有足够学生读的书，因此，学校利用七种图书资源，实现了四种阅读方式。七种图书资源是社区图书室、学校阅览室、数字化图书室、少年文学院、开放阅览处、班级图书角及家庭图书角。学校在每个班门前设立了书柜，根据学生的年龄特点，将图书室里的书摆放到书柜上，以便学生随时取阅，随时归还。书柜上的书，学校会定期更换。班级图书角的书主要是每个班的学生从自己的藏书中自愿捐献的或根据学生的需求，班级家长委员会自愿购买的，这些书往往是学生的最爱。数字化图书室以信息量大、更新速度快、不易损耗、便于下载等优点，受到广大师生的青睐。我校的藏书库和市图书馆以及108个社区图书馆联网共享，共享图书资源达120万册，师生可以随时上网查找需要的图书，并办理网上预约借阅，学生的借书卡可以在全市范围内通用。为了让图书得到最大化的利用，学校还根据各年级学生不同的年龄特点确定了阶梯阅读书目，每年新增4000余册图书供学生阅读；实行图书漂流，每两周在班级间漂流一次，每学年跨年级漂流一次，让图书流动起来。四种阅读方式：即时阅读，学生只要步入校园，就可以随时阅读；课前诵、晨诵，以及每天放学路上队诵；师生共读，利用午读时间、拓展阅读课等师生共读；亲子阅读，借阅这些图书资源，带回家里和家长一起阅读。

爱读书的教师，一定会带出爱读书的学生。学校定期向教师推荐必读书目和选读书目，每学期都组织大型读书报告会和经验交流会，以及读书业务理论考试。每次教师过生日或给教师颁奖时，学校都会征求教师的意见，购买教师需要的图书作为生日礼物或奖励。这些举措让教师品尝到了读书的幸福。张燕老师在随笔中这样写道：

静静的夜晚，泡一杯香茶，捧起一本书，静静地读着。呼吸着那淡淡的书香，品味着人世的真、善、美，远离喧嚣，这种幸福和宁静只有懂得品书的人才能读透。……非常庆幸自己成了一名语文老师，能每天和学生徜徉的文学的海洋中，一起品味文字的丰富内涵，一起欣赏那"润物细无声"的春雨，一起咀嚼唐诗的韵致、宋词的凄婉，一起感悟文章中鲜活的生命，一起坐看流水、静听花开。看着孩子们在课堂上各抒己见、出口成章，听着他们朗朗的读书声，我笑靥如花。做一名语文老师真的很幸福。

爱读书的家庭，孩子必然爱读书。我校不仅提倡教师多读书，还致力于书香家庭的建设。教师随时通过飞信、家长会等指导家长读书，提倡亲子共读，家长与学生互相监督。每周一，家长要把孩子一周的读书情况通

过“亲子共读”记录卡告知教师，孩子也要把家长在家的读书情况通过“亲子共读”记录卡告知教师，每学期，班级都会根据家长和学生的读书情况，汇总读书数量，评选“读书大王”和“书香家庭”，在家长会上进行隆重表彰，并让当选的家庭做经验汇报。这样做给家长在阅读图书方面提供了鲜明的案例，也让家庭的亲子关系更加和谐，家长素质普遍提高。

三、优化课堂，让阅读有时间

“一个人的阅读史就是一个人的精神发育史”，大量阅读对学生的写作以及成长的意义不言而喻。但仅仅读教材显然是不够的，我们该如何优化语文课堂，加大学生的阅读量呢?

我们一直坚持“大语文”教学观，历经 10 多年的探索，先后创立了单元主题系列化教学法，完善了语文三级课程资源整合教学，形成了独具特色的“整合式”语文主题教学法。这种教学法以教材为中心，以单元为整体，以六种课型（预习过关课、字词读写课、课文品读课、拓展阅读课、主题习作课、综合实践课）为载体，让大量资源走进课堂。在这六种课型中，教师把三级课程尽可能地进行整合，并确定阅读需要拓展的内容及每节课读写的训练点，把字词、课文品读归类集结处理，以腾出时间进行大量的拓展阅读。

预习过关课、字词读写课、课文品读课、综合实践课都要根据学习内容设计相关的拓展阅读环节。拓展阅读课则根据单元主题，专门在课堂上进行课外阅读，每节课也都根据读写训练点设计小练笔。教学中，大量阅读贯穿始终，学用结合落实到位，“整合式”语文主题教学法为大量阅读赢得了时间，做好了铺垫。为了便于每节课对学生进行拓展阅读训练，学校编写了《书香润年华》，购买了与学生课本主题相配套的主题阅读丛书。《书香润年华》主要涉及经典诵读内容，以背诵为主，每学年一本，每本 16 个单元，每学期学 8 个单元，每单元所背诵的内容基本与单元主题一致；主题阅读丛书主要是课本内容的拓展阅读材料，以阅读为主，每学期一套，每单元一本，每本都围绕单元主题展开。同时，学校还安排了“一个年级一经典”，1～6 年级分别背诵《三字经》《弟子规》《笠翁对韵》《增广贤文》《论语》和《大学》，并将其有序地分布在每个单元内。

为了让阅读有时间，学校除了规定每天的晨诵、课间操、午读等要诵读国学经典之外，每周还安排两节阅读课，每年举办一次读书节，以确保学生在校的阅读时间。

四、引领，让阅读带来快乐

读书给人以快乐，给人以光彩，给人以才干。但书籍浩如烟海，即使我们穷尽一生也不可能读完，所以读书要有选择。对于小学生来说，阅读更需要有所引领。

1. 课堂教学启发。

课堂是学生课外阅读的起点。学生一般都是从课堂教学得到启发而去读课外书籍的，都是由教室走向阅览室，由某一个问题激发了兴趣而读第一本课外书，再到积累起个人藏书的。学校以朱永新教授理想课堂的“三重境界”为依托，创建阅读的理想课堂教研交流平台，强力推进课堂教学改革，延伸课堂教学的触角。

以课文为窗口，辐射原著。教材中的很多课文出自中外名著，我们要利用好这些课文的窗口作用，上好名著导读课，巧妙引领学生走进原著，感受经典文化。如《三打白骨精》一课选自《西游记》这部经典名著。故事采用反复叙事的手法写了白骨精的“三变”、孙悟空的“三打”、唐僧的“三责”、猪八戒的“三调唆”，使得故事一波三折，引人入胜，真正体现了妙笔生花的精妙。教师以此来调动学生的阅读兴趣，掀起学生读《西游记》的热潮。还有什么能比学生“乐读”更重要呢？

以作者为主线，贯穿一生。如李清照在《如梦令》中回忆了一次愉快的郊游情景，表现了她少女时期的生活情趣和心境。李清照作为宋代婉约派词人的代表，她的作品像其人格一样令人崇敬，既有巾帼之淑贤，更兼须眉之刚毅；既有常人愤世之感慨，又具崇高的爱国情怀。在教学中，我们给学生拓展李清照的生活背景及成长历程，词风的特点及其演变，用其词串起她的一生，串起那段历史，激发学生走进李清照词的欲望。

以课文为例子，以一带多。课文就是个例子，学了寓言故事《螳螂捕蝉》，就让学生读《拔苗助长》《专心致志》《悬梁刺股》等寓言故事，做到“下要保底”“上不封顶”。每个单元，我们都会寻找切合的兴趣点，或者按照主题，或者按照写法，或者按照情节，顺势给学生推荐相关的文章，调动学生的阅读兴趣。

特级教师沈大安认为，读得多、读得快跟读得深同样重要。有了广阔的知识背景，才能更好、更快地理解文本的意义，才能对文本做出评价、提出创意，才能博观约取、厚积薄发。

2. 专题阅读课指导。

俄国著名作家赫尔岑说："选择书籍，是任何一个读者免不了的，因为它是读书的开端。"学校注重从课外选择优秀儿童作品，根据学生的阅读兴趣和阅读热点适时向学生推荐书目，推荐方式也灵活多样。在阅读课上，我们推出四种课型，以实现整本书的阅读。

（1）阅读启蒙课，激发阅读兴趣。沿着"创设情境—情趣识字—试读文章—体验成功—产生兴趣"的教学走向，让学生爱上阅读。（2）读物推荐课，唤醒阅读期待。在教师的引导下，学生通过个体的认知结果，在小组、班级内互相沟通，丰富个体的思维领域。（3）阅读交流课，分享阅读成果。教师结合选文特点，借鉴学生喜闻乐见的游艺节目中的呈现形式为教学所用，按照积累（辞海拾贝）、理解（脑力冲浪）和运用（各显神通）等板块组织教学。（4）经典诵读课，陶冶天真童心。学校利用晨诵时间推出了"一个年级一经典"的传统文化阅读体系，实现了立体诵读。清晨，学生用经典诵读开启一天的生活。每节课前高声吟诵，放学路队轻声吟唱，已成为学生的生活方式。学生不仅读得有情、有味、优美，而且在反复的诵读中熟读成诵。"藏书不难，能看为难；看书不难，能读为难；读书不难，能用为难；能用不难，能记为难。"在实验小学，藏书、看书、读书、用书、记书都已成为学生的习惯。

五、激励，让阅读有动力

学校注重以评价构建长效机制，建立了书香班级、书香家庭、书香教师、读书达人等评价制度，给学生的阅读注入不竭的动力。

1. 阅读考级是学生成长的见证。

学校实行阅读考级，低年级主要进行识字考级，中高年级进行阅读考级。考级分五级，每级都有相应的要求。每次考级，都会给过关者颁发相应的证书，并记录在《学生阅读成长册》中。《学生阅读成长册》中还有课外阅读量表、考级办法、必考必读书目和推荐书目及在每学期末进行的评价表等。成长册中还设计了"童心悦读卡"，记录学生大量的摘记、体会，以及读书小窍门集萃等。《学生阅读成长册》不仅记录着学生平时的阅读足迹，还是学生成长的见证。

2. 读书节是学生的最爱。

11 月是学校的读书节。

11 月第二周周一下午第一节课，一个班在进行读书明星选拔活动。演讲的学生一会儿眉飞色舞，一会儿眉头紧锁，一会儿招手前望，一会儿低头沉思，完全沉浸在故事中，而其他学生则正襟危坐，专注倾听。四年级的学生正在举行好书推荐活动，台上做推荐的学生拿着《水浒传》，一会儿一个“倒拔杨柳”，一会儿一个“拳打镇关西”，引得台下阵阵掌声。六年级正在进行热烈的投票，学生都目不转睛看着黑板，生怕自己那一票没有记上……经过激烈的角逐，班级各类读书明星终于产生，他们正期盼着走上学校的大舞台一展风采。

这一天终于来到了，他们拿出了自己的看家本领，依次上台展示……你看，这个班级在展示自己班级的书香课程，他们抬着精美的读书手抄报集、拍成照片的读书黑板报、班刊等，在全体师生面前缓缓巡回展示，共享成功的喜悦……

11 月的读书节已成为我校最隆重的节日，“诵读经典”比赛、网上征文比赛、课本剧展演、演讲比赛、“读书达人秀”海选、读书手抄报展评、“我心爱的童话”故事赛、我喜爱的一本书等活动的开展丰富了学生的校园生活。读书节激起了全校师生读书的热潮，成为学生最喜爱的节日。

诸城市实验小学校园读书节活动方案

一、指导思想

读书使人明智，读书使人高尚。为了深入实施素质教育，创建良好的校园文化，营造浓郁的读书氛围，学校将在 11 月份举办校园读书节活动。这次活动旨在激发师生的读书兴趣与热情，让每一位师生都亲近书本、喜爱读书、学会读书，让每一位师生在读书活动中沐浴书香、享受阅读的快乐。

二、活动主题

经典润泽生命，好书伴我同行。

三、活动时间

11 月 1 日至 11 月 30 日

四、组织领导

组长：谢建伟

副组长：李子才、徐淑萍、张新喜

成员：纪永梅、郑明岩、万丽华及各班班主任和少年先锋队工作委员会（以下简称“少工委”）成员

五、活动口号

我读书，我成长，我快乐！

六、活动安排

1. 营造氛围。

(1) 各班班主任做好宣传、发动工作。

(2) 校园电子屏显示：经典润泽生命，好书伴我同行。

(3) 晨诵经典名篇，积累语言。

(4) 利用班级展板，及时展出活动的阶段性成果。

2. 读书节评选活动。

(1) 低年级（1～2 年级）开展“十大故事明星”评选活动。

(2) 中高年级（3～6 年级）开展“十大读书达人”评选活动。

七、相关要求

1. 本着人人参与、公平公正的原则，各班利用班队会时间，评选出本班的“十大故事明星”和“十大读书达人”，然后派一名代表参加全校的展示评选活动。

2. 低年级以童话、寓言等故事性强的书为主。

3. 中高年级通过介绍阅读书目和最喜欢的一本书，交流读书的收获，感受阅读的快乐。在班队会开展前让学生整理阅读书目，准备“我最喜欢的一本书”的发言稿，活动后留存上交少工委。

4. 各班根据实际情况，精心策划班级读书活动，并邀请级部领导参加本班活动。每班需上传活动图片 2 张。

5. 班级选出的 10 名优秀学生填写好推荐表；级部主任负责整个级部的汇总，然后上传至指定位置。

3. 书籍是最好的奖品。

对于在各级各类竞赛中获奖的师生，学校一律赠予各类图书。优秀教师、优秀班主任、学科带头人、读书大王、书香办公室、书香班级、书香家庭等均以书籍作为奖品。这些活动的开展都对学生的阅读起到了一定的推进作用。

读书节颁奖典礼在少年文学院举行。180名“读书大王”、60名“故事明星”、20名“读书达人”洋溢着灿烂的笑容走上主席台。学校领导和校外辅导员为获奖的学生颁发奖杯，并将精心挑选的中外名著发到他们手中。金黄色的奖杯、沉甸甸的图书在灯光的映照下闪闪发光，场下响起了经久不息的掌声。会后，记者团的小记者采访一位获奖者，让他发表一下获奖感言，这位学生感慨地说道：“感谢学校给我们创造了这么好的读书氛围，这本书我会珍藏，它是我最好的奖品……”

在孩子的世界里，激励是促进孩子成长的一种最重要的动力。我们大力开展的评选、表彰、展示活动，激发了学生积极向上的力量，促使学生在书香中幸福快乐地成长。

六、“书香人”在悄无声息中孕育

好雨润物细无声，书香沁心益成长。书香在氤氲，学生在悄无声息地改变……

书香课程让学生爱上了阅读，校园的角角落落，图书室、开放书架、班级图书角、长廊中、草坪上随处可见“书卷多情似故人，晨昏忧乐每相亲”的情景。读书，使学生成为主动学习的人，成了生活的主人；读书，使学生成了善于交流、会合作、有思想的人，使他们懂得了人生的价值、生命的意义。

学生在读书征文中写道：

在书的世界里，我体会到了坚强、喜悦、悲伤和哀痛等各种各样的人生，在书的世界里，我获得了很多人生感悟。书就像沙漠里的绿洲，给我们指明方向；书就像清凉可口的泉水，给我们解渴；书就像浪花飞溅的大海，让我们心潮澎湃；书就像香气扑鼻的绿茶，让我们神清气爽……读书是一种享受，能读书是一种幸福。让我们拿起书来，认真读，细细品，让它给予我们精神力量。

书籍是培育我们的良师，没有鞭笞和棍打，没有唠叨和训斥，不收学费，也不拘形式。书籍有力地促进了学生的自我教育，使学生与圣贤相约，与文明为伴，良好习惯逐渐养成，综合素质和谐发展，一个个变成了儒雅少年。

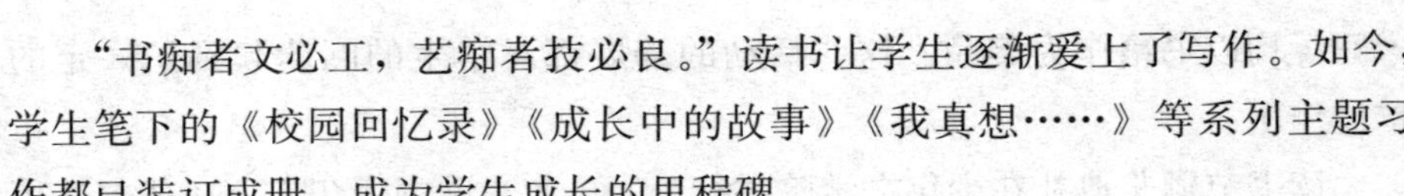

“书痴者文必工，艺痴者技必良。”读书让学生逐渐爱上了写作。如今，学生笔下的《校园回忆录》《成长中的故事》《我真想……》等系列主题习作都已装订成册，成为学生成长的里程碑。

如今，“读千古美文，做少年君子”已成为学生的素质标杆。中央电视台《读书》栏目暑期特别节目“我的一本课外书”（寻找中国最会读书的孩子），在诸城新教育实验区海选的 9 名“读书达人”中，有 6 名为我校学生。在山东省“爱书人杯”中小学生经典诵读和演讲比赛、山东省“新华书店杯”中小学生征文比赛中，我校多名学生获奖，《红领巾报》《红蕾》《当代小学生》上时常刊登我校学生的作品。

家长们在“亲子共读”中看到了孩子悄无声息的变化，品尝到了甜美的书香，感受到了书香带给家庭的和谐。有学生的妈妈在反馈中这样说：

由于平时忙于工作、家庭，以前的我无暇读书，自从实验小学实施“亲子共读”以来，我经常领着儿子走进书店、图书馆，买书、借书、还书，和孩子一起读书。我发现孩子变了，跟我更亲近了，由原来的“我不问，他不答”，变成了无话不谈的朋友。更让人惊喜的是，孩子爱上了写作，作文经常在班级被当成范文读给同学听，其中一篇还被登载在校刊《实小天地》上，以前孩子只要一写作文就头疼的场景早已不见了。不仅如此，读书还让我觉得生活更充实了，读书真好！

“品书香、陶情操、增智慧、献教育”成了实验小学教师的追求。学校涌现出一大批热爱阅读、推动书香课程建设的教师。如孙桂萍老师的“小学生课内外阅读衔接策略的研究”，丁金霞老师的“闲暇时间学生课外阅读的内容、方法与动力研究”，郭培芹老师的“培养中年级段学生的阅读兴趣”等有关阅读的课题研究取得了显著的效果；在全市组织的教师征文活动中，刘福艳、丁金霞、林苇苇、朱秀华等教师均荣获一等奖；丁培霞、纪艳梅、宋杰锋、张燕、孙桂萍、王娟等教师被评为诸城市主题阅读优秀实验教师。丰富多彩的读书活动让教师有限的生命飘溢出浓郁的清香，闪耀出无限的光辉。

以书香长知识，以书香促养成，以书香增智慧，以书香树理想，以书香育人格，这是我们不懈的追求。朱永新教授说过，一个民族的精神境界取决于这个民族的阅读水平。他的话也将带领我们向“打造书香校园，塑造儒雅少年”的更深处漫溯！

第二节　书法艺术课程，丰盈写意人生

书法是中国文化的标志，中华文明的精髓。在中小学校本课程开发中，继承和发扬书法教育的合理内容，组织开发各具特色的书法教育校本教程，对中小学生了解和传承中国文化、形成良好心理品质、培养高尚道德情操、提高艺术审美趣味等具有很好的促进作用。

语文新课标中有这样的目标概述："认识中华文化的丰厚博大，汲取民族文化智慧。关心当代文化生活，尊重多样文化，吸收人类优秀文化的营养，提高文化品位。"从某种意义上说，写字是小学语文教学的"半壁江山"，是语文教育应有之义，只有抓好写字教学，才能抓住小学语文教学的根本，使语文教育正本清源，返璞归真。

人们常说："文如其人。"其实，我们也可以说："字如其人。"人能写字，也能"写"人。写一手好字，不但给人一种外在美，还会使人产生愉悦感，而且写字的过程也是修炼心性的过程。我们把书法教育中的写字教育和育人教育结合起来，在写字教育的过程中有意识地发挥书法教育的育人价值，使二者相互结合，"技""道"互进。

我们秉承把写字作为重中之重的优良传统，开设了书法艺术课程，在全体师生中营造了"规规矩矩写字，堂堂正正做人"的书法教育氛围，走出了一条"书法立人"的特色发展之路。针对书法艺术课程，学校从环境设置、课时开设、师资队伍、课程编写、名师指导、课外活动、课题研究等方面做了全方位落实。

一、学生与我们的约定——目标的诞生

丰子恺说，艺术的主要原则之一，是用感觉领受。感觉中最纯正的无过于眼和耳。诉于眼的艺术中，最纯正的无过于书法；诉于耳的艺术中，最纯正的无过于音乐。故书法与音乐在一切艺术中占有最高的地位。书法教育并不仅仅是实用与艺术相结合的书写教育，同时贯穿着审美与道德教育。由于中国书法艺术所具有的独特魅力和文化价值，使得书法教育在当

代学校教育中仍具有独特而重要的育人意义。

著名美学家刘纲纪先生认为，从小学开始就要重视书法问题，不但要求写得正确，还要求写得美观，这对学生精神文化素质的培养会产生潜移默化的、长远的影响。如果忽视了它，在对人的教育上是一大损失。在当今中小学艺术教育中，中国书法的独特艺术魅力和文化意蕴是其他艺术课程无法取代的。因此，学校把书法教育作为头等大事，每年一年级新生入校或升入高一年级后开学第一天第一节语文课，都被规定为书法课，教师要用故事性的语言向学生介绍我国书法文化的历史发展和意义，让学生明白中国人要传承自己的文化就要写一手好字。在这节课上，师生要举行约定仪式，宣读誓词。誓词如下：

（1）我是中国人，我要传承民族文化，热爱祖国文字。

（2）我要从小养成良好的书写习惯，从小规规矩矩写字，达到写工整、规范字，写端雅、艺术字，并学会欣赏，提高自己的艺术审美趣味。

（3）我要通过黑白方寸间的历练，培养自己细心、认真、负责、笃实等品行，使自己从小认认真真做事，堂堂正正做人。

书法课程的目标就在学生与我们的约定中诞生了！

二、学校给学生的承诺——科学的措施

1. 建设墨香校园，营造书写氛围。

为了让学生随时浸润在中国传统书法的墨香中，我校努力让每幢楼、每面墙壁、每个走廊都散发着清幽的墨香。步入校园，无论是办公室还是教室，都浸满浓浓的墨香，你会感觉到一种精神与文化在流淌。漫步其间，每一条道路、每一栋楼宇、每一个文化区，都给学生以启迪，时时处处以“润物细无声”的方式影响着学生，使学生真正领略书法艺术的独特魅力。

少年书画院的墙壁上随着书轴展开的是中国书法艺术文化的长河，里面讲述着一个个动人的故事。那里有“结绳记事”“仓颉造字”“劳动创造”等汉字起源传说；有“李斯受命统一文字”“张芝临池学书”等一个个生动的书法家小故事；有甲骨文、隶书等汉字的演变历程；有中国画、油画、水彩画等的详细介绍。楼层东边是“书画名家作品鉴赏区”，有王羲之、颜真卿、怀素、黄庭坚等书法名家的作品拓本。所有这些都穿越时空隧道，栩栩如生地站在我们面前，轻声讲述着“字如其人，立品为先”的古训。

少年书画院及各教学楼墙壁、廊道的角角落落都悬挂着师生的书画作品，其中书画院二楼的西边是“学生优秀书画作品展区”，启秀阁上有“习砚”“临池”“翰墨”三室，室内文房四宝俱全，是学生练习软笔书法的场地。除此之外，学校的每一幢楼上都张贴有学生的书画作品，一幅幅作品记录着学生的成长。

2. 加强师资配备，确保练字时间。

学校提出了“教师人人都是书法指导者，师生动笔即是书法学习”的口号，深入挖掘并充分利用校内有书法专长的教师担任写字课教师。同时，学校还加强对师资的培训，每周固定一个时间段为教师进行专题书法指导，规定教师每天要坚持练字，注重书法普及与提高相结合。

另外，学校还充分利用社会资源对教师进行培训，对学生进行课外辅导。学校专门聘请了省市乃至全国知名书法家，如何宗贵先生、高月塘先生、陆建夫先生、孙旭东先生、陈龙先生、姚乐光先生等为学校书法艺术教育顾问，聘请诸城市书法家协会高金新老师、诸城市硬笔书法家协会管克明老师为书画院名誉院长，聘请书法家李家磊老师、刘晓清老师为校外辅导员。学校还被诸城市文联、诸城市书法家协会确定为诸城市书法家协会书法培训中心。

全校每班每周开设一节硬笔书法课，语文教师就是书法教师，3～6 年级还开设软笔书法课，每个级部配一位软笔书法教师，到指定地点——“习砚”“临池”“翰墨”三室上课。另外，每天中午固定 20 分钟的“午练”时间，所有学生都进行硬笔字练习。学生练字时，学校集体播放古筝曲等优美音乐。这些举措不仅解决了学生写字时间不足的问题，还渲染了校园文化气息，调节了学生的学习情绪，提高了学习效率。天天练，符合技能形成的规律，对夯实学生的书写技能、培养学生的书写习惯有很大帮助。

下午两节课后的综合活动时间，采取走班制，让喜欢书法的学生到专用教室习字，并且有教师进行专业指导。

3. 研讨书法教学，改进教学方法。

学校成立了书法中心教研组，定期组织书法教学研讨会，通过举行观摩课、示范课、创新课来研究书法教学。如“练字先练姿”——小学生学写字，写字姿势和写字习惯至关重要，要写好字必先练好写字姿势；“识写结合、描仿入体”——低年级学生初学写字，宜多识、少写，“描红”“仿

影”“读帖”，初学者应循序渐进、逐步入体等。在培养学生正确的写字姿势方面，我们总结出了“三要”和“三有”。

何为“三要”呢？一要“早”。所谓“早”，就是要抓好起始阶段。学生的年龄越小，其可塑性就越强。习惯要从小培养，越早越好。所以教师要重视引导，加强训练和督促，常抓不懈，方能见效。二要“小”。这里的“小”是指要从细微的一言一行、一举一动上注意培养学生良好的习惯。写字姿势一定要按“一拳、一尺、一寸”的标准对学生进行要求，抓住一切机会提醒并督促学生。三要“严”。要培养学生一个好习惯十分不容易，必须严格要求、严格训练、严格督促。

何为“三有”呢？一有“序”。指习惯培养的计划性。班级要形成一套对写字姿势进行检查评比的机制，从管理上强化学生的意识，落实要求；还要有培养计划，先培养什么，后培养什么，做到心中有数。二有“格”。就是有规格，即大纲规定的要求。比如，培养学生良好的写字习惯，可分为三个阶段：在写字前教师给出明确的要求，学生练唱写字歌；学生摆好正确的写字姿势，教师不断提醒，以使之保持；学生写字，教师个别提醒，使其习惯成自然。三有“恒”。即持之以恒。这是习惯养成的关键所在，突出说明了习惯养成的反复性。家长、教师应达成共识，持之以恒加以提醒、督促。

同时，学校还探索出了低、中、高不同年级的书法教学方法。低年级结合学校前期探索的“大量识字，提前阅读”和“星级过关识字”等，以识字和写字相结合的方式进行书法教学，如探寻字源、寻找汉字本身的魅力和趣味、猜字谜和编童谣等。中高年级开设软笔书法课，主要是为了调动学生的习字主动性，使其了解汉字文化的博大精深，在看帖、临摹、书写中欣赏书法的内在美。

为方便教师教字、学生习字，学校专门研发了系列软、硬笔校本课程《书法艺术伴我成长》。硬笔书法教材中的汉字就是语文课本中的生字，但是在编写时，我们根据字的间架结构，进行了分类。第一部分是重点字的书法指导，一、二年级重在笔画的指导，三、四年级重在偏旁部首的指导，五、六年级重在汉字结构的指导，后边紧跟临帖、描红、独立书写，使学生从中学会方法。第二部分是巩固所学方法，一个汉字占一行，每一行第一个字是黑色的以便学生观察，第二、三个汉字是大红色的以便学生描红，第四、五个汉字是浅红色的以便学生临摹，再后边是两个空格以便学生默写，最后是本字组成的词语。第三部分是自由书写，学生自己寻找与本课汉字特点相符的汉字进行自由书写。通过这样循序渐进的练习，让学生掌握汉字的书写规律。软笔书法教材采用颜体，编写教材从书法的意义入手，三年级侧重笔画的练习，四年级侧重偏旁部首及独体字的练习，五年级侧重间架结构的练习，六年级侧重篇章的练习。通过这样的练习，使学生一步一个脚印，为写好汉字打下基础。校本教材《书法艺术伴我成长》的利用使书法教学事半功倍。

学校大力提倡书法教师结合本班特点进行书法教学的研究，很多教师在实践中取得了显著的成效。如纪艳梅老师针对学生书写姿势不正确进行了“关于纠正学生写字姿势的研究”，褚金霞老师为了让低年级学生打下扎实的写字基础，进行了“小学低年级写字启蒙教学研究”，褚老师指导学生通过认真观察来感受字形的美，引导学生在“模仿”中实践汉字的美。她用足够的耐心和爱心教给学生写字的方法，通过定期举行写字比赛，激发学生要写好汉字的持久动力。

4. 举办主题活动，提升书法境界。

一是组建少年书画院。各班的书法课旨在对学生进行书法普及教育，而少年书画院旨在提高学生临帖、创作的能力。学校定期邀请书法专家对书法特长生进行指导，以提高他们的书法水平。少年书画院中的学生经常在一起练字、交流、切磋，定期在校内张贴海报、开展沙龙活动，这已经成为学校的一道亮丽风景。学生在长期的书法练习过程中，逐渐养成了良好的习惯和品格。

二是举办书法教育主题活动。每年的5月份是学校的书法艺术节，学校会举办书法笔会、讲书法故事、演书法小品、赏书法作品等丰富多彩的活动，让学生感受中华民族的悠久历史和灿烂文化，使书法教育实现从技能向文化的跨越。

三是设立书法教育开放日。在书法教育开放日，学校会邀请专家、领导和家长走进课堂，和学生们一起上书法课，参观教师、学生的书法作品并观看现场展示。学校尽可能借助一切平台给学生提供体验和锻炼的机会，给学生提供一些与名家、大师交流沟通的机会，让学生在沟通和交流中提升自己的技能和品质。比如，中华少儿联合会孙旭东先生来校后，看到了

胡婕同学画的《富贵牡丹》，夸其年纪这么小，画工这么深，少见。潍坊市秉正文化教育发展中心的袁凤翎来学校调研，赠送给胡婕同学一本亲自整理的中国历代书画名家作品集，并特别叮嘱胡婕："临摹就要临名家的。"名家的指点，专家的肯定，大师的点拨，极大地增强了学生的自信心。

四是以赛促练，典型带动，全面开花。表面看来，练字是一件枯燥的事情，但学生只要有了兴趣，对中国汉字的特殊线条艺术有了情感，其所产生的调动力则不可估计。兴趣的培养是多方面的，必须主客观相互融合。以此为准，学校精心设计和开展了系列书法主题活动。每学期开学初、艺术节（5 月份）、儿童节、国庆节、元旦等节日均会举办以年级为单位的写字比赛，班级、校级层层评选，并进行隆重表彰宣传。书法艺术靠的是功夫、韧劲、方法、坚持和自信。在扎实做好内功的基础上，学校积极鼓励师生参加每一次的书法赛事和展示活动，对获奖的师生通过多种途径大力宣扬，进一步激发全校师生热爱书法、学习书法、弘扬书法的热情。

五是注重平时的展示和评价，让认真书写成为自然。学校把书写质量纳入各学科教学常规中进行评价。每次家庭和课堂作业书写好的，教师会随时用投影仪或展示板展示给大家看。同时，对于学生作业的评价，书写也是其中的一项，如果书写不好直接降一个等级，太潦草就要重写。每次考试试卷书写好的，班级或学校都会收集起来放在学校的宣传栏内展示，同时试卷还设置最少 5 分的卷面分，如果书写好便会有适当的分值奖励。学校通过这些细节的展示、评价，激励学生把认真当成习惯，培养学生提笔即是练字时的意识。

有了成果展示和评价的跟进，学生的作品得到了更多人的欣赏与称赞，这在无形中增强了学生的自信。有了自信，学生不但会更加认真地练字，还会将这种自信迁移到其他课程学习中，从而增强学生学习的兴趣，特别是增强学好的信心。当更多的学生形成一种自信心后，便会在班级甚至学校里形成一种自信氛围，身处其中的学生，就会被这种自信情绪所感染，于是，越来越多的学生有了自信。一个自信的团体，是不可能不快速成长的，也是不可能不取得骄人成绩的。

三、兑现约定——硕果累累

学生透过优秀书法作品的点画、结体、章法等，领略其力感、情感、气韵、风格等所产生的艺术魅力，并在此感染和熏陶下，受到美的教育，从而提高自身的审美能力和审美情趣。我校通过对“一笔一画写童年”书法教育的研究，不断提升学校教育教学管理水平和服务质量，同时加强对师生书写的要求，督促师生参与各级各类书法比赛。学校先后有500余人次在全国、省、市级书法大赛中获奖。

林语堂认为，如果不懂得中国书法及其艺术灵感，就无法谈论中国的艺术。小学生如果有较高的书法素养，有助于提高他们对文学、音乐、美术等其他艺术的欣赏能力。在第四届“星光校园·全国中小学音乐舞蹈优秀获奖作品会演”中，我校参赛学生在全国众多选手中脱颖而出，成绩斐然，获得多个金奖，学校因此被授予“全国青少年艺术人才培训基地”。诸城电视台、《潍坊教育》《大众日报》等媒体和报刊先后报道了我校书法教育的突出做法。胡婕同学的书画作品得到了领导和教育专家的肯定与赏识，现已悬挂在新教育发起人朱永新教授、诸城市人民政府许传平和诸城市教育局李庆平的办公室内。此外，学校现今已有56名书画特长生的作品入选《超然诗书画》。

国家教育行政学院牛文起来我校调研，高度评价学校“有灵气”，整个学校就是一本“活的教科书”，是实实在在的奠基人生的教育，并欣然题词“弘扬书法艺术，凸显办学特色”。

在学校实施书法特色教育的过程中，学生收获的不只是写好字，还体悟到生命的哲理。当一个又一个的学生在坚持不懈练字的时候，自然而然地会影响到其他学生，从而使更多的学生具有了坚持不懈的品质。此之谓人能改变环境也。同理，环境也能改变人，当越来越多的学生有了这种写字状态时，又会反过来激励大家更加认真地练字，更加认真地做人。可以说，这已经成为学校培养“文明人”的一条隐性渠道。

习字需持久，在这黑白构建的世界，让师生拓一方心灵净土，做个墨香儒雅之人。“书法立人”有效提升了学校的办学品位，促进了学生全面健康的发展，让师生在求知、求美、求乐的途中回归教育的原生态，过着一种幸福的教育生活——一路墨香，一路欢歌！

第三节　健康课程，奠基身心健康

一、现状的思考

1. 体质测试带给我们的反思。

2009 年，我校对全体学生进行了体质测试，测试的数据结果显示，被测试者的身体素质大多数处于良好和及格状态，体质优秀的寥寥无几，这引起了我们的重视与思考。通过调查分析，我们认为其主要原因有以下几个方面。

营养过剩，“胖墩”增加。究其原因，主要是物质生活水平普遍提高，学生的食物变得极为丰富，而膨化、油炸等垃圾食品到处都是，学生又抵制不住诱惑，导致肥胖者的数量日趋增多。肥胖者因为自身机能的限制，在运动中比常人承受了更大的负荷，稍微活动一下就会气喘吁吁、满头大汗，因此对运动产生了畏惧心理，进而减少了运动量，从而导致身体素质的下降。

劳动减少，体能下降。家长对独生子女的娇惯，使学生过着“饭来张口，衣来伸手”的“悠闲”生活，学生的自理能力普遍较弱。同时，学生在家仗着长辈的宠爱，不做家务，缺乏最基本的活动，久而久之，形成了一种惰性心理，不爱劳动，使得体质下降。

对体育不够重视，出现“重主轻体”的现象。学生对体育课很偏爱，但他们认为体育课是单纯的游戏课、玩耍课，不像语文、数学等文化课那样重要，因此进取心不强，对体育课成绩追求欲不是很高。加之学生家长也是看重文化课成绩，而对体育成绩普遍不重视，导致了重视主课、轻视体育的现象。

2. 故事带给我们的深思。

2010 年的一天，校长接待了一位家长。这位家长要求学校开除自己的孩子，校长很不解。经过交谈我们了解到：这是一个学习成绩比较优秀的学生，上课回答问题也比较积极。但是平时有点懒，不爱完成作业，还经常撒谎，且屡教不改。这还不是主要原因，主要原因是这个学生经常偷拿父母的钱，刚开始 10 元、20 元的拿，家长一直没有发现，直到有一次家里一下子少了好几百元，才引起了家长的注意。经过询问盘查，这个学生才承认是自己拿了，家长将其训斥了一番，当时这个学生保证再也不私自拿父母的钱了。可是这样的事还是经常发生。这一次，这个学生的父亲生气了，让他把手指剁掉一根以示警告。没想到，该学生竟跑到厨房拿起菜刀就要剁，家长赶紧制止了。家长不知如何是好，所以才要求学校开除这名学生，给学生以警告，帮助其改正这一毛病。事后，校长跟该学生交流为什么偷拿钱的原因，这名学生说，他其实知道不应该拿，但不拿不好受，战胜不了自己的心理。

这件事让校长和学校的教师意识到，健康教育不仅要重视学生的身体健康，还要重视学生的心理健康。联合国世界卫生组织提出过一个响亮的口号："健康的一半是心理健康！"并解释，健康不仅是指一个人没有疾病，而且是指一个人有良好的身体、精神以及社会适应的状态。现在大多数孩子是独生子女，从小独享父母的关爱、祖父母的溺爱，使得他们多以自我为中心，缺乏同情心、心理脆弱、自制力差、动机缺失，心理问题层出不穷，这些心理问题就像一个个隐形杀手，随时威胁着孩子的健康成长。众所周知，身心健康才是一个人自信、快乐的根本。学生的心理问题逐年增加，让教师、家长烦恼不已。为了学生身心的健康发展，更好地培养自信人、快乐人，我们确定了以下目标。

(1) 了解什么是真正的健康，并初步学会如何使自己身心健康。

(2) 了解自己身体生长特点，学会排解心理烦恼的方法，学会与周围人和谐相处，培养快乐生活的能力。

(3) 爱上运动、学会运动，并养成坚持运动的好习惯，为拥有健康的体魄打下坚实的基础。

身体是革命的本钱！心理健康是幸福的源泉！为了达到以上目标，学校开发了阳光体育课程和心理健康课程，通过两翼并举，课内外兼修，增强学生的身体素质，塑造学生健康阳光的心理。

二、让学生爱上运动

让学生懂得运动、热爱运动、养成运动习惯，对于学生来说将受益终身。为了让学生拥有一个健康的体魄，我校内外兼抓，主要从以下几方面入手。

1. 体育课，学生的最爱。

随着文化教育的发展，体育教学越来越受到教育界的重视。如何通过体育教学来促进学生的身心健康也越来越多地受到社会各界的关注。体育教学方法是决定学生能否喜欢上体育课的一个重要因素。一项从教学方法上对小学体育课课堂教学进行游戏化教学法和传统教学法的对比实验研究表明：在改善小学生的身体形态方面，游戏化教学法与传统教学法没有明显区别，但游戏化教学法能明显提高小学生的身体机能和素质水平。游戏化教学法有利于对小学生的身心健康做出积极正面的影响，小学体育课采用游戏化教学法能在一定程度上改善学生的心理健康问题，能促进并加强师生、生生之间的交流与合作，激发学生的创造能力，开发学生的思维空间，使学生朝着身心和谐的方向健康发展，而传统的体育教学法在此方面显得没有太多优势；游戏化教学法有利于提高学生对体育课的兴趣，巩固和强化学生的体育参与动机尤其是内部动机，能使学生真正从心理上接受并更加喜欢体育课，进而对体育课产生浓厚的兴趣。

鉴于当前小学体育课不容乐观的教学现状，针对小学生的身心特点，为了让学生爱上运动，我校实施了游戏化教学法，主要是把教材内容以游戏的形式表现出来，激发学生活泼好动的天性，促使学生积极主动地练习。比如“换位接力”原本是一个室内游戏，经过变通后可在室外进行，改原来的传粉笔为传球，改原来在黑板上写字为投篮……此外，还加入了创编游戏环节，教师在适当时机引导学生积极参与课程资源的开发，让学生自己创编安全、健康、有趣的游戏，使学生学练积极，充分展示自己的能力。

将体育锻炼与儿歌、童谣整合。教师根据儿童的心理特点，把教材内容提炼成儿歌、顺口溜、童谣等，有针对性地将它们安排在课的不同部分，有效地调节了课堂教学氛围。如“前滚翻”教学中配的教学口诀“三靠一低头，滚动像皮球”，形象地突出了动作的技巧和方法，学生对照口诀练习，很快就能掌握动作要领，且兴趣浓厚。教师还可以在此基础上进行个性化教学，形成自己的教学风格。为了巩固游戏化教学，学校会随时检查教师的备课，随机听课。学期末，教师提供本学期学生学会的游戏的种类，学校随机抽查学生的掌握情况。这两项已作为评价教师实施游戏化教学法的依据。

2. 课间操，律动的海洋。

由于学校地处城区繁华地段，学生的活动场所非常有限，为保障学生的锻炼不受影响，我们因地制宜，充分利用有效的时间、空间。课间十分钟，让学生玩体育课上学到的小游戏；大课间，一改过去单一的做操形式，本着赏曲怡情、运动健体、朗诵明志、循道修身的追求，开发了“律动唱游，健体修身”阳光体育课间活动，让学生在《阳光体育之歌》中跳拍手舞、做七彩阳光操、跳皮筋等。活动结束时，学生齐诵《少年中国说》绕场地蛇形退场。阳光体育课间活动一改传统的做操单一、训练幅度小的弊端，不仅使学生兴趣盎然，还使学生的锻炼时间由原来的 15 分钟延长至 30 分钟，上下午各一次，保证了学生一小时的阳光体育锻炼时间。

诸城市实验小学阳光体育课间活动实施方法

一、指导思想

为认真贯彻全国切实推进的“阳光体育运动”，确保学生每天一小时的体育锻炼时间，学校以“健康第一”为理念，积极开展“阳光体育课间活动”，以培养全面发展的学生。

二、活动目标

丰富校园文化生活，促进良好校风的形成；突出主体意识，力争展现学生勃发的朝气和昂扬的精神面貌；培养学生强烈的集体荣誉感和展示自我的能力；让学生真正体会到“我运动、我快乐、我阳光”，养成良好的体育锻炼习惯和健康的生活方式，逐步形成热爱体育、崇尚运动的良好风气和珍视健康、重视体育的浓厚氛围。

三、活动原则

1. 师生全员参与，充分激发师生的积极性，达到全体健身的目的。

2. 安全第一，器材管理整齐有序，落实执勤教师、班主任的职责，强化活动过程管理。

3. 从实际出发，根据我校场地小，在校学生多的现状，全面落实合理安排大课间的计划和内容，采取以年级为单位，集体活动的形式。

四、活动时间

周一至周五上午 9:30 至 10:00，下午 3:30 至 4:00。

五、场地安排

操场，原大课间场地。

六、内容流程

晴天活动分五个环节：

第一环节：健康起航。眼睛保健操后在音乐伴奏下到活动场地南端集合。

第二环节：激情入场。音乐伴奏下跑步进入活动场地，所需音乐《如果感到幸福你就拍拍手》。

第三环节：轻松热身。韵律体操“七彩阳光”。

第四环节：快乐活动。跳皮筋，音乐伴奏“小皮球”。

第五环节：古诗文伴奏下蛇形两边退场。

雨天各班在进行班级特色活动的同时，由体育组设计安排一些适合学生活动的室内游戏项目，各班自由选择游戏项目。

1. 掰手腕：两人在课桌的两侧面对面坐好，双方右手互握，肘部顶在桌面上，前臂保持竖直，左手可抵住课桌底板或抓住课桌腿以固定身体。发令后，双方用力将对方手腕扳下，将对方手背压至桌面者为胜。

2. 乒乓球打靶：将教室前面的两行课桌搬开，空出一块位置做游戏。在空位置上，离讲台3～4米处，放一张课桌作为投掷线。学生按座位纵行组队，各队第一人拿一个乒乓球站在投掷线后。在讲台上，成一横排竖立放6个饮料瓶。游戏开始，学生站在投掷线后用乒乓球瞄准饮料瓶投掷，将饮料瓶打倒者得1分。掷完后，将球捡起交给第二人再投，直至全队投完为止。得分最多的队为胜。

3. 拦击导弹：选出4人，让其各拿1个乒乓球拍，站在黑板前，作为“防空部队”，其他人拿15～20个乒乓球当作“地对地导弹”。游戏开始，拿乒乓球的学生用乒乓球掷击黑板，而拿球拍的学生则用球拍进行拦击，如拦击住，则是“导弹被击毁了”，如让乒乓球击中黑板，则是“导弹击中目标”。游戏一轮之后，再换4人防守。击中目标多者为胜。

4. 接后语：学生坐在座位上，由第一行第一个学生随便说一个词汇，例如“今天”，接着第二个学生以第一个学生所说词汇的后一个字打头，又组成一个词汇，如“天气”，依此法一直往下传，一直到某一学生说不出词汇为止。说不出词汇的学生表演一个节目后，再由该学生重新起头再接。

5. 传口令：学生坐在座位上，按座位纵行组队。游戏开始，各队第一人到教师那里接受秘密口令后，回到自己座位上坐好。教师发令后，各队将口令一个接一个轻声地往后传，最后一人听到口令后，立即用纸条写下来，跑到前面交给教师，以先送到而又没传错的队为胜。

6. 猜猜他是谁：全班学生按座位分成四组，每组选一个猜者蒙上眼睛站在本组前面。游戏开始，大家边唱“小猫小狗小刺猬，请你猜猜他是谁”边拍手，同时和本组同学任意调换座位，唱两遍后坐好，猜者走到本组去摸座位上的任何一人，猜猜他是谁，猜对了就互换角色，没猜对的可再猜两次，三次没猜对就给大家表演一个节目，然后换猜者。

7. 指部位：甲乙两人面对面坐好，甲先用一只手按住自己的鼻子，另一只手前举，被乙的同侧手握住；乙轻轻在甲掌心击一下的同时，喊出头部器官的名称（如眼睛、鼻子、耳朵等），甲则迅速用手指指到该部位。指对了，双手互换角色；指错了，不交换。

8. 传球比赛：以座位纵向排列为组，每组准备一个球（篮球、足球或排球），全班学生坐在原位。发令后每组第一个人将球从头顶传给后面的人，依次传递，直到最后一人，看哪一组快。

9. 织布机：游戏者两人一组，分成若干组。一组两人面对面站立，手拉手，一人蹲下，另一人站立。蹲者迅速站立，站立者迅速下蹲，形成有节奏的一蹲一起。在规定时间内，哪一组蹲起的次数多，哪一组为胜。

10. 添鼻子：学生坐在座位上，按座位纵行组队。游戏前，在黑板上画几个没有鼻子的人头像。各队派一人站在离黑板上的人头像有一段距离的地方，拿一支粉笔，蒙上眼睛，等待教师发令。教师发令后，各自走向自己面向的人头像，用粉笔将鼻子添上，然后进行评比，看哪个队添得准确，并进行评分。接着各队第二人再做，最后得分多的队为胜。

七、活动要求

1. 强调全员参与，组织学生活动的同时，教师也要参加体育活动，提高身体素质。

2. 少先队要组织必要的检查评比，看看哪些年级和班级大课间活动开展得正常有序，特别是对下雨天的室内活动情况要加强监督。

3. 注意活动安全，严防追打推闹行为，由于活动场地小，无法让全校师生同时散开活动，所以活动前后都要整队，有序上下楼。

为巩固我校阳光体育课间活动成果，促进各班的大课间活动趋向规范化、正常化，培养学生坚持锻炼的习惯和终身体育的意识，实现“体育与艺术、科技与创新、趣味与竞技”的完美统一，我校还制订了相应的评比方法，以促进学生参与活动的积极性。

3. 节假日，运动的延续。

在校期间，学生能够保证一天最少一个小时的运动量，可是一放假，学生几乎不运动了。因此，每次放假，体育教研组都会统一布置运动作业，教给学生运动方法，下发运动记录表。运动记录表上写明运动的内容和要求，并让家长监督。运动记录表需要每天一记录，开学时根据家长的记录和体育测试评选体育运动小明星。另外，提倡一个小区内的学生自行成立各种小球队，也可成立游泳、跳绳、长跑等兴趣小组，自己命名，自选队长，自定章程，以俱乐部的形式定期运动，开展联赛。小区内的学生家长监督学生的安全问题。

假期体育锻炼温馨提示

亲爱的同学们：

暑期已经悄悄地来临！为有目的、有计划地引导同学们开展课余体育锻炼，提高参与体育锻炼的兴趣与积极性，有效地衔接课内外的教学，促进学生身心的健康发展，特制订暑假体育作业，希望同学们按要求认真完成。同时祝同学们平安度过一个愉快而有意义的假期！

一、每天完成的体育锻炼参考项目

一、二年级：各种方式的压腿、跑步、连续坐位体前屈 20 个、连续跳绳 80 下。

三、四年级：各种方式的压腿、跑步、连续坐位体前屈 20 个、连续跳绳 90 下、仰卧起坐 50 个。

五、六年级：各种方式的压腿、跑步、连续坐位体前屈 30 个，连续跳绳 100 下、仰卧起坐 60 个。

其他项目也可根据自己的爱好慎重选择。

二、体育锻炼要求

1. 每天锻炼时间为 30～40 分钟。

2. 活动时注意安全，运动前要做好充分的准备活动，运动后做好整理工作。不做危险的运动和游戏。

3. 每天锻炼时间自行安排。根据自身实际情况由家长帮助确定运动量，外出旅游、游泳等可代替当天作业，由家长填写清楚。

4. 每天填写运动记录表，开学时交给老师。

5. 开学交运动记录表和一份家长对孩子作业完成情况的简单评定。

6. 希望同学们认真、积极完成，养成积极锻炼身体的好习惯。

特别提示：如学生情况特殊（生病、不适合体育锻炼）可暂停，不要勉强参加锻炼，以免发生意外。身体情况确实不适合参加体育锻炼的，可以暂时不参加活动，回校后由家长向班主任说明情况即可。

4. 体育比赛，激发向上的力量。

学校把4月份定为体育节，这一个月将有计划地举行集体展示比赛和个人特长比赛，以巩固学生的运动兴趣和习惯。集体比赛全员参与，个人比赛自愿报名。比赛内容丰富多彩，集体比赛有广播操、二人三足、跳绳、拔河等，个人比赛有乒乓球、花样跳绳、踢毽子等。每次比赛结束，均评选出奖项，进行表彰。每年的10月学校都会组织大型的运动会，让学生在参与中体会“文明其精神，野蛮其体魄”的内涵。对于上级组织的各类比赛，学校都积极参加，认真准备。通过比赛，学生的灵活性、耐力、速度、毅力等都得到了锻炼，变得更加勇敢、机智。同时，比赛还增强了学生的规则意识和合作意识。

一位四年级的学生在体育节过后这样写道：

体操比赛结束后，我代表班级上台领奖，一看竟然只是个二等奖，老师还要照相，我只好装出笑的样子，可是笑得比哭还难看！回到教室，我情不自禁地哭起来。

老师走过来告诉我们，要面对现实，找出问题出在哪里。得了二等奖，说明我们班做得还不够好，不要怪别人。还有就是我们平日做操时不太用心，光靠几天的突击训练效果肯定不会太好，毕竟“台上一分钟，台下十年功”。以后，我们只要认真练习，动作标准，一定能够取得一等奖。

以后我们一定要好好做操。期待着下一次比赛！

校园体育节丰富多彩的活动，让学生受益匪浅！一场激烈的篮球比赛刚刚结束，小记者团就对一名比赛队员进行了采访：“你对此比赛有什么认识?”

这名学生气喘吁吁地答道：“这场比赛双方打得很激烈，此次比赛与其说是比赛，更不如说是展示自己的舞台。虽然比赛已经结束了，但赛场上同学们那种拼搏、进取、不服输的精神烙在了我的脑海里，并深深地激励着我。”

5. 兴趣班，体育健将的摇篮。

学校在每天下午的走班时间开设了各种体育方面的社团课程，有各种球类的、体操类的、花样游戏类的……本着自愿报名原则，进行双向选择。这些课程的开展，培养了一大批体育爱好者，使他们在班级的运动方面起着一个很好的引领作用。

三、让学生拥有阳光心态

心理素质将是21世纪人类生存和发展的重要素质，心理健康将成为21世纪对人才选择的重要条件。在这个充满激烈竞争的社会，我们所培养的学生必须具备丰富的知识、强健的体魄、健全的人格、积极乐观的人生态度，以及承受各种挫折和适应不同环境的能力，而健康的心理是人发展的中枢枢纽，是人一生不断进取、不断探索的催化剂。如何让学生具备阳光心态呢?

1. 从教师培养做起。

要想培养学生健康的心理，教师要具有相关的专业知识。学校组建了以校长为组长的心理健康教研组。该小组负责学校心理健康教育计划的制订、心理咨询室的志愿工作，为学校心理健康教育的深入实施提供专业指导。

班主任对学生全面健康的成长，特别是心理的健康成长起着重要的作用。学校出资支持班主任参加心理咨询师培训。目前我校有国家二级心理咨询师1名，国家三级心理咨询师57名。学校通过德育研讨会和每周的班主任例会有计划地组织教师进行心理健康教育的培训，提高教师的心理健康教育能力。班主任利用班会每两周上一次心理健康课，教务处随机听评课。学校注重对全体教师积极心理的训练，请教研室董琛老师为教师们举办心理健康知识讲座，组织教师观看全国优秀班主任高金英《做一个有阳光味道的教师》的讲座，使教师拥有了健康快乐的心态，为全面渗透心理健康教育打下基础。

2. 在课堂中渗透。

课堂是师生交流的主要阵地，课堂教学过程中就有诸多心育因素，可利用地方课程时间间周安排一节健康教育课。中心教研组的教师上好示范课，引领健康课堂教学，提供专业指导；班主任上好心理健康教育课，关注平时，落实心理健康教育；非班主任队伍立足每一节课，挖掘教材中心理素质对应点，结合教材对学生渗透健康教育。

如小学语文教材中选入了大量文质兼美的优秀篇章，塑造了丰富多彩的人物形象。语文教师在让学生认识这些高尚人物的同时，引导学生把这些人物形象作为榜样，逐渐提升学生的人生观、价值观和心理品质。

为了更好地指导教学，心理健康教研组成员还编写了执行课程《彩虹积极心理素质训练校本课程》，包括认知与发展、学习生活、同伴关系、自我意识、人格发展、情绪管理等六个方面。每一方面根据学生的年龄特点设计不同的教学内容，每一方面大约6课时，每一课时都在教学目标的引领下有机展开，既有发人深省的小故事，又有心理训练的活动方法，科学实用、操作性强。教师在个性化使用该教材时，进行修改填补，写好教后反思，学期末进行量化考核，从而促进心理健康教育教学的落实。

根据不同年级学生的特点，学校还编写了适合学生的心理阅读教材。针对低年级学生入校时间短的情况，本着帮助他们尽快适应新环境、养成好习惯的原则，编写了《迈好起跑线的第一步》；针对中年级学生缺乏自立、自信的情况，编写了《我的生活我做主》；针对高年级学生生理问题引起的烦恼，编写了男生版、女生版《追逐阳光，关爱成长》，并采用课堂阅读和课后阅读相结合的方式对学生进行指导阅读，起到了未病先防的效果，也得到了家长的赞扬。

3. 在咨询中巧妙解决。

面对学生不同的心理需求，我们主要做好以下几种形式的心理咨询服务。

（1）优化咨询平台，进行个体疏导。

当你走到实验小学启真楼四楼东边时，首先映入眼帘的是立在门口东侧的宣传牌，上面写着“尽情沐浴心境阳光，欢迎来到晴朗地带”，门口的西侧挂着粉红色的知心姐姐信箱。信箱的上侧是“心海驿站”，驿站中记录着咨询时间，知心姐姐电话、邮箱等。门口对面的墙上张贴着温馨提示：遇到重要的选择犹豫不决时，无法调节学习压力时，独处无人理解时，与父母关系处理不好时……这些问题众星捧月般环绕在“晴朗地带”四个字的周围，以这样的形式告知学生当有解决不了的问题时，请到“晴朗地带”，这里的门随时为大家敞开。推开门，一个10平方米左右的小房间，窗

明几净，浅黄色的沙发靠在东墙边，一个1平方米见方的沙盘摆放在西墙边的桌子上，与桌子紧挨的是一个书橱，里面除了摆放着心理健康教育书籍、健康教育档案，还摆放着一些小玩具，这些小玩具都是在沙盘中摆造型用的。四周的墙面上有顺序地张贴着“倾听你的心声，关注你的成长”“健康的心理为你插上飞翔的翅膀”等温馨标语。阳光照进来，一切都是那样的温馨。这就是我校的心理咨询室——晴朗地带。

张秀玲老师是这间咨询室的专职心理咨询师，每天的大课间是心理咨询时间，学生可根据预约的时间来咨询室咨询。张老师针对学生的不同问题，采用不同的心理疏导，张老师循循善诱的引导使温馨的心理咨询室成为学生的倾诉室、放松室、调整室。为了帮助更多的学生，张老师坚持每天开启知心姐姐信箱，认真阅读、回复学生的信件。同时，学校提倡班主任利用班级主题帖、班级邮箱等网络平台，解决学生易怒、孤僻、自负、嫉妒等心理问题。有声有色的“心育”疏导工作，给很多学生的心灵照射进灿烂明媚的阳光。

（2）开展团体讲座，进行集体辅导。

一个阳光明媚的下午，实验小学的五楼报告厅座无虚席，六年级全体女生正在认真倾听心理健康讲座，讲座的教师以妈妈的身份，娓娓道来，给生理健康知识涂上了童话般的色彩。教育学生要认准现在应该走的路，不要浪费时间和情感；认识孝道，承担责任；非礼勿视，内心清净；莫生气，修养性情等。学生听得入了迷，全场安静极了。会后，学生在作文中写道：“我第一次听这样的讲座，一切都是新的，一切都是我急需知道的，以前难以启齿的很多事情，原来并没有那么神秘，这次讲座让我更加认识了自己，让我知道怎样面对自己的未来……”

讲座不仅使学生受到了启发教育，也得到了家长的一致好评。有家长给讲座教师发来信息：“您想在我们家长的前头了，说了我们想告诉孩子但不便说的话，孩子变得懂事了很多，希望以后多举办这样的讲座。”

此外，学校还利用网站、橱窗和国旗下讲话等形式，针对学生出现的不同的心理问题和困惑，对学生进行指导。如临近期末考试，针对学生焦虑、恐慌的心理进行了“如何克服考试焦虑”的广播讲话，帮助广大学生及时解决学习中的心理问题。

（3）善写心理日记，排除不良情绪。

小学生的情感波动较大，班主任不仅是他们情感的引路人，更是他们情感的倾诉者。教师通过看学生的心理日记能及时了解学生的心理状态，对学生进行心理疏导和调控。

例如，我校解老师班的学生在日记中写道：“老师，我的爸爸妈妈离婚了，妈妈总跟我发火，我该怎么办？”看完这简短的一句话，解老师利用回信，告诉学生该如何对待、处理这件事，并在最后写道：“爸爸妈妈爱你，老师也爱你。老师相信你是坚强的，有什么事情不要憋在心里，告诉老师，老师永远做你忠实的听众。”

之后，解老师经常跟该生聊天、书信来往，该生在解老师的关爱与引导下，不仅比以前活泼了，而且时常去安慰其他同学。这样的例子还有很多。

4. 开设辅助课程，引导学生积极向上。

一个孩子的健康成长，需要他们在自己的经历中，学会感恩，体会生命的意义。为此，我校开发了心理健康教育辅助课程，来陶冶学生的情操，锻炼他们适应生活和社会的能力。

（1）生命课程，荡涤心灵。

为了培养学生热爱生命，敬畏生命的意识，我们把花草、金鱼、小白兔等动植物请进教室，让学生把自己当成动植物的妈妈，精心呵护自己的动植物宝宝。学生要定期给植物浇水、施肥，定期喂养小动物并给它们打扫卫生，还要写好观察日记。学生在亲自管理、培育动植物的过程中体会到了生命成长的快乐，体验到了父母养育自己的辛苦。如果有小动物死了，学生要为它召开追悼会，以体验生命的脆弱，感受生命离世的痛苦，从而更加懂得感恩。

为了培养学生对生命的敬畏，我们还经常举行“护蛋”行动，抓住身边事例，教育学生。当某个学生的亲人去世，我们就组织召开“生与死”的主题班会，用童话的语言告诉学生，亲人去世了，他的灵魂会飞到一个没有痛苦的地方，会一直保佑着他的亲人，活着的人一定要坚强乐观，要珍惜和亲人在一起的每一天。当看到一些遇到危险的案例，我们就马上召开“身边的危险”主题班会，引导学生说出身边存在的危险，提高学生自我保护的能力。

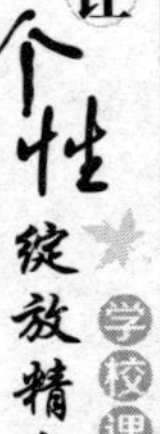

（2）生命教育，只要用心，无处不在。

孝亲课程，浸润生命底色。孝亲教育是心理健康教育的根源，我们从一年级开始就召开爸爸家长会、妈妈家长会，重在提升家长的责任意识，以起到“上行下效”的作用。周末布置孝亲作业，引导学生坚持做家务，为父母洗脚、捶背等。每周一家长写来表扬信，班主任及时在班上宣读，并评选“孝亲同学”，让孝亲教育连续不断。到了中高年级，建立《爱的日记》，每周孩子、家长共写爱的日记，班主任及时批阅，形成了素质共进的局面。很多班级在家长委员会的帮助下，坚持一学期到敬老院开展一次敬老爱老活动，使学生将对家人的孝延伸到对社会老人的爱，使学生学会关心他人，孝敬长辈，心灵得到洗礼。

我校除了开发以上心理健康辅助课程之外，还开发了节日课程、励志课程、角色互换课程等，让学生在实践中触发积极向上的力量。

5. 利用家校共育阵地。

在校内积极开展心理健康教育的同时，把心理健康教育延伸至家庭、社会，以整合教育资源，发挥教育的合力。

每一个问题学生的背后都有一个问题家庭。鉴于此，我们不仅在校内积极开展心理健康教育，还把它延伸至家庭、社区、社会，利用家长会、家长课程培训向家长传授心理健康的基本知识，让家长关注学生家庭的心理环境。我们还利用家长开放日、家访、校访、电话等方式了解学生在家庭中的状态和问题，家校联手，综合各种信息对学生实施针对性教育，有效促进学生身心健康的成长。

为了更好地搭建交流平台，每个班级都开发了“彩虹桥课程”。“彩虹桥课程”由三部分组成：一是学生自我记录，要求学生围绕一周的表现写反思；二是家长纪实，家长记录孩子一周在家的良好表现；三是班主任评价，班主任根据对学生的观察写下激励性评语。这一课程密切了家长、教师、学生的关系，让学生在自我反思中进步，在教师和家长的鼓励下健康成长。

以下是四年级学生王锡锰第六周的“彩虹桥课程”记录表。

彩虹桥课程记录表　第 6 周

参与人	详细内容	备注
学生自我反思	我这一周的表现总的来说很不错。纪律一直非常好，但是，我也不能骄傲，因为我知道，谦虚使人进步，骄傲使人落后，所以，我还要继续努力。 我上课的时候能积极回答问题，不打闹，主动与同学交流学习问题，相互帮助。不足的地方就是看书少了一点，写字还是不能让您满意，不过，请您相信，我会努力的。 不足之处，我会努力改正的。	
家长评价	看到儿子这周对自己的评价，心中感到特别欣慰。他最大的缺点也可以说是弱点就是不爱说话，不愿跟人交流，还有上课不能积极发言。如果这方面他能有所提高，将是他最大的收获。都说性格是天生的，但是我相信没有不能改变的，只有不想改变的，让我们共同努力，帮他克服缺点。 锡锰这周总体来说还算可以，就是看书不积极。看到这周班主任发的飞信中提到咱们班不少同学每周的阅读量已突破 20 万字，我是既羡慕又惭愧，同时也为这些孩子的家长感到高兴。我在这里只想说他们真棒！虽然锡锰的周阅读量还没达到 20 万字，但是他也在努力，这周大约读了 15 万字。我感到很欣慰，因为他进步了。还是那句话，我们会通过努力不断提高，不断进步。我希望他能爱上读书，爱上学习。 关于他的书写我只想跟他说：“儿子，加油！妈妈相信你！千万别气馁，坚持就是胜利！妈妈看你下周的表现，相信一定比这周强。”	
班主任评价	锡锰，看到你的进步，老师太高兴了！期待你创造更多的精彩！	
学生“跟帖”	感谢妈妈、老师对我的鼓励，我会继续努力！请看我这一周的表现吧！	

6. 在多元评价中促进。

过去的评价内容单一、形式单调，学生的自尊心、自信心得不到很好的保护，主观能动性得不到很好的发挥，久而久之，就会影响学生的心理发展。我校多元评价活动的实施，使学生得到了较好的发展，培养了学生良好的心理品质。

（1）评价内容多元化，促进学生个性发展。

每个学生都是独特的个体。我校以多把尺子衡量学生，为学生提供不同选择，力求使每一位学生各取所需、各尽所能，在原有水平上得到发展和提高。例如，我校的识字、写字考级，阅读、朗读、作文过级考试等，每一类都设三级或多级，学生自愿报名，逐一考级，通过者颁发相应的级别证书，让学生体验到进步的快乐。

课堂教学中，我们改变了简单的以考试结果对学生进行评价的做法，注重对学生综合素质的考查。如我校统筹学业、品德行为和身心健康发展等项目，构建了小学学业质量综合评价体系，共有十个方面：学生学业水平指数、学生学习动力指数、学生学业负担指数、师生关系指数、教师教学方式指数、校长课程领导力指数、学生社会经济背景对学业成绩的影响指数、学生品德行为指数、学生身心健康指数以及跨年度进步指数。这样，既能发挥评价的导向和激励作用，又能全方位、多角度地评价学生，促进学生全面健康的发展。

再比如，我校在各类展示评比活动中，让学生各展所长，涌现出一批“阅读之星”“体育之星”“科技之星”“希望之星”“孝亲明星”“礼仪之星”等，期末人人有奖状，自信的风帆也在多元评价体系中纷纷起航。

（2）评价主体多元化，促进学生自我发展。

在新课程改革评价理论的指导下，我们建立了教师、家长、学生等多主体共同参与的评价模式。如学生成长评价手册，自评、同学互评、小组评、教师评、家长评相结合，实现了评价主体的多元化。学生通过自评和他评能够对自己有全面的认识，能准确了解自己的长处与不足，从而有针对性地加强某项品质或技能的学习训练，促进自我发展。

（3）评价方式多元化，促进学生健康发展。

在评价中，我们主要采取口头语言与书面语言相结合，体态表扬与特殊符号表扬相结合，颁发奖状与奖品相结合，版面宣传与电视报道相结合等评价方式，使每个学生都能体验到成功的喜悦，为智力水平发展较快的学生提供了“挑战”与“冒尖”的机会。我校已经评选出两届优秀学生和卓越学生，并颁发了奖品，进行了宣传，对于部分卓越学生，电视台还进行了相关的报道，这些举措激发了学生的自信，学生不仅变得更阳光，还为其他学生树立了榜样。

每个班都有自己的评价方式，评价不再是千人一面的“套印模子”，而是引导和培养个性的“催化剂”；不再是分数等级的“筛子”，而是激励学生前进的“泵”。多元评价为学生找回了自信，使学生享受到成功的喜悦，促进了学生全面健康的发展。

“六年阳光教育，起步幸福人生。”几年来，我校积极探索，大胆尝试，形成了由课堂、校园、家庭、社会，活动、咨询融为一体的心理健康教育特色模式，做到了全面育人，全程育人，为学生提供了幸福成长的沃土。学生心理健康意识增强了，师生关系也变得更加融洽。学生心怀感恩，知道了应该承担的责任，明确了学习的重要性，学习热情大幅度提高，涌现出一批又一批“君子风度少年”“淑女风采少年”。一位家长在感谢信中写道：

我的孩子以前不善于交流，整天把自己关在屋里，当班主任了解到这一情况后，联系了学校的心理咨询师张老师。在张老师的疏导下，在班主任的教育引导下，经过半年的时间，孩子变了，开始主动与我交流，主动到楼下跟小朋友玩了，久违的笑容又浮现在孩子的脸上，感谢学校的教育……

这样的感谢信不止一封。

家长通过心理辅导和咨询服务，能更好地与子女沟通，使孩子的心灵得到更好的滋润，家庭更幸福。

心理健康课程的实施，使教师心理健康意识增强，科研能力普遍提高。目前我校正在进行“彩虹积极心理健康教育实验”“学生、教师与家长‘三位一体’心理健康教育”研究。

阳光体育课程和心理健康课程的开发实施，逐步引领着学生拥抱健康，走向阳光，使学生充满了活力，精神风貌焕然一新，为学生的身心两健奠定了基础。

第四节　棋艺课程，开启颖慧天窗

围棋是我们中华民族优秀的传统文化，娱乐性、创造性、趣味性和竞技性使其得以绵延几千年而不衰。物以载道，它的“益智教化”“陶冶性情”功能更是为人们所赏识。围棋活动是培养学生从小识大体、顾大局，

提高与他人的交往能力的有效载体。围棋属于对抗性竞赛项目，一场比赛必有胜负，对学生的体力、耐力、毅力、心理都是一大考验，一二年级的学生活泼好动、注意力时间短，围棋更是一项很好的锻炼措施。

对于棋类活动，苏联教育家苏霍姆林斯基认为："不下棋就不可能充分增强智能和记忆力，下棋应当作为智能修养的科目之一列入学校教学大纲。"围棋对弈一子一棋举轻重，独立思考智者胜，对激发学生的创造性和求知欲，培养学生的记忆力、多向思维能力、主动探究能力、发现问题能力、解决问题能力具有特殊作用。同时围棋用品简便，场所不限，适合各年级学生参与，因此围棋已成为中小学校开展爱国教育，培养学生人文素养，提高学生综合素质十分有效的载体之一。

目前，全国各地开展围棋活动的学校在飞速扩展，但事实上，小学围棋教学还没有一个权威的课程标准，教学目标模糊，教学方法单一，入门教材内容烦琐、呆板、随意，没有一套真正适合小学起始年级的围棋教材，围棋教学没有从课程的角度深入、系统地去研究开发，只是片面强调它的技术性和竞技性，而忽视了围棋的文化、历史和教育功能，围棋教学的方法体系和评价体系更是无从谈起。因此，围棋课程体系的开发显得尤为紧迫和重要。

2001年3月，教育部和国家体育总局联合发文，要求在学校开展围棋活动，这为我校开展此项研究提供了强有力的政策指导。我校试图通过对本课程进行理论与实践的探索，建立围棋教学方法体系和评价体系，进一步构建围棋活动课的教学模式，形成校本课程，构建以棋冶情、以棋导行、以棋养心、以棋立志的育人平台，和其他特色课程一起促使学生"四人"品质的形成。

一、加强师资队伍建设

围棋教学是专业性很强的教学，教师是围棋校本课程开发和实施的主体，是保证围棋教学质量的重要条件。

我校注重校本培训，围棋活动专题研训被列入学校教师职务校本培训计划，对教师在学习和实践中的表现、相关知识和能力进行定期考核。学校挖掘本校人才资源，组成骨干教师队伍，进行围棋活动校本课程开发，并聘请棋院专家对我校35周岁以下的青年教师定期进行围棋知识培训，内容包括围棋基础知识、围棋历史文化知识、围棋裁判知识等，为进行围棋教学培养后备人才。

围棋教师的选择主要有内聘和外聘两种形式。学校除了从校内聘请对围棋有建树的教师，还聘请诸城市围棋合作协会的成员为专业教师，同时聘请校外棋类爱好者和家长为兼职教师和裁判员。每班建立家长棋类志愿辅导队，协助学校的棋类培训与教学。校外棋类课程资源是对校内棋类教学的补充和拓展，有利于学校开展棋类教学，也有利于提高学生的竞技水平。

二、研发课程标准

课程标准是课程开发的方向和准则，是教材编写、教学、评估的依据。我校成立课程标准研发小组，制订了《实验小学围棋课程标准（试用稿）》（以下简称《标准》），分为前言、课程目标、内容标准、实施建议四个模块。

本《标准》强调了小学开展围棋教学的意义和作用，特别强调对学生进行围棋文化、礼仪和历史的熏陶；确定了围棋教学的基本目标、教学要求、教学内容、教学组织形式、开展方法、注意事项、评价方法等；提出了按学生实际、遵循学生年龄特点和认知特点的教育规律和原则，以及促进学生素质全面和谐发展的基本教学思路。

为了使《标准》具有思想性、科学性、操作性和层次性，学校根据学生的年龄差异和特征，从学生不同的认识水平、不同的心理素质以及围棋教学这门学科的特点出发，不断充实《标准》的内容。在教学内容的编写上，体现以棋冶情、以棋导行、以棋养心、以棋立志的育人功能，体现培养学生能力、发展学生个性特长的思想；在编写体系上，体现教学内容的循序渐进和由浅入深原则。

《标准》建议教材要有开放性和弹性，教学要注重实践，要走出教室，走向家庭，走向社会；提议要定期组织专题文化知识竞赛、围棋各级各类棋艺切磋比赛；鼓励教师要大胆创新，运用现代教育技术手段进行教学，引导学生利用现代信息技术学习围棋。此外，还建立了相应的评价体系，采取多元性评价，且每一类评价都有翔实的说明。

《标准》的制订，使得任课教师能根据其内容和要求，开展围棋教学，提高围棋教学质量，达到课堂教学的最优化。

三、编写校本教材

教材是课程实施的载体。

围棋教材是根据《标准》编写的一套校本教材，教材分为围棋文化知识、围棋棋艺知识两大模块。以基础型课程、拓展型课程、探究型课程的设计作为框架结构，融入围棋的棋具、棋理、棋艺、棋规、棋礼、棋品学习，纵向贯通，横向串联，互相衔接，螺旋上升。同时，教材的编写充分考虑了学生的主体地位，把大量的歌谣、格言、文学故事、历史典故编入教材，内容编排循序渐进，体系完整。

我们把每个课时划分为听一听、看一看、学一学、读一读、练一练、评一评六块，内容上力求通俗易懂、简单明了，又留有想象和创造的空间，适合儿童的身心发展特点。听一听着重介绍与围棋有关的历史知识和历史典故等，看一看的内容主要是关于围棋下法的图表，学一学讲的是本课的知识点，读一读的内容是为知识点服务的儿歌、童谣、顺口溜等，练一练主要是让学生进行实践练习，评一评则是学生、教师的评价园地。科学合理的内容编排，使以往庞杂繁复的围棋知识体系简单化，从而能较好地达成教学目标，为围棋进入课堂打下重要的物质基础。

四、研究教学方法

围棋是一门在活动中学习、在实践中掌握的活动课程。我校提倡根据学生的实际，按《标准》确定的内容、目标和基本要求，灵活选择教学内容和方法。

1. 普及与提高相结合。

普及是指在全校 1～2 年级开设棋类课，每周一节，排入课表，进行普及性围棋教学，让每个学生在围棋教学活动中都得到锻炼和发展，懂得基本的围棋知识，掌握基本的围棋技能，从而达到“认识围棋，喜爱围棋，初步掌握和学会围棋”这一目的。同时对全校教师进行培训普及，做到人人会下棋，人人能指导学生下棋。学校与市围棋协会合作，在一、二年级的 26 个班级中开展第一课堂围棋教学，使学生接触围棋，并被这项古老的文体项目所吸引。

提高是指 3～6 年级学生可以根据自己的特长和兴趣等选修围棋，通过走班课程进行集训。围棋走班课程根据队员水平，分成高级班、中级班和初级班三个组，对每个组提出不同的教学要求，并分时段进行针对性训练，使学生学到更丰富的围棋知识，掌握更为高深的围棋技能，并通过长期、持续的强化训练，使有发展前途的“苗子”得以崭露头角，成为围棋活动的后备人才。

2. 传统教学与计算机网络教学相结合。

在信息技术高度发达的今天，围棋教学应该积极走向网络化。

我校拥有 5 个计算机教室、66 个多媒体教室、1 套双向控制闭路电视系统等众多现代化教学设施。我校除了利用挂盘进行教学讲解和学生对弈外，还充分利用学校的现代化教学设施进行教学，取得了良好的成效。运用围棋教学软件和教学课件，使教材内容形象化，声画结合，易于学生理解和掌握，充分激发了学生的学棋热情；利用网络，与千里之外的对手对弈，使学生从小树立起适应社会、挑战自我的开放意识和竞争意识；开辟了“围棋教学论坛”，介绍有关围棋教学的文章，为家长朋友提供帮助，也使得教师和家长的沟通变得更加方便、快捷。多媒体教学、网络教学、网上对弈、网上答题等多种教学方式的运用，有效提高了教学效率，增强了学生的学棋兴趣。

3. “请进来”与“走出去”相结合。

“请进来”“走出去”主要是为了加强校内外交流，形成开放型的学习环境。

“请进来”一是指为了提高围棋教学质量，提高小棋手的水平，学校聘请有关专家、学者到校指导围棋教学工作；二是指学校积极承办围棋比赛，邀请外校棋手来校参赛，达到“以赛代练”的目的。

“走出去”是指学校组织围棋教师及围棋小选手外出参加各级各类围棋比赛，检测棋艺，开阔眼界。如参加围棋冬令营、夏令营活动；组建学校围棋队，参加市、区围棋交流比赛。

总之，围棋教学开发了学生的智力，促进了学生思维能力的提高，从而提升了学生的综合素质与能力。围棋教学在实践中走出教室，走向社会，走向网络，构建了开放式的教学。

五、构建评价机制

评价是教学中不可缺少的手段，是激活思维的“催化剂”。学校采用多种评价方法，力求全面反映学生的实际水平。评价重参与、重体验、重变化，让学生自己、师生之间、生生之间相互鉴赏品评，评出自信，产生激励效应，满足学生的成就感。

1. 实施“争章激励机制”。

“争章激励机制”是我校比较成熟的一种对学生学习的评价制度，它贯穿于整个学习、生活过程，包括课内和课外、校内和校外。

我校设立了多种奖章，如检测课堂接受能力的“标兵奖”，进步神速的“新人奖”；为在校级比赛中获得冠军的棋手颁发“棋王奖”；为在校级以外比赛中获得冠军的棋手颁发“棋圣奖”。此外还有敢于挑战高手的“敢斗奖”；积极探索，勇于打破常规的“创新奖”……集足 5 张奖章就能参加围棋走班课程的初级班进行集中提高训练。

2. 颁发段级位证书和荣誉证书。

段级位证书是水平的见证。每学期，学校对学生棋类水平进行考级测评，成立专家评委组，制订段级位标准，并发放相应的段级位证书。在学习过程中，学生可随时根据自己的水平申请高一段级位测评。学生根据获得的段级位证书参加围棋走班课程中的中级班或高级班进行更深入的培训。

六、初见成效

围棋是一项两人对弈的智力型活动，是一项独立思考、专注投入、不断进取的脑力体操。学校通过围棋教学工作的开展，极大地调动了学生学习的积极性和求知的主动性，形成了“人人爱围棋，人人学围棋，人人比围棋”的良好氛围。

通过围棋教学及围棋小选手的刻苦训练，一大批围棋小选手在各种比赛中崭露头角，棋艺水平不断提高。

棋艺课程锻炼了学生的思维，使学生头脑清醒、心平气和，对弈时能遇强不惊、遇弱不骄、临危不惧、沉着冷静，即使是最好动的学生也能静心将近一小时，培养了良好的注意力。

围棋的学习使学生变得知书达理、温文尔雅。他们不但学会了围棋的基础知识，掌握了围棋的基本技能，还促进了其他学科的学习。下棋时，学生必须经过思考、运算、记忆，在头脑中构成各种棋路的图形，从中选择最佳方案，这是平时训练中严格要求学生必须做到的。这一过程使学生的思维更活跃，记忆力更强，竞争意识和良好的意志品质得到了进一步培养，为其他学科的学习创造了有利的条件。

教师参与课程开发不仅是编制出了一系列的课程文本，更重要的是在参与课程开发过程中进行的积极的探索和研究，大大提高了我校的教育科研水平。课题组全体成员学习了大量教育理论、课程理论以及与课题研究相关的参考文献，提高了教师的教育理论素养，增强了教师的科研能力。

围棋作为一门课程在我校还是一个新生事物，还有许多未知领域等待我们去开发研究。如“小学围棋集训队建设研究”“围棋教学的幼小衔接”“实施围棋教学，培养小学生良好心理品质的研究”等，都需要我们做进一步的探索。

每所学校都是一个世界，每所学校的文化都蕴含着不同的特质，从某种意义上说，我校特色课程的实施是对生命的特别恩赐。“书香课程”“书法艺术课程”“健康课程”“棋艺课程”相互贯通，以润物无声的形式作用于学生，使学生的学习积极性得到调动，情操得到陶冶，品位得到提高，这些课程就如同在学生心中播下的一粒粒幸福的种子，将深深地印刻在从学校走出的每个人的心中，无论他们走到哪里，都会在不经意的言行举止中流露出来，成为他们生命的底色。教师、学生可以离开校园，但永远离不去的，是学校的精神；永远忘不掉的，是学校的育人文化。

这些幼时积淀到生命深处的东西，随着心智的成熟，就会慢慢化为人的一种内在素养。正如陶继新老师所说，文化一旦在心灵安顿之后，就成为一生幸福的储蓄。

我校育人目标的实现，只有起点，没有终点。为了让我校的特色课程更加彰显特色，我们将继续以科研为先导，以实验为基础，勇于实践，善于总结，与时俱进，为更好地实现我校育人哲学而努力。

第四章

班级社团课程，彰显学校德育特色

班级社团课程，即班级结合本班的优势和特点，以缔造完美教室为依托，以社团活动为抓手，以重视学生的道德体验为主线自行开发的课程，是教师在和学生一起学习、成长中，探究和开发出来的适合本班学生特点、能让学生幸福快乐成长的班级课程。其开设旨在通过活动吸引、熏陶、改变学生，改变学校德育工作的封闭状态，促成德育途径的最终转变。

什么是教室？朱永新教授说，一间教室，一个个生活于同一间教室中的人，应该是一群有着共同梦想，遵守能够实现那个共同梦想的卓越标准的志同道合者。

缔造完美教室，就是要让教室中的每个学生都穿越课程与岁月，成为有德性、有情感、有知识、有个性、能审美，在各方面训练有素又和谐发展的人，让他们一天天丰盈着、成长着，过一种幸福快乐的教育生活。

什么是社团？社团是具有某些共同特征的人相聚而成的互益组织。

学生社团活动是校园文化隐性课程的重要组成部分，是实现人才培养的重要手段，是德育工作的重要载体。学生社团活动是学生自己组织、设计、参加的，具有一定的娱乐性，同时因兴趣相系，学生对社团活动是真诚热忱的，而于其中所受到的道德熏陶也是显而易见的。

在社团课程建设和完美教室缔造两者之间画上等号，开设班级社团课程，这无疑是一个便于操作的教育平台。我国传统德育惯用的以灌输为中心的教育过程忽视对学生的道德培养，这种教育未能触及青少年内部品德结构的核心部分——道德信念，因而造成学生道德行为的不稳定。据此，学校结合自己的优势和特点，开发了以缔造完美教室为依托，以社团活动为抓手，以重视学生的道德体验为主线的，培养学生道德信念的班级社团课程。通过这一教育平台，以班级为单位开展丰富多彩的社团文化活动，以此来吸引学生、熏陶学生、感染学生，从而改变学校德育工作的封闭状态，促成德育途径的最终转变。

班级社团课程的开设，让教师能够充分利用每一个教育契机，全方位、多角度、多层次地构建校本德育课程。在这一过程中，教师不仅要教学，还要和学生一起学习，一起成长，在日积月累中，探究和开发出适合本班学生特点，让学生能够幸福快乐成长的班级课程。也就是让学生在自己认可的班级文化与班级课程规划实施中，摒弃原有的循规蹈矩，远离以成绩论英雄的被动学习状态，享受快乐成长的过程。

第一节　班级社团课程，不一样的课程

教室是学生学校生活的主要场所，生命之舟远航的起点，生命中的第二个“家”。它不仅是传授知识的地方，更是播撒理想、陶冶情操、收获幸福的家园。于是，学校确定了以缔造完美教室为依托的班级社团课程的育人目标，倡导各个班级以社团的形式进行多元的班级德育社团课程开发。

一、班级社团课程的目标

1. 拓宽教师在班级德育课程建设中的发挥空间，使教师能多方位地对学生进行品德教育，引导学生将道德认识内化为道德行为，培养学生良好的道德评价能力和自我教育能力，使学生形成正确的道德认知，树立正确的人生观、价值观。

2. 通过开展丰富多彩的班级社团课程，让学生在实践中增长才干，在欢乐中获得知识，在体验中受到教育，实现学校“幸福快乐教育”的核心理念。

3. 通过开展丰富多彩的班级社团课程，为学生提供发展个人志趣、特长与才能的机会，充分调动他们学习的主动性、积极性和创新性，让学生时刻生活在鼓励、诚信、幸福之中，让他们学会自信，学会包容，学会真理，用幸福快乐的教育培养自信、文明、智慧的学生，为学生的和谐发展与终身幸福奠基。在课内外加强引导教育，以培养学生良好的思想品德，让学生自觉地把内心意识、观念付诸行动，并形成一种自然和习惯。

二、班级社团课程的内容

学校德育是一项复杂的系统工程，要想更好地完成它，必须对德育的管理机制进行整体优化。为了构建教育管理整体化系统，形成教育工作的良性循环，学校确立了班级社团课程的内容（学校指导的公共内容和班级自主内容）。每年开学初，由学校德育组根据全年德育工作要点，梳理出每个月的德育重点，汇成每月一事，打印成册，发到班主任手中，让班主任能够有的放矢地完成学校德育工作，这就是班级社团课程的公共部分。教育实践表明：教育者所施加的一切影响，必须经过受教育者的思考认可方能付诸行动。学校只对班级社团课程的公共内容予以指导，之后由班主任带领全班学生创造性地来完成。

以下是“小蜜蜂社团”在班级社团课程建设中结合学校每月一事中三月份的孝亲感恩教育撰写的活动方案。

“三八”妇女节感恩教育活动方案

在“三八”妇女节来临之际，为了让同学们能够学会感恩——感谢妈妈为我们付出的一切，“小蜜蜂社团”开展以“知感恩，懂礼孝”为主题的感恩教育活动，旨在让每位同学从实际行动中受到教育，学会感恩！

一、指导思想

感恩之心是一种美好的感情，没有一颗感恩的心，孩子永远不能真正懂得孝敬父母，理解他人，更不会主动地帮助别人。要让孩子学会感恩，首先得让孩子懂得感恩父母。

二、时间安排：3月5日—3月12日

三、参加活动对象：本中队全体学生

四、活动内容

第一阶段：寻找体验，初步感受，让学生学会感恩。

1.“感恩母亲，回报母爱”倡议书。（周一）通过班队会对全班学生发出倡议，进行感恩父母的专题教育，让学生真正体会父母的辛苦与劳累，从而培养学生的感激之心。

2. 阅读感恩故事。精选一组描写亲情的演讲稿，通过集中阅读，帮助学生感受亲情的温馨，母爱和父爱的伟大。

3. 同学们利用一周的时间，去了解自己的父母，了解父母劳动的辛苦以及为了自己的成长所付出的心血，并通过记录单的形式记录下父母关爱自己的感人事件，在班队会进行交流畅谈。

4.“今天我当家”感恩征文评比。利用双休日当一天家，体会父母的不易并撰写文章。

第二阶段：爱心行动。为学生创造表达感恩的机会，让学生表达自己的感恩之情。

“四心”孝敬：常问好，讲礼貌，让父母舒心；多帮忙，当助手，让父母放心；勤学习，爱动脑，让父母开心；遇事情，多商量，让父母称心。将每个双休日定为“孝敬日”，进行“‘四心’传递孝敬”活动。设计“感谢关爱”的活动环节：紧紧拥抱妈妈一分钟，说一句感恩的话，给妈妈洗一次脚，为父母沧一杯暖暖的茶、烧一盘香香的菜，用自己的实际行动表达对父母的感激、孝敬之情。可用照片记录。

第三阶段：当孝敬星，懂得感恩。

评选出5名“最佳孝敬星”上报学校德育处，学校将对“最佳孝敬星”做专题宣传，号召全体学生向“最佳孝敬星”学习。让感恩、孝敬之心在学生的心中生根发芽，培养学生从小学会感恩、懂得孝敬父母的良好的思想道德品质。

实践表明：强有力的规章制度的指向和制约，固然能规范学生的观念和行为，而别具一格的思想教育模式更能净化学生的心灵，从根本上解决其思想问题。

班级是实现幸福教育的主阵地和载体。一个幸福的班集体对学生的快乐、健康发展有着巨大的影响。每个班级有每个班级的特质，每个班级有每个班级的问题。各个班级结合班级特点，发挥教师个人专长，从学生生活、学习的方方面面入手创建班级活动，这是班级社团课程的自主部分。这些活动丰富了学生的生命体验，让班级每名学生都体验到班级生活的快乐，让每名教师都享受到职业的幸福。

通过师生共同创建的独具特色的课程：入学课程、生日课程、节日课程、毕业课程……让一间间教室独具特质，充满温度，趋向完美，朝向幸福。

入学课程，一年级各班的最爱。每个班级为了让学生快速适应小学生活，消除学生对陌生环境的恐惧感，各学科教师通力合作，带领学生读绘本、看电影、诵童谣，让学生在最短的时间内适应学校环境，爱上学校。

生日课程，学校最温馨的场景。每个学生都是重要的，每个学生都是老师的孩子，班级学生都是最好的兄弟姐妹，每到哪个学生过生日，其他学生和老师从来不会忘记，都会采取各种方式给他过一个温馨而又有意义的生日，让学生感受到这就是他的家。

游学课程，学生最期盼的事情。大自然就是一本活的教科书，为了让学生走进大自然，很多班级发动家长委员会的力量，组织学生走出校门，投入大自然的怀抱，让学生在游学中观察、体验、玩味，尽情享受阳光、雨露的滋润，这成了学生最期盼的事情。

节日课程，让学生拔节。春节、元宵节、清明节、端午节、中秋节、重阳节等传统节日，是历史传承下来的。这些传统的节令风俗反映了我国古代人民的经济状况、生活习惯，体现了亲情及伟大的民族精神、良好的民族礼仪等，构成了中华民族深厚的文化底蕴。各个班级注重传统文化教育的活动组织，让学生们在了解传统、效仿敬老、增进亲情中拔节成长。儿童节、教师节、国庆节等节假日，各班都会制订活动方案，有序地组织学生开展内容充实、多姿多彩的教育活动，这不仅培养了学生的实践能力，还增强了学生的民族自豪感。

毕业课程，毕业班学生最难忘的记忆。每到临近毕业，毕业班级都会结合本班六年来的生活，盘点那些难忘的记忆，举行隆重的毕业典礼。毕业课程让学生知道，他们虽然毕业了，但实验小学永远是他们的家，实验小学永远会以他们为骄傲！永远祝福他们！

在我校，班级社团课程可谓异彩纷呈，孝亲课程、器乐课程、生命课程、随笔课程等成了很多班级的名片。虽然同样的课程，开发的形式及过程各有千秋，但是都立足于学生每天的生活，指向快乐，指向成长。

三、班级社团课程的实施

学校成立了由教科室、德育组牵头，级部主任为成员的学校社团课程开发评价和指导委员会，负责课程培训，检查课程实施进展，协调各部门的工作和安排各种活动，实施课程计划，对课程的研究和实施进行指导、评估，调查、分析学生对班级社团课程的需求及对班级社团课程梳理总结等工作。

1. 开展校本培训，规划课程建设。

班主任作为学校对学生进行教育、管理的助手和骨干力量，是德育的主要实施者。传统的班级德育，班主任都比较重视通过制订各种规章制度来制约学生，并把它们作为学生在班级活动中必须遵守的基本准则，这对规范学生的行为有重要的促进作用，但往往很难实现“以人为本”的教育。利用假期，学校对全体班主任进行了集中培训，帮助其改变传统的德育方

法，让他们充分认识班级社团课程建设的重要性。培训期间，由部分在班级德育工作中有思考、有创新的班主任谈先进理念和做法，利用同伴互助，拓宽思路、创新行为。

在此基础上，各班成立以班主任为组长、任课教师及学生骨干为成员的班级社团课程开发委员会，通过问卷、座谈、家访等一系列调查和分析，结合本班的发展特点，确定班级社团课程。然后教师和全班学生一起进行班级社团课程规划，制订社团课程实施的具体方案，确定班级学年德育主题，围绕主题设计每个月及每个周的具体活动，并上报学校社团课程开发评价和指导委员会，待审批合格后，便可组织实施。

多年来，王泽贞老师倾心呵护着每一个学生的心灵，关心着每一个学生的健康成长。她和她的班级开发的心桥课程已经坚持了12年，积累了几千封十多万字的“心灵之约”对话信，现已整理成《心桥》专集，共14册。正是这些记录学生成长足迹的心灵对话，激励了一批又一批的学生，使他们逐渐形成良好的学习行为习惯，并不断战胜自己、超越自己，从而逐渐走向优秀、走向卓越。以下是这学期，他们班规划的心桥课程方案。

“心桥”课程构建规划

一、问题提出的背景

1. 基于教学现状的思考。

每天面对五十多个学生，不是这个不守纪律，就是那个随便打人，随时都有断不完的“官司”，尤其是刚入学的学生还不懂得守规矩。

2. 赏识教育是人性最本质的需求。

二、本学期课程内容

1. 第1、2周加强学习习惯的养成，侧重于听讲和作业习惯。

2. 第3、4周配合学校的“四个一”活动，进行孝亲教育。

3. 第5、6周结合语文教学，加强书写习惯的培养。

4. 第7、8周注重文明习惯养成教育，侧重于举止文明和诚实守信。

5. 第9、10周进行文明礼仪教育，评选并奖励“文明礼仪之星”。

6. 第11、12周配合学校的体育节，开展强身健体活动。

7. 第13、14周家务活动评比，评选做家务小能手。

8. 第15、16周进行遵守公共秩序，讲究个人卫生教育。

9. 第17、18周培养自理能力、乐于助人精神。

10. 第 19、20 周培养自评互评的好习惯，学会激励性的评价。

三、课程目标

1. 课程总目标。

与家长携手，关注学生的心灵成长，使学生懂规矩、守秩序；培养健全的人格，使学生幸福快乐地生活、学习。

2. 具体目标。

低年级侧重于习惯的养成教育，一年级主要通过入学教育进行习惯培养，主要包括品德习惯、学习习惯（听讲习惯、作业习惯）、生活习惯，重在教师的书写和操作。

高年级侧重于合作习惯、自学习惯和阅读习惯的养成，加强学生的互评互赏。

四、采取的措施

1. 在原来的基础上继续坚持书写“心灵之约”。

2. 不断改进评价方法和奖励机制。

五、课程的实施过程

“心灵之约”是在纪律、学习、作业、习惯等表现较好的方面用欣赏和鼓励的方式与学生进行沟通之后的约定。“心灵之约”是由教师、家长、同伴和学生本人共同放大学生优点的“表扬之约”。

“心灵之约”源于周弘的赏识教育，刚开始是将学生的优点及进步以表扬信的形式告诉学生和家长，并且委婉地提出学生的不足之处，使学生能为自己的进步而高兴，也满怀信心地克服缺点与不足。有了一些成效后，逐渐拓展了与学生心灵沟通的形式和内容，把赏识拓展到教育教学的全过程。如上课表现、批改作业、每日评价、周评价等环节。

本学期将从以下两个方面继续下去，并在原来的基础上不断创新。

（一）表扬书写“心灵之约”

1. 教师耐心书写——唤醒学生自信。

（1）“表扬信”让学生找回自信。

对于学困生，注重对他们进行激励教育。通过跟踪式的观察和不断地写表扬信，使学困生慢慢走向自信、走向快乐、走向优秀。

（2）“表扬信”让学生从优秀走向卓越。

对于优秀的学生，利用“心灵之约”定期鼓励他们，及时给予他们肯

定，并对他们提出更高的要求，让他们在全面发展中不断提升自己。

(3)“表扬信”让班干部成为得力助手。

班干部的培养一直是我班班级工作的中心任务。除了定期对班干部进行培训之外，主要通过“心灵之约”调动其管理积极性，增强其责任感，从而让他们带领全班同学搞好学习。

2. 学生细心书写——抒发内心情感。

学生“回信”抒真情。

教师的每一封表扬信，都要让学生认真读，然后让学生根据表扬信的内容和自己的平时表现，写上感言和以后奋斗的目标，让学生在自我反思中不断进步。

3. 家长爱心书写——产生幸福的源泉。

(1) 我班的《家庭一日常规》。

在学校有完整的规章制度规范学生的言行，但是在家里，大部分家长忙于工作，对孩子的教育有所疏忽，加之很多家长不知该如何教育孩子，使得学生在家里得不到约束。于是我和学生一起制订了《家庭一日常规》。《家庭一日常规》包含了学习、生活、做人等方面，要求学生把《家庭一日常规》贴在自己的书房里，每天按照常规要求自己。这是我们班制订的家庭常规。

家庭一日常规

我是家庭的一员，我一定能做到以下几点。

(1) 早上按时起床，起床后自己穿衣服，自己叠被子，吃早饭。

(2) 养成讲卫生的好习惯：每天早晚洗脸、刷牙，晚上要洗脚，经常洗澡，学会自己洗袜子和内衣。

(3) 按时吃饭，不挑食、不乱吃零食，有好吃的东西先让给长辈。

(4) 不乱动危险的物品，不趴在窗台上玩耍。

(5) 放学后按时回家，不在路上玩耍、逗留，走路靠右边，注意安全。

(6) 回家后主动并认真地完成作业，写字姿势要正确，注意力要集中。

(7) 周一至周四写完作业后，可以看书（也可以大声朗读）、画画、玩玩具、扔毽子等。

(8) 每天晚上写完作业后，自己整理好书包、书桌和房间，并带好第二天要用的课本和文具。

(9) 每晚8:30之前睡觉，最晚不超过9:00，养成早睡早起的好习惯。

(10) 主动帮家长干一些力所能及的家务。如摘菜、洗碗、倒垃圾、擦桌子、扫地、拖地等。

(11) 尊敬长辈。能主动向长辈问好，能每天主动给家长倒一杯热水，打一盆洗脚水或捶背等。

(12) 做一个讲文明、懂礼貌、助人为乐、尊老爱幼的好孩子。

我班每天都会按照《家庭一日常规》的要求布置“开放性家庭作业”。“开放性家庭作业”是指做家务或为家人做事情，如给长辈洗衣服、洗脚、捶背等。通过这些作业，使学生在家里养成尊敬老人、爱做家务、按时作息、生活自理的好习惯与好品质。

(2) 家长记录孩子的日常表现，达到家校共育。

最近，我又根据《家庭一日常规》的要求，制作了孩子在家表现记录表，由家长记录孩子在家的表现，再反馈给老师。孩子们开始变了：变得有礼貌了，作业习惯好了，不但自己事自己做，还能主动帮家长做事了……父母看在眼里，喜在心里。

(二) 赏评丰富“心灵之约”

改变原来的作业批改方式，利用批改学生作业的机会和学生进行“心灵之约”交流。

1. 多元作业评价，让学生拥有自信。

根据数学学科特点制作评价专用印章，有“写优”“算优”“解优”“思优”“问优”“自律优”等，在给学生盖上不同“优”的印章时，抓住学生在计算、书写、思考、课堂听讲等方面的点滴进步，及时书写激励的话语。

2. 丰富评价机制，让学生充满自信。

根据学生在校的表现设计“作业之星”“优秀小组”，还有“喜报”。对于“作业之星”是这样规定的：只要完成作业，得1分；全部正确，再加1分；书写认真，又加1分。一份好的作业一次可以得3分，连续5天，能得15分就可获得“作业之星”。“优秀小组”的表现包括作业、卫生、纪律、课堂回答问题等，凡是能计入小组成绩的都纳入小组量化，一周下来前三名的小组就会得到“优秀小组”的光荣称号。“喜报”是奖给一周以来，个人量化前10名或某一方面表现特别优秀的学生的。对于学校评选出的“文明之星”“卓越学生”以及参加学校演出的学生，也及时给他们写一份喜报。

3. 搭建网络平台，营造心灵家园。

我们班建立了班级博客“雪精灵”，我经常会在博客上发表一些随笔，还会随时把学生的活动照片发到博客相册中，让家长了解孩子在校的表现。我还经常转载好的教育案例，让家长阅读。“雪精灵”虽然起步较晚，但我会继续努力，让它成为家校沟通的桥梁，学生心灵的家园。

只有“亲其师”，才能“信其道”，本学期，我还会通过“心灵之约”搭建起教师、学生、家长沟通的桥梁，共同倾心呵护每一个孩子的稚嫩心灵，关注每一个孩子的健康成长，使他们逐渐养成良好的学习行为习惯，使他们不断战胜自己，超越自己，从而逐渐从优秀走向卓越。

六、课程预期成效

1. 丰富教育学生的方法。

2. 促进学生素质的提升。

3. 缔造星级完美教室。

4. 促进个人教育教学能力的提升。

2. 优化班级社团活动，挖掘学生潜能。

开学一个月内，围绕社团课程的学年主题从班级愿景、使命、价值观入手，全体学生、教师和家长一起参与班训、班歌、班徽、班名等的策划，创作出最适合自己班级的标识。

一（4）班，几次易名，最后起名为“小蜜蜂社团”。缘于师生共读童话故事《三座房子里的小蜜蜂》。师生都被小蜜蜂的精神所感动，它跑尽千里路，博采万朵花，把酿制的甜蜜贡献给人类。它们具有齐心协力、团结合作的团队精神，吃苦耐劳、忘我无私的奉献精神，坚强勇敢、执着追求的进取精神。教师和学生们个个都想像小蜜蜂一样聪明、活泼、团结、勤劳，在学习上你追我赶，在活动中尽显风采。所以一（4）班有了一个共同的镜像——小蜜蜂。

五（9）班——“小主人社团”的班级社团课程为责任教育，他们班的梁一凡同学在爸爸的帮助下，写出了自己最得意的诗歌，第二天在班队会上一亮相，便一举夺魁，理所当然成了班诗。

我是主人我有责任

梁一凡

今天，我们是涓涓小溪，
明天，将变成大河，汹涌咆哮。
今天我们是出巢的小鹰，
明天将飞得很高很高。
但是——
向上的路总是坎坷又崎岖
我们会做好自己的主人，
家庭的主人，
班级的主人，
大自然的主人。
松懈了，紧起来。
退步了，赶上来。
跌倒了，爬起来。
失败了，站起来！
相信明天
我们必将成为国家的主人，世界的主人！

郑雅文是班里的音乐课代表，如果撰写班歌的事让别人抢了去，那多没面子呀！不会谱曲，会改编嘛！经郑雅文这么一改编，全班 4/5 的同学表决通过，这不，班歌也诞生了。

班歌

郑雅文

小小主人，很少烦恼，
从小勤奋志气高。
小小主人，从不退缩，
坚持不懈有毅力。
一年一年时间飞跑，
小小主人在长高，
随着岁月由小变大，
我的知识增多了。

小小主人，未来栋梁，
责任之重永记心。
做好自己，服务他人，
风华少年涌现了。
一年一年时间飞跑，
小小主人在长高，
随着岁月由小变大，
我的体验丰富了。

在班级社团课程的开发过程中，教师、学生、家长各司其职，各尽所能。班级社团课程委员会结合学校的每月一事和班级德育主题，对社团课程进行详细规划，在充分征求每个合作小组意见的基础上，确立每周社团课程的实践内容，并将内容分解到每个合作小组。每个合作小组的成员依据课程内容提前集体备课。合作小组利用每周一的班队会，对本周社团课程的达成目标、构想意图、实施步骤进行解释，并做进一步安排。节假日，在教师的倡导下，家长和学生围绕社团主题进行游学实践活动。活动结束后，教师、学生、家长都会就此次活动写出自己的心得体会。

“小主人社团”的解相花老师，为了实现“培养责任心”这一目标，开展了争当“自己的小主人”“家庭的小主人”“班级的小主人”“大自然的小主人”等一系列活动。这是她在“我与植物共成长”活动中的随笔。

为了培养学生的观察能力，写作时做到言之有物、言之有情；为了让学生体验到父母养育自己的辛苦，我号召学生从种子或幼苗开始养起，把植物当成自己的孩子，给植物做标签、写名称、起昵称，写下与植物的约定。我引导学生在养殖的过程中认真观察、悉心照顾，比一比谁的植物养得好，每周写一篇观察日记，从而使学生体会父母养育我们的不易。从用心种植、满心期盼到精心照顾植物的成长；从一开始的满不在乎到后来伤感植物宝贝的生病与离逝……在养育植物的过程中，我见证了学生与植物宝贝共同成长的历程。写植物观察日记，是学生最高兴的时候，他们会早早地把植物搬到桌子上，认真地观察，仔细地测量，看看它成长了多少。由此，学生不仅体验到了父母的养育之恩，而且作文水平大幅度提高。家长会上，我让家长阅读了学生的植物日记，很多家长都不相信这是自己孩子写的。

到今天，班级所有的植物，不仅是一株植物，还是我们写观察日记的对象，更是一群生机勃勃的植物精灵。

“竹节轩社团”开发的是成长课程。他们班的学生坚持每周写反思，以此剖析自己，反省自己，修炼自己的德行。下面是学生伍海萍关于“今天我当家”的周反思。

大清早，我睁开眼睛，想到今天要当家，便一骨碌从床上爬了起来，迅速穿好衣服。洗漱完毕后，一阵风似的跑进厨房，淘大米，洗鸡蛋，开始熬大米粥、煮鸡蛋。

早餐做好了，我把餐具准备好后便喊爸爸和妈妈来吃饭。看他们吃得津津有味，我心里别提多高兴了。吃完早饭，收拾餐桌、碗筷的任务我全包了，它们很快就被我收拾得干干净净。下一个任务就是赶紧完成作业，然后帮妈妈打扫卫生、整理被褥、洗衣服……

上午很快过去了，看着家里被我和妈妈收拾得整整齐齐、干干净净，虽然我累得满头大汗，但心里很高兴，再看看时间又到我做午饭的时间了。午饭过后，我安排妈妈陪我去新华书店读书，爸爸去超市买菜和礼物，因为晚上我们要去看望爷爷奶奶。在爷爷家我也没闲着，一会儿帮奶奶洗菜，一会儿又帮爷爷收拾餐桌。晚上回到家我又把温热的牛奶端到爸爸妈妈面前。

一天下来，我累得腰酸背痛，我体会到了爸爸妈妈平时的辛劳，我想对他们说：“爸爸妈妈你们辛苦了，谢谢你们!”

家长评语：

海萍这一周表现很不错，有好几件事值得表扬。

第一件事：星期六海萍当家，在我们的帮助下，她能够把一天的工作安排得井井有条，并且亲自动手做饭、洗衣、打扫卫生、分配任务等。对于她的表现，我们非常满意。

第二件事：星期三下午放学后，她偷偷的去小商店买了一包“羊肉泡馍”，被我发现后，她赶紧解释：“这绝对是第一次买，因为太喜欢这个味道了，想解解馋。”我没有批评她，只是给她提了个建议，看看自己能否抵制垃圾食品的诱惑。让我感到高兴的是她真的没吃，直到现在还原封不动地放在餐桌上。

第三件事：海萍好像一下子长大了许多，不但整理了自己的房间，晚

上还自己一个房间睡觉，没有让我们陪，也没讲什么条件。对胆大的孩子来说，这也许算不了什么，但对胆小的海萍来说，这需要很大的勇气，所以特别表扬一下。

本周，海萍在认真完成作业和练习钢琴的前提下，读了沈石溪的《一只猎雕的遭遇》和《老舍儿童文学选粹》。另外，通过参加学校组织的公开课，使我了解到孩子在课堂上的表现和老师的教学方法等，感觉受益匪浅，为我指导孩子学习、培养孩子习惯等明确了方向，真心地感谢老师们！

王老师评语：

海萍，你又进步了，能独自一个人睡觉，真了不起！老师家的姐姐到现在还不敢一个人睡觉，你能告诉我方法吗？

基于“幸福快乐教育”，围绕社团课程主题组织开展的多项班级活动，从活动的策划、材料的搜集、活动过程的主持与记录、活动体会的交流总结等，都由学生组织参与，并由学生形成书面材料。在活动中学生调动已有的知识、能力和经验储备，学会了交往，懂得了合作，综合素质在经历与实践中得到了提高。

3. 注重开发过程，规范课程管理。

为了确保班级社团课程顺利地开展与实施，学校成立了社团课程指导与规划委员会，建立起校长统筹、年级主任负责、教师落实的管理网络，从课程规划，课程开发、审议到课程的实施和管理，加强课程评价各个环节的管理与指导，确保社团课程建设的有效性。

（1）加强理论学习。

邀请全国知名课程建设专家进行专项培训，组织课程负责人外出考察学习，对班主任进行精品课程网络培训。学校先后邀请教育部基础教育课程教材发展中心“学校课程领导力建设”项目指导专家杨昭、王志坚和教育部基础教育课程教材发展中心张咏来我校就课程开发和建设进行指导。学校还派部分骨干教师先后赴成都、杭州、天津、重庆等地的课程建设知名学校进行实地考察，大大提高了教师课程开发的执行力。

（2）实行动态管理。

学校成立了由教科室牵头的社团课程开发评价和指导委员会，定期对班级社团课程进行指导和考评，对各班在实施过程中出现的偏差和困惑予以指导。每学年期末结束，学校都会组织不同形式的展示和评选活动，各个班级以不同的形式汇报班级社团课程成果，评选出“精品社团课程”。对于精品课程，学校组织课程委员会一学年复查一次，检查不合格的取消其“精品社团课程”称号，但保留一年内申请复查的资格。

学校学术委员会和课程指导小组，根据考评细则，每学期定期对班级社团活动检查两次，抽查两次，分数在全校公布。对于做得好的班级，授予“完美教室”称号。对于课程建设中出现的设计问题和思想懈怠问题予以全校通报批评指正和技术指导。

诸城市实验小学社团课程考评细则

A. 社团课程规划考核（20分）	
组织机构（10分）	1. 有社团课程学生规划委员会。 2. 有社团课程实施小组，组员任务明确。 3. 聘有社团课程家长指导委员会。 4. 聘有社团课程学校监督委员会。
课程规划（10分）	1. 有师生认同的班名、班徽、班歌、班级愿景等。 2. 有基于学生、家长的社团课程开发调研报告和分析数据。 3. 有翔实可行的社团课程规划方案。
B. 社团课程常规工作考核（50分）	
每月一事（10分）	1. 有每月一事的计划、方案。 2. 有每月一事的活动记录。 3. 有每月一事的活动图片。
特色课程（20分）	1. 有本社团特色的、长期坚持的课程。（一年以上） 2. 特色课程设计至少每月一次。
班队会（10分）	1. 有班队会的计划、方案。 2. 有班队会主持词、课件。 3. 有总结班队会的书面材料。 4. 班队会每周一次。
活动（10分）	1. 有学生参与的活动策划，材料搜集。 2. 有活动过程记录。 3. 有活动结果的调查问卷。 4. 每学期至少组织两次活动。

（续表）

C. 社团课程宣传工作考核（30 分）	
阵地建设（10 分）	有班级社团博客、主题贴或班刊，内容及时更新或刊物定时出版发放，效果良好。
获奖情况（10 分）	班级社团或个人获奖的国家级奖项，加 5 分/次；获省级奖项，加 3 分/次；获市、校级奖项，加 2 分/次。总分不超过该项满分。
问卷调查（10 分）	1. 面向全班学生，通过问卷随机调查社团课程在学生心目中的认可度。 2. 面向全班家长，通过问卷调查家长对社团课程的认可度。

四、班级社团课程的评价体系

加强对课程开发和实施的评价，是提高课程开发质量的保障。为了检验和改进社团课程的持续性，改善课程设计，优化课程实施过程，促进学生的发展和课程建设的发展，学校遵循重过程、重全面、重参与、重激励的原则，尝试建立一种全面的评价体系。

班级社团课程最主要的呈现方式就是缔造星级完美教室。对于班级社团课程的检查和评定一学期分两次进行。开学初，学校根据班级社团课程的规划，检查班级显性文化建设，通过问卷调查和座谈会了解学生对班级社团课程的知晓度和参与度，然后评选出本学期的第一批“星级完美教室”，颁发奖牌。学期结束时，学校通过组织不同形式的汇报演出，通过教师自己对课程的自我反思，通过对家长进行问卷调查，结合平时社团课程开发评价和指导委员会对班级社团课程的调研，以及班级中学生在各级活动和比赛中的参与人数及获奖人数，来确定第二批“星级完美教室”。一学期两次获得“星级完美教室”称号的班级便可被评为“优秀社团”，并授予“优秀社团”锦旗，其班级社团课程则被评为“精品社团课程”。一年之内，学校将对“精品社团课程”进行跟踪复查，对不能坚持下去的班级取消该荣誉称号。对于开发精品社团课程的教师，在评先、评优和职称评定推选中优先考虑。

对学生的评价以定性评价为主，主要从两个指标进行评价。

（1）成长档案袋。教师为学生建立成长档案袋，把结果评价与过程评价、定性评价与定量评价结合起来，在平时的课程建设中，搜集学生在社团课程实施过程中的相关资料，包括学生的在校表现记录，学生在各种活动的反思，家长、学生、各科教师的评价，学生的获奖证书，学生在道德方面的显性进步等。

（2）等级评价。教师根据学生的表现，采取等级评价的方式对学生进行评价。如在态度积极性、参与状态等方面，分为“优秀、良好、一般、较差”等级别，并记录在案，作为年终评选“素质发展全优生”的依据之一。

学校在对班级社团课程进行评价时构建的是正面评价体系，旨在让学生有成就感。班级社团课程更多地以集体活动的形式呈现，是在“全面育人，彰显个性”的原则下，依据学生的需求，不断创新和实施的。而“星级完美教室”的评选，将班级社团课程的评价与缔造完美教室有机地结合起来，看重的是班级活动的系列性、周期性、递进性、实效性、多样性和独特性。班级社团课程形成了强大的凝聚力、创新力和竞争力，充分凸显集体的独立个性。

班级社团课程的开展赢得了家长的大力支持，家长委员会发挥了很大的作用。在一次班级课程展示中，一位家长讲了这样一段话：“我是慕名把孩子送到这个班级的，在班级教师的教育影响下，我也逐渐改变了自己的生活方式。现在，无论再忙我也坚持每天晚上准时回家给孩子读睡前故事，每周空出半天时间陪孩子亲近大自然。孩子现在上三年级了，不费劲就能写出一千多字的文章，感谢王老师的辛勤付出……相信岁月，相信种子……”当“相信岁月，相信种子”这富有哲理的新教育理念从一个家长口中说出时，全场掌声雷动！班级社团课程就这样感染着、改变着每一位家长。

第二节　每月一事，贯串学校德育的经线

一、注重学校德育规划

蔡元培先生曾说，教育者，养成人格之事业也。人格健全，这是一个神圣而又沉重的字眼。它的核心价值和全部内涵在于培养身心健康、自强不息、文明礼仪、诚实守信、道德高尚、富有爱心的健全的人。这些品质

是青少年健康成长的条件和保证，是实现培育文明人的首要渠道。虽然所有学科都涉及德育的内容，但不成体系，都是说教式的。而德育只有经过实践才能内化于心，外化于行动。学校正是基于此考虑，经过讨论，确定了十项人生成长必要的德育子课程，用以指导班级社团课程。

对于每一个德育主题，学校先制订与之相关的活动方案和计划，利用升国旗和红领巾广播时间进行宣传、发动，级部结合年级特点制订具体的活动内容，班级再根据级部要求结合本班社团规划，自主开展丰富多彩的活动，通过主题阅读、主题实践、主题研究、主题随笔等活动把德育贯穿其中，最后结合学生的表现评选德育主题方面的校级、级部、班级不同层面的明星，并颁发奖状，记录在学生的成长档案袋中。不同年级的教育活动内容各不相同，通过六年的巩固、实践，为学生做人打好根基。

二、每月德育活动

诸城市实验小学德育主题活动安排表

月份	学校活动主题	年级活动内容
2月	勤俭节约教育	节俭美——你珍惜每一粒粮食了吗
3月	孝亲感恩教育	情感美——你把爱表达出来了吗
4月	励志教育	理想美——你种下理想的种子了吗
5月	文明礼仪教育	礼仪美——你又学会了哪些礼仪
6月	安全教育	生命美——你学会保护自己了吗
7、8月	劳动教育	劳动美——你品尝到劳动的甘甜了吗
9月	养成教育	习惯美——让好习惯伴随我们左右
10月	环保教育	环境美——让我们一起争当“环保小卫士”
11月	爱心教育	心灵美——让爱心变成行动
12、1月	诚信教育	诚信美——让诚信成为我们永远的美德

二月，勤俭节约教育。

艰苦奋斗、勤俭节约是中华民族的传统美德，但是随着生活水平的提高，大多数孩子饭来张口，衣来伸手，根本不懂得珍惜与节约。讲台上总可以看到没有人认领的铅笔，学校垃圾桶旁随时可以看到没有用完的本子，学校餐厅随处可见剩饭剩菜……浪费现象随处可见。二月基本上是学生放假在家的时间，我校利用这个月对学生进行勤俭节约教育。

首先，放假前利用国旗下讲话和红领巾广播时间向学生提出倡议，强调“勤俭节约，从我做起，从现在做起，从身边做起，从点滴的小事做起”的活动主旨，充分调动学生参与此次活动的积极性和自觉性，营造浓厚的活动氛围。

其次，广泛开展“勤俭节约人人行”主题实践活动。通过实践，引导广大学生树立“节约资源，人人有责”的意识，养成勤俭节约的良好习惯。重点组织好以下几个活动。

(1) 班内组织好“节约每一滴水、珍惜每一度电、节省每一张纸、不浪费每一粒粮、不乱花每一分钱”的节约“五自查、五自律”活动，要求并发动学生在上述五个方面检查并纠正自己的行为缺失，自觉践行循环用水、使用节能产品、使用可再生材料、乘坐公共交通工具，养成简朴的生活方式和适度消费的良好习惯。倡导节约之风，建设节约文化。

(2) 网上查询水电的来源和每年浪费粮食、水电的数据及其带来的影响。这些惊人的数据能使学生知道浪费所带来的巨大危害。

(3) 节能小窍门、小发明展示和“变废为宝”小制作活动。以节能为主题，日常生活细节为重点，组织学生开展节能小窍门、小发明展示活动；以日常生活废品、废物为原材料，发动学生进行“变废为宝”小制作。

三月，孝亲感恩教育。

“我来自偶然，像一颗尘土，有谁看出我的脆弱……感恩的心，感谢命运。花开花落，我一样会珍惜。”相信每个人听到《感恩的心》这首歌的时候都会感到温暖。是的，我们偶然来到这个世界，需要感谢的人太多、太多。有人说，感恩是人生最大的智慧，是人生最大的美德。也有人说，感恩是连动物都会的事，是人的本能。其实不然，感恩是需要学习的。特别是今天，大多数孩子是独生子女，万般宠爱于一身，根本不懂得感恩。

百善孝为先。一个人只有爱父母、爱家人，才会爱他人、爱祖国，所以对父母的感恩是最基础的。我校在三月利用“三八”妇女节开展孝亲感恩教育。首先，一进入三月就开展体验活动，如观看亲情影片，联系自身，激发情感。举行为期一周的“护蛋”行动、“今天我当家”等体验活动，通过这些活动让学生体验当妈妈的辛苦，从而懂得感恩。其次，在“三八”妇女节这天，为妈妈送上节日礼物，礼物可以是自己做的一张贺卡、写的

一封感恩信，或是为妈妈洗一次脚、捶一次背、倒一杯水，然后写下活动感受和以后如何孝敬妈妈，并付诸实际行动。三月结束时，根据学生的孝亲表现，评出 20 名班级孝亲明星，10 名校级孝亲明星，发喜报，张榜公布。最后，利用红领巾广播和国旗下的讲话总结本次活动，号召学生像孝亲明星学习，把感恩行动延续下去，不仅要感谢父母，还要感谢所有爱你的人。这一系列的活动，将感恩的种子慢慢根植于学生幼小的心灵，在活动中，学生懂事了。

"三味书屋社团"的一个学生在日记中写道：

从我出生那天起，你，便注定要一生为我操劳，牵挂惦念。我错过了你 26 年的精彩，无法铭记你年轻时最恬静的微笑，此刻，我想要好好爱你，却又过了 12 年，我永远亏欠你 38 年……

一晃，我 12 岁了，自懂事起，看着你疲惫，看着你苍老。你总是在我最难过的时候给我鼓励和支持。你的心酸，却从来不让我知道。

时光兜兜转转，想说"我爱你"，却又不知如何开口。每当看见你粗糙的双手、微白的发丝，眼睛总会酸涩。你还在劳累，还在为我奔波，还在节衣缩食为我筹划未来。我却不能承诺在很久的将来一定可以给你一个安宁的环境、富裕的生活。我能做的，只有比以前更爱你，一点一点渗透到呼吸。

拿什么回报你？我茫然四顾，而手中空空如也。静默中思索良久，唯有我满身的荣耀，才能让你骄傲。妈妈，我爱你！

在孝亲感恩活动中，"小荷社团"组织学生观看了一部电影《忠犬八公》，学生深受感动。郑颖欣在日记中写道：

看得太投入，竟未发觉，自己已泪流满面，泣不成声。

影片让我想起了家中的狗狗——芒果。它也像哈奇一样，每天都在小区门口等待放学回家的我。它总是形影不离地跟着我，像个小跟班，更像个小护卫，捍卫着主人的安全。它是那样的温顺听话、憨厚忠诚，可我却不懂得珍惜与它在一起的时光。不久前，由于某些原因芒果不得不离开我家。芒果送走后，我时常会想起和它在一起的点点滴滴，想起它那充满期待的眼神，还有那细软的金色长毛……看完《忠犬八公》，我告诉自己，明天一定要过去看看它，抱抱它。

学生那颗感恩的心已被激起，不仅懂得感恩父母、亲人、老师、朋友，还懂得了感恩动物，感恩周围的一切。

岁月无痕，人情有痕，这“最温柔的艺术”就这样亲近着我们的孩子！

四月，励志教育。

学校的德育活动，不是单一的、独立的，独具匠心的组织者总是以大活动为基调，以专题活动为序列，让活动相互补充的。

四月的励志教育，学校借清明节这一传统节日进行。节日前，邀请老红军、老革命、老模范等人士，走进学校，与学生面对面地交流互动，让学生了解革命历史，品味他们成长、成才、成功的心路历程。清明节这天组织学生到王尽美烈士纪念馆扫墓、参观，组织新生入队仪式，全校学生重温入队誓词。回校后学生填写“五个一”成长工程表格，树立人生新坐标。“五个一”成长工程即发现一个心中崇拜的英雄，确立一条激励向上的人生格言，练就一项受益终身的体育项目，培养一种愉悦身心的艺术爱好，拥有一个服务社会的社区岗位。

发现一个心中崇拜的英雄。由学校德育组和少先大队组织开展“英雄在我心中”征文比赛、“我心目中的英雄”读书演讲比赛、“踏着英雄的足迹成长”书画手抄报展评等内容丰富、形式多样的“找英雄”“学英雄”“做英雄”活动，让每个学生至少确立一位崇拜的英雄人物，找到自己的榜样，树立正确的人生观，为幸福快乐人生奠基。

确立一条激励向上的人生格言。通过开展“我喜欢的格言征集”“我写我自己的格言、座右铭”“名著中名人格言知多少”等活动，让每位学生至少确立一条适合自己的人生格言，时常以格言为训诫，激励自己，鞭策自己，从而养成良好的道德习惯。

练就一项受益终身的体育项目。规定学生人人熟练掌握一项体育技能，学校每年的体育节都要组织学生开展广播体操、跳绳、拔河、乒乓球比赛等学生喜爱的健体活动，以强健学生体魄，激发学生奋发向上的意志力和团结拼搏的精神，从小培养学生合作、竞争意识。

培养一种愉悦身心的艺术爱好。每年五月举行全校“红五月歌咏比赛”“器乐齐奏、独奏比赛”，六月举办“艺术节”，十一月开展“我当小小歌唱家”“我是有名的小小书画家”等歌唱、书画作品展示活动，激发学生的艺术爱好。争取让每个学生在小学阶段至少学会一种乐器，能写准确规范的汉字，以此丰富学生的校园生活，启迪智力，培养审美情趣。

拥有一个服务社会的社区岗位。学校从实际出发设计制作了家庭、社区文明岗服务卡。通过家庭和社区实践，使学生确立家庭服务和社区服务岗位，培养基本的家庭社会责任感和生活服务技能，懂得孝敬父母，自理自立，热爱劳动，勤俭节约；锻炼适应社会的能力，做文明小公民。

“五个一”成长工程，让学生人人有奋斗的目标，天天有追赶的榜样，时时有进取的精神，生动活泼、奋发向上的喜人氛围在无声中氤氲开来。

五月，文明礼仪教育。

文明礼仪是一个人、一个民族乃至一个国家文化和道德修养的外在表现，是做人必备的品质。

“不学礼，无以立。”学校以活动为载体，从学校、家庭、社会三个层面入手培养学生的文明礼仪习惯，努力让学生成为有才华、懂礼貌的人。学校根据实际制订了《诸城市实验小学学生文明礼仪规范》，编写了校本课程《文明礼仪伴我行》《迈好起跑线上的第一步》等读本。学校对学生提出了具体要求：在个人礼仪（谈吐、着装、站、坐、行以及神态、动作）上要文雅、大方、文明；在学校要做到课桌文明、校服文明、餐厅文明、厕所文明，与他人团结友爱、互相帮助，懂得尊重他人；在家要关心亲人、勤俭节约、热爱劳动；在公共场所要爱护公物、讲卫生、遵守秩序等。每学期学校都开展“文明礼仪之星”“卓越学生”评选活动，最后张榜公布获奖名单，制作宣传牌。活动的开展，树立了学校文明新风尚，增强了学生的文明礼仪意识，形成了人人争做文明小学生的良好氛围。

六月，安全教育。

六月天气转热，学生总是迫不及待地想到水中玩耍。河水也有无情的一面，多少鲜活的生命被河水吞噬。一个孩子就是一个家庭的全部希望啊。

每年的六月我校定为安全教育月，定期邀请专业人士到校做安全方面的教育报告。专业人士结合鲜明的案例和实物，进行专业的讲解，使学生身临其境，懂得了安全的重要性，学会了自我保护。学校还组织全校师生进行安全演练，通过真实的模拟，让学生学会逃生的本领。为了巩固效果，在其他月份里也会相机进行相关演练，如防火、防震、防水、防盗、防踩踏等一系列的演练，使安全防范意识由表及里地烙在学生心中。

安全重于泰山。我校非常重视平时的安全教育，借间周一节的地方课程——安全教育课，随时向学生讲授安全知识。每天，班主任借事例向学生重点强调。每到节假日，学校总会以温馨提示的形式，通过广播告知学生注意安全。细节决定成败，这些细节让我校学生安全度过每一天。

七、八月，劳动教育。

劳动是塑造学生良好个性品质的一个有效途径。通过适当的劳动实践，能磨炼学生的意志，有助于学生形成不畏困难、勇往直前、锲而不舍的精神。

七、八月是假期，学生有大量时间进行劳动。每次放假学校都会给学生发一封倡议书，指导学生开展“小鬼当家”系列活动，促使学生学会使用劳动工具，学会一项一生有用的劳动技能。并让学生写下活动感受，开学后在“劳动最光荣”的主题班会上交流讨论。

学生在劳动中学会了生活技能，在“当家中”体验到了父母的不易，就像二年级“毛毛虫社团”的学生在班会上说的：“一天下来，我累得腰酸背痛，我体会到了爸爸妈妈平时的辛劳，我想说，爸爸妈妈辛苦了，谢谢他们!”

学校除了提倡学生在家劳动，担起家庭小主人的责任外，还提倡学生定期到社区进行实践活动，按“五个一”成长工程中的拥有一个社区服务岗位的提示去做。要求学生自愿组成假日雏鹰小队，增加到社区活动的次数，提高活动的质量，争取利用假期为社区做一项有意义的大事情，并要求学生做好活动记录，让社区负责人写好反馈意见，开学时评选优秀雏鹰小队，培养学生坚持不懈的服务意识。这一活动的开展得到了社会各界人士的好评，社区负责人纷纷写来表扬信，赞扬我校学生爱劳动、讲文明、社区服务意识强。

九月，养成教育。

“习与性成”，美德大多存在于良好的习惯之中。

良好的开端是成功的一半。九月份开学后，学校会组织学生观看《开学第一课》节目，然后让学生写观后感，列出新学期自己的打算，做好自我管理的主人。每个班级选出10名自我管理能力较强的学生参加学校执勤，做学校管理的小主人。学校通过开执勤会议，对执勤员进行培训，分好执勤岗位，提出执勤要求，教会执勤方法。执勤员要坚守岗位，天天检查和督导。这使学生在自觉遵守、自我约束的氛围中潜移默化地进行着自我教育。其他学生做班级执勤员，本着自愿选择的原则，尽量做到人人有岗位、

人人有职责、人人有事做、事事有人做。在九月这个新学期开始的关键月份对学生进行自主管理教育，让学生学会方法，能为学生良好习惯的养成打下坚实的基础。

“百花园社团”自从实施了班干部轮流制后，学生自我约束能力增强了，有学生说：“还没有实施班干部轮流制时，我根本不听班长的安排。凭什么要他管我啊！我做了一次班干部后才认识到我错了。班长管我是为了班级好，为了我好。做班长太累了，我以后一定做个遵守纪律的好学生……”

同时，借助开学的这个月，重点抓学生各种习惯的养成。学校秉承从“大处着眼，小处着手”的原则，将学生的课间活动、升旗仪式、大课间活动等看似平凡的生活小事都“小题大做”使之课程化，分别用相对独立的课程来规范学生言行，促进学生良好行为习惯的形成。目前，已初步形成了“时时重养成，事事讲养成”的养成教育课程文化氛围。

例如，为防止拥挤，每个年级放学的时间间隔 5 分钟。放学时，每个年级都要严格执行放学时间，班级学生站成四队，学生抬头挺胸，高声诵读古诗或童谣，站着队一直走到接送点。

习惯决定命运，在习惯养成的过程中，学校强化管理育人、教书育人、活动育人、环境育人，不仅把养成教育作为教育教学的重点，还作为育人的根本，贯穿教育教学始终，全面提升学生的素质。

十月，环保教育。

随着社会的发展，环境污染越来越严重。“环境保护，人人有责。”十月的教育主题为“环保”，学校除了通过环境教育课向学生传授环保知识，渗透环保意识外，还组织了“与绿色同行”体验活动。各年级号召学生从自我做起，从小事做起，争做“环保小卫士”；组织学生利用科学的方法考察所处环境的污染程度及危害，并开展“我为城市来美容”等活动；组织学生积极参加清洁卫生、保护环境和公益宣传等活动。通过这些活动，使学生从小树立环保意识，培养公益情怀。虽然活动主题相同，但各班级围绕主题所开展的活动各不相同。

“思贤社团”发起了“一张纸”微公益行动，设立环保基金，号召全班节约纸张，过低碳生活，并把所有的废纸积攒起来换成钱，帮助身边的同学。此活动不仅净化了校园环境，还培养了学生的爱心。

“扬帆社团”自愿组成的创卫志愿者小队，在教师的带领下，来到市九龙河畔捡拾垃圾，开展爱河护树活动。他们手拎垃圾袋，在美丽的九龙河畔弯腰拾捡草坪、树下、小路上的各种垃圾。他们还对河边的部分大树进行认领，并给树木挂上了“我和小树共成长”的护绿卡。虽然天气炎热，大家累得满头大汗，但他们表示，通过这次活动他们懂得了爱护环境的重要意义，懂得了环境保护要从小事做起，不能随手扔垃圾，要爱河护树，为创建文明城市贡献自己的力量，努力让我们的家园变得更美好。师生这种不怕脏、不怕累，甘当环保小卫士的精神，受到了附近居民的高度赞扬。

这是他们班郑云天同学写的一份倡议书，利用红领巾广播时间向全体同学发出了倡议，并到社区做了宣传。他在倡议书中这样写道：

同学们，随着科技时代的不断发展，我们都过上了小康的生活，可你发现没有，地球妈妈正在风驰电掣地变化着。原来，地球到处都是森林，小溪哗哗流淌，动物们自由自在地玩耍，一切都那么美好。而现在，工厂污水排放、汽车尾气排放……已经把地球妈妈折磨得面目全非了。这是谁造成的呢？是人类。人类不断地向地球妈妈索取他们不应得的东西，使环境陷入深渊。长江、松花江等，隐去了往日美丽温柔的一面，变得凶猛可怕起来。江水一次次咆哮，吞噬了一片片良田、一座座学校，甚至几百万条生命……给水以家园，给生灵万物以家园，人类才会有自己的家园并且生存和发展下去。

同学们，让我们保护地球吧！要知道，每一张纸都会伤到地球妈妈那深深的伤口。不要认为你节约的那张纸算不了什么，每人节约一张纸就会还你一片森林！为了使天空更加湛蓝，云朵更加洁白，我们的生命更加健康，让我们携起手，为优化地球尽一份力量！因为什么，因为我们只有一个地球！

环保教育的实践活动，不仅培养了学生的环保意识，也向市民发出了呼吁，城市的清洁和美丽，要从自身做起，从小事做起，起到了很好的带动作用。

十一月，爱心教育。

为了培养学生的爱心，学校通过三种结队方式进行。一是与敬老院结对，开展“敬老爱老”活动，轮流组织班级到敬老院慰问老人，学生结合自身能力为老人做事情，如为老人打扫卫生、梳头、洗衣服，为老人买日常用品、小礼品，为老人表演节目等。

二是与困难同学结对，组织学生对有困难的学生进行力所能及的帮助，通过爱心体验活动让学生真切领悟到尽一份责任的力量。无论是对生病同学的爱心捐款，还是对学习困难同学的帮助，都会极大地唤醒学生的爱心，让学生体验到帮助别人，快乐自己，使学生的道德感、责任感和价值观不断丰盈、完善。

三是高年级学生与低年级学生结对。当有打扫卫生等低年级学生无法做的事情时，就号召高年级学生到低年级相对应的班级进行帮扶，通过这样的帮扶，使高年级学生有一种大哥哥大姐姐的自豪感和责任感，同时使低年级学生感受到学校如家般的温暖。

十二月、一月，诚信教育。

“三杯吐然诺，五岳倒为轻。”这是李白《侠客行》中的诗句，形容诚信的分量比大山还重，极言诚信的重要。但在诚信调查中，我们发现从来没有撒过谎的学生寥寥无几，因此，学校不仅把诚信教育贯穿在各类教学及日常活动中，还在品德课中穿插诚信教育的有关内容。

在这两个月里，结合平时班级管理、日常教学活动进行重点有机渗透。通过举办主题班会，开展诚信小故事演讲比赛、辩论赛，收集有关诚信的故事、名人传记、名人名言、谚语、俗语，最后把收集到的内容以展板、板报的形式公开宣传。创作诚信名言，开展“人人知诚信，人人讲诚信”的征文活动，让学生明确诚信的重要性。

六年级的“石头城堡社团”针对很多学生因为某种原因说过谎，并为此担心，为此后悔这一现象，开展了“说句悄悄话”活动。学生通过写字条或单独的一句悄悄话，向曾被自己欺骗过的人道歉，通过这一活动使学生与自己不诚信的过去告别，重新回到做诚信好少年的起跑线上，体会到诚信的快乐。

为了增加德育的实效性，学校建立了“学校、社会、家庭”三位一体的育人体系，通过班级社团课程，利用各种教育资源对学生施加教育影响，寓养成教育于“无缝隙”之中。践行“活动中育德，活动中育人”，突出“活动”与“渗透”，强调“实践”与“体验”，构建学生在学校活动中的主体性，让学生在参与中培养责任感、开发潜能、洗涤心灵，为学生的幸福成长奠基。

第三节　社团叙事，编织学校德育的纬线

联合国教科文组织在一本书中提到，对幼儿的照料与教育，就像纬线和经线一样紧密地交织在一起。如果说，每月一事，是学校德育的经线，那么穿插其间的各式各样的社团叙事，便是学校德育的纬线，经线和纬线有机地、紧密地交织在一起，对学生进行“无缝隙”教育。

一、我是小学生了——一切都值得纪念

美国雷夫·艾斯奎斯曾坦诚地说，第56号教室之所以特别，不是因为它拥有什么，而是因为它缺乏了一样东西——恐惧。

开学第一周，如何消除一年级新生畏学、恐惧的情绪呢？我校一年级的教师都会进行认真的思考与准备，通过实施“开学课程”来消除一年级新生的畏学情绪，给学生一个“心理过渡期”。

如丁培霞老师在还没有见到一年级学生时，就已把学生的姓名熟记于心，在开学的前几天丁老师利用卡纸为每个学生制作见面礼，卡纸上画着与学生名字相关的美丽图画。

新生报到时，丁老师面带微笑地叫着每一个学生的名字，依次把精心制作的礼物送给他们，然后拥抱他们，并对他们说：“我是你们在学校的妈妈，有什么事都可以跟我说。”孩子们怯生生的眼神变得温和起来。

然后，丁老师牵着学生的小手，带他们熟悉校园，并用童话般的语言告诉他们这就是他们的家。回到教室，丁老师让学生依次到台前做自我介绍，互相认识。每一个学生介绍完，丁老师都会给他（她）发一张冲关卡，并告诉他（她）敢于上台介绍自己的都是最棒的，学生争先恐后上台进行自我介绍。丁老师看在眼里，喜在心头。接下来无论做什么事情，对于表现好的学生，丁老师都会及时发冲关卡，并告诉学生集满6张，就可以换更大的礼物。学生在这种激励下，非常听话，只用了两天的时间，如厕、列队、听课就都有模有样了。在这期间，丁老师与任课教师密切配合，带领学生读入学童谣，给学生讲绘本故事，带学生看儿童电影，开启学生的心

扉，使学生树立初步的规则意识，建立良好的秩序观念。比如，学习绘本《乱七八糟的魔女之城》，丁老师就引导学生进行“找规律”的思维训练，让他们感受到物品有规律地摆放，看起来真舒服，然后趁热打铁，指导学生整理书包、抽屉，以此将绘本教学与“学会整理”两者紧密结合。再比如，学习绘本《小魔怪要上学》后，丁老师便告诉学生要像小魔怪那样，学会专注倾听，学会安静阅读，这样才能使生活变得越来越美好。

不知不觉，到了第一周最后一天的最后一节课，不少学生集满了6张冲关卡，有的学生甚至集满了20张，大家都等着老师的大礼物。丁老师带领学生举行了隆重的仪式，为冲关成功的学生颁发了“冲关小能人”或“冲关小超人”的奖状，并告诉学生，他们已经是合格的一年级小学生了。学生兴奋地把奖状举过头顶，手舞足蹈。

至此，为期一周的“开学课程”圆满结束，学生如厕、午睡、列队、整理，井然有序。这期间，没有一个学生哭闹，取而代之的是一张张开心的笑脸。家长来接孩子，孩子兴奋地把奖状递给家长，说：“我是合格的小学生了!”有个孩子甚至对妈妈说：“妈妈，周六、周日，我还要来上学!”

家长们也纷纷感叹：“这几天，我的孩子真的好开心啊，没想到孩子这么快就适应小学生活了，还学到了很多新本领!”

开学课程，就是这样，具有神奇的魔力!

二、今天是你的生日——一切都值得铭记

这是“四君子社团”的教室，前面黑板的右侧张贴着生日树的图片，12个枝头上，标记着一年12个月里57个孩子的生日。在朱老师的心中，每个学生的生日都是班级最重要的日子，是值得纪念的日子。每到某个学生过生日，全班同学都会为这个学生齐唱生日歌，朱老师也会为这个学生送生日诗，过生日的学生会向父母行“叩头礼”。

6月20日是程馨的生日。

清晨，程馨一走进教室，全班同学就唱起了生日歌：“祝你生日快乐……”在祝福声中，程馨慢慢地走上讲台，幸福地听老师为她编写的生日诗歌。

老师朗诵完，全班同学齐诵，把最真心的祝福化作诗歌送给了程馨，程馨高兴得行礼表示感谢。

为了让学生常怀感恩心、报恩心，朱老师班上的每一个学生在自己生日这天，都要在家恭恭敬敬地给自己的父母行“叩头礼”。

生日后的第一天，程馨的妈妈就写来了一封长长的信，她激动地诉说着孩子的变化，诉说着孩子入学来的种种……

6月20日，对我而言是个难忘的日子，这一天我深深体会到了做妈妈的幸福，因为我收到了孩子送给我的意想不到的大礼。

孩子在我面前跪下磕了一个头，说：“今天是我的生日，老师说了，孩的生日是娘的苦日，感谢妈妈给了我生命。”接着又磕了第二个头，说：“感谢妈妈给了我一个幸福的家庭。”然后又磕了第三个头，说：“感谢妈妈养育了我这么多年，妈妈您辛苦了！”随后，孩子又给爸爸磕了头。这么多年，我从未看到孩子爸爸哭过，今天，眼泪却从一米八多的丈夫眼里流出。此时的我，眼中也满是泪花，心中纵有千言万语却无从说起。就为了这三声感谢，为人父母再苦再累也值得了。当我们回到餐桌前，孩子快速地夹了一口菜，送到我嘴边，说：“妈妈，张嘴！好吃的要先给长辈吃，以前我不对，应该先给你们吃。”孩子又给了我一个惊喜！嘴里的菜是和着我幸福的泪水一起咽下去的。

生日诗歌与其说是老师送给学生的生日礼物，不如说是全班师生对生命独一无二的祝福。教室墙上“生日快乐”栏目里张贴的一张张小寿星照片和书写于其上的装饰精美的生日诗歌见证着师生度过的每一个充实而快乐的日子。

三、“青竹儿社团”的故事——一切都在继续着

我校万丽华老师，对传统文化情有独钟，一直以弘扬民族传统文化为己任，身体力行传播传统文化，教育学生懂得感恩，懂得孝敬长辈。他们班的学生从一年级开始就坚持做孝亲作业，并且将这种对家人的孝，延伸到对老人、对社会的爱。万老师对竹子情有独钟，竹子有节，她希望学生做人有骨气、有气节；竹子中空，她希望学生虚心好学；竹子一身都是宝，她希望学生明白，孝敬自己的父母是小孝，能孝敬天下父母并全心全意为大家服务才是大孝。所以，她把班级起名为“青竹儿”。她的孝亲教育让学生终身受益，让家长们深受感染。

现在的孩子，物质生活富有，家长呵护有加，使得很多孩子缺少恭敬

心、责任心，万老师认识到这一点后，就开始了孝亲课程的开发之旅。

1. 热爱自己，珍重一切生命。

(1) 国学文化，无声浸润心田。

万老师利用班会时间教学生学习《三字经》《弟子规》《孝经》，观看《中华德育故事》，学唱《发好愿说好话》《孝敬父母》等孝亲歌曲。国学文化的雨露长期无声地滋润着学生幼小的心田，使学生明白“身、体、发、肤，受之父母，不敢毁伤，孝之始也”。

(2) 生命教育，感悟生命的珍贵。

饲养小动物，体验生命的意义。每学期开学，她们班的学生便把金鱼、仓鼠、松鼠、小白兔等小动物请进教室，让教室充满生命力。平时同学们精心护理和喂养小动物。小动物死了，他们会为它开追悼会，感受生命的脆弱。

用爱心种养大蒜，珍惜一切生命。万老师鼓励人人种植大蒜，并贴上爱的语言，给大蒜善的意念，要求学生定时浇水，注意观察其变化，养成恭敬对待万物的慈悲心。

2. 孝敬父母，感恩生命中的所有。

(1) 每日暮省，触动心灵深处。

每天放学前二十分钟，万老师结合当天学习的内容引导学生反思自己的过错，学生先在小组内真诚反思，再到讲台上表达。

(2) 学习技能，撑起家庭的一角天空。

为了提高学生的生活技能，使其撑起家庭的一角天空，万老师定期布置学炒菜、做面食等实践活动。学生学会后，把自己的成果带到班级共享，并进行评比，拍照留念。这样的活动不仅激发了学生劳动的积极性，使学生体会到家长的不易，还使学生学会了生活的本领。

(3) 共写爱的日记，增进亲子感情。

学习传统文化贵在身体力行，学以致用。万老师坚持每周末布置孝亲作业：给家长洗脚、做家务等。五年来，从未间断。学生开始是为了完成作业而做，现在已形成自觉的行动了。万老师改变家长写表扬信的形式，建立“爱的日记本”，每周让家长和孩子共写爱的日记，从而出现了很多感人的文章。

一系列爱的活动，有力地加强了孩子与家人的互动，增进了亲子间的情感，构建了和谐家庭，孩子们心中的亲情愈发浓郁，潜意识里更懂得关爱家人了。

（4）家长培训学习，做到“上行下效”。

家长是孩子的第一任老师，家长的素质直接影响着孩子的素质。因此，每次家长会，万老师都会用一半时间讲家庭和谐的重要性以及身为父母该如何做到“上行下效”。万老师专门组织召开妈妈家长会，领着妈妈们学习了窈窕淑女的标准，讲妇德、妇容、妇言、妇功，让妈妈们明白女人要上善若水、温柔善良、端庄大方、相夫教子，促使妈妈们不断反思自己，力求做个好妈妈；专门组织召开爸爸家长会，主要讲做父亲的责任，让爸爸们明白该如何关爱妻子、教育孩子。

经过几年的孝道学习，学生和家长都有了很大进步。孩子给家长洗脚、照顾身体不适的家长、经常看望爷爷奶奶，深深感染和带动了家长；而家长的言传身教也影响着孩子，形成了可喜的亲子共进局面。

3. 仁爱他人，恭敬对待万事万物。

（1）与西藏学生手拉手，激起责任意识。

只要有心，对学生的教育无处不在。五年级语文课本下册第一单元的内容是“走进西部”。学习课文之后，学生们对西部产生了浓厚的兴趣和探究的欲望。本单元的写作内容是“给西部同学写信”，万老师抓住这个机会，组织学生和西藏学生手拉手，进行书信交流和义捐活动，使学生了解到西部学生艰苦的学习环境，感受到他们自强不息的精神，同时体会到自己的生活很幸福，明白了“凡是人，皆须爱，天同覆，地同载”。

（2）进敬老院敬老爱老，践行孝道文化。

爱的力量不容置疑！万老师对学生付出了真爱，也感召了家长的爱，家长非常支持万老师的工作，自愿报名成立了家长委员会，每年都组织家长、学生到开发区敬老院奉献爱心。家长纷纷献计献策，踊跃捐款，买保暖内衣、帽子、袜子、蛋糕等去看望老人，孩子们为老人背国学经典、唱歌、表演节目，使老人激动不已。敬老活动，让学生体会到了“老吾老，以及人之老”的道理。

敬老活动也深深感染着每一位家长。李小桐的妈妈写道：

在老师的倡议和组织下，我和女儿会定期去敬老院看望孤寡老人。当我在现场听到老师领唱《孝敬父母》时，不知道孩子的感触有多深，反正

我是忍不住哭了。有的老人一直低着头抹眼泪，临走的时候拉着孩子的手不肯松开。整个过程一直震撼着我。以前在新闻报道中看到有人做这些事时，有时会觉得矫情，甚至觉得有作秀的嫌疑，但真去了才知道，老人们是多么需要被关心！

他们的做法深深感动了敬老院的老人。2013年4月10日，开发区敬老院的两位老人代表不顾年老不便，坐公交车将制作的锦旗送到学校，上面写着：敬老爱老，大爱无疆。万老师邀请老人和孩子们一起上课，陪着他们参观学校，两位老人的到来，让孩子和老人的心贴得更近了。

（3）以身作则，起示范作用。

万老师一直认为，要提高学生素质，自己就一定要走在他们前面，做点实实在在的事情，给学生做好示范。去年元旦，万老师送给班里每个学生一本主题为“中华传统文化”的挂历。万老师还经常刻录有关德育故事的光盘送给学生，还出资刻录了500张传播中华孝道的光盘，以“青竹儿社团”的名义赠给教师。万老师通过这些行动，把孝道文化传播出去，让更多的人加入学习孝道文化的行列，为和谐身心、和谐家庭、和谐社会尽微薄之力。万老师用自己的行动诠释了一个道理：一个人，不管能力大小，只要心存仁爱，真心帮助别人，就是快乐的！

孝亲教育让学生活泼而不失规矩，集体荣誉感增强，富有同情心，彬彬有礼，懂得感恩。学生良好的素质得到了家长、领导、老师的好评。每学期班级社团课程考核，他们班总评成绩总是处在年级前列。此外，“青竹儿社团”的家长的素质也在逐步提高，他们孝敬父母，主动伺候生病的老人，还有不少家长多次到敬老院看望孤寡老人，已经和老人建立了深厚的感情。

“青竹儿社团”的班级孝亲文化，得到了专家、领导的赞扬。王敏勤教授、宋金宝主任、薛炳群科长等先后来校参观“青竹儿社团”，都收到了班刊《爱的日记》和传播中华孝道的光盘。看着“爱的摄影展”“理想飞扬、竹苗茁壮”“敬老爱老”“生命教育”等版面，看着花草、蒜苗在充满爱的环境下成长，他们感叹道：“这是真正的班级文化！”

时光流转，“青竹儿社团”的故事还在继续。一棵棵“青竹儿”在中华孝道文化灿烂光芒的照耀下，一定会茁壮成长，在不久的将来，他们一定会长成栋梁！

四、金童乐队的梦想——一切皆有可能

在诸城市府礼堂广场举办的消夏晚会上，有这样一支58个人组成的乐队，他们穿着统一的校服，手持手风琴、小号、笛子、口琴、口风琴等乐器，正在合奏精彩的曲目，引来很多观众驻足观赏，拍手叫好。虽然他们年龄不大，但每个人最少会四种以上乐器，他们就是来自我校五年级“金童社团”的“金童乐队”。

“金童乐队”的领军人物是孙志勇老师，他既是“金童社团”的数学教师，又是“金童社团”的班主任。孙老师喜爱艺术，尤喜器乐，会钢琴、手风琴、小号、笛子、口琴、口风琴等多种乐器的基本演奏，于是孙老师充分发挥他的特长，组建了“金童乐队”，全班58名学生全部参与乐队训练和表演。他的目标是让所有学生至少学会一种乐器，并以此为契机引领学生爱上音乐。

1. 打造器乐团队，凸显班级特色。

（1）分析原因，选乐器。

通过观察，孙老师发现现在的学生越来越难教，对于乱说话、乱回头、乱下位的“三乱”学生和不听课、不做作业、不回答问题的“三不”学生，感到很无奈、很苦恼。一天，孙老师发现，在音乐课上教学生吹口琴时，全班学生出奇地静，都在认真地练习。孙老师豁然开朗，之后便发挥特长，利用实践课、活动课打造班级乐队特色，并以此为突破口改善学生“不知目标在何方，不知理想为何物”的被动状态，形成“不用扬鞭自奋蹄”的积极班级氛围。

经过思考，孙老师选择了口风琴为普及乐器：一是因为它兼具口琴、竖笛的优点，既能吹又能弹；二是因为口风琴的小键盘和钢琴键盘的排列一样，能够演奏多个调式的乐曲，并且音色干净、优美；三是因为口风琴价格便宜，家长容易接受。孙老师力求在激发学生艺术兴趣的同时，优化课堂教学氛围，使班级管理自动化。

（2）选曲目，强化训练。

孙老师主要选取传统名曲进行口风琴教学。一开始并不顺利，部分学生、家长不认可。为此，孙老师通过组织“才艺展示”“师生同乐”“家校联谊”等活动，逐渐激起了学生及家长的兴趣。

此外，孙老师将演奏纳入平日常规训练，先进行“厚积”，时机成熟时再进行“薄发”展示，从而避免了“临时抱佛脚”的弊端。训练半年后，学生都能够熟练吹奏曲目《大雨和小雨》《我的家乡日喀则》等；一年后，能够熟练吹奏《茉莉花》《歌唱二小放牛郎》等，器乐团队基本形成。

2. 组建“金童乐队”，放飞师生梦想。

器乐团队的形成，让孙老师有了自信，他开始追求新的梦想。

（1）丰富乐器种类，分类指导和激励。

乐队演奏整齐有素，吸引、熏陶了全班学生，进一步刺激了“名生”愿景。

① 合理增加乐器。孙老师择优选择一些学生，分层分类培训了钢琴、电子琴、手风琴、笛子、葫芦丝、大鼓、小鼓、小叉等乐器，组建起了班级乐队，命名为“金童乐队”。

② 进行分类指导。成立乐队以来，孙老师利用音乐课、实践课，或利用学校统一的活动课对学生进行分类辅导，不仅没有占用其他教师一节课，并且按规定安排学生入校、离校。他放学后从来不留学生练习，实现了教学常规化、常态化、规范化。

（2）定期开展活动，师生和家长同乐。

孙老师因地制宜组织开展了“家长会展示”“研讨课汇报”“走班制观摩”“庆祝日祝贺”等乐器展演活动，不断鼓励学生争先创优、增强自信、励志成名。家长看到了成果，参加班级乐队的学生越来越多。

（3）参加校级会演，提升学生素质。

学校每年的“六一”会演，荟萃了全校的艺术精英。“金童乐队”的器乐合奏是整台节目唯一的班级节目，受到了广泛好评。作为“金童乐队”的成员，学生们高兴之余也振奋了精神，找到了自信。

学生们为了能够上台表演，各方面都很努力，班风、学风更加浓厚了。有的学生节假日练到深夜；有的学生因为首选不上，回家后竟然寝食难安；为了能够上台表演，有的学生和家长多次要求老师辅导，并通过个人的努力，最终实现了登台愿望。

“金童乐队”的组建，不仅使学生的器乐演奏水平逐步提高，还带动了班级各方面的发展。

“金童社团”今后的奋斗目标是，除了搞好常规教育教学外，还要着力将“金童乐队”锻造成“金童乐团”，以期走上更大的舞台。

相信，一切皆有可能！

五、我毕业了——一切都让人留恋

童年，是每个人心中永远抹不去的回忆。那份天真，那份懵懂；那些顽皮，那些幻想；那串欢笑，那串眼泪，都是那么令人难忘。

每年都有迈出学校大门的学生。毕业那天，毕业班完成毕业课程的仪式后，便会聚集在启正楼五楼的大厅聆听校长的毕业贺词、教师代表提出的希望以及学生代表感恩教师和母校的发言。他们铿锵有力地留下誓言：今天我因实小而骄傲，明天实小一定因我而自豪！

在校歌《我们幸福，我们快乐》中毕业课程进入第二阶段。

随着舒缓的音乐，“三味书屋社团”的师生走上舞台，共同走进他们小学六年来的美好回忆。当入队仪式、“三八”妇女节活动、教师节活动、圣诞节活动、读书课程、晨诵课程、暮省课程、生命课程、离别课程……这一个个温馨的画面通过多媒体展现在大家面前时，“三味书屋社团”的师生早已泪流满面，在坐的每一位教师也泪眼迷蒙。在这短短的六年里，师生共同完成了一个个精彩的课程，迎接了一次次生日的庆典，狭小的舞台，短暂的展示让我们听到了孩子六年来生命拔节的声音。相信岁月，相信种子，这简单的“相信”二字包含着教师多少的心血，这其中有多少感人的故事。当全班58名同学的名字依次出现在大屏幕，教师满含眼泪说出：“你们的名字将永远留在老师的心中，希望你们一直坚强地走下去，让自己的名字大起来、亮起来”时；当全班同学把他们的爸爸妈妈请上舞台，送上自己的书信和紧紧的拥抱，并大声地喊出：“爸爸妈妈，我爱你！”时；当所有学生大声地喊出他们任课教师的名字，并把老师请上舞台，送上鲜花时；当毕业课程进入尾声，家长、教师依次用诗歌表达对孩子的祝福，并相互承诺再过10年、20年……老师与58个家庭再聚首，参加学生一个个更为重要的人生庆典时，全场为之动容。整个毕业课程师生们是流着泪走完的。每一句话、每一个眼神、每一个动作，都在那一刻成为永恒。

短小的毕业课程，让我们看到了教师的用心——用心留存学生成长的点滴，用心记录与学生一起的每一天。班级社团课程的开发就是要呵护每一个学生，珍惜每一个日子！怀着对生命的敬重和期望，把温暖、信念、幸福、理想播种在学生的心田。时光走过，一切已留在师生的心中，一切都让人留恋……因为我们曾经用心地过着每一天。

班级社团课程的开设，变化最大的无疑是学生。班级社团课程不是抽象的概念，它从学生个体的生命出发，朝向每个学生人格的完整美好、人性的丰盈完善、生活的幸福完整，使学生喜欢上课堂，喜欢上学校。每天放学，学生都依依不舍地离开教室，早晨充满期待地走进教室。教室成了他们最向往的地方。

第四节　班级社团课程，不一样的幸福

学校的班级社团课程异彩纷呈，激发了每一位教师的创造力，让每一名学生都找到了归属感，让每一名学生都在悄悄地改变着，让每一位家长都看到了孩子的进步。

一、幸福的教师在成长

花开得寂静，落得从容。花开无语，却引来无数喝彩，那是因为人们只见花开的瞬间，却不见它为了开放而默默蕴育了一个秋冬。

班级社团课程的开发赋予教师课程开发的权利，使教师的教育生命得以丰盈。班级社团课程的开发让教室变成了一座神奇的宫殿，每一间教室都有一段美丽的传说，每一株植物都有一个课程，每一只动物都有一个故事，每一个特色课程都是一段浪漫的旅程，只有受益其中的人才知道它的珍贵与魅力。

通过班级社团课程的开发，教师从被动的“消费者”成了主动的“生产者”，从单一的“教书匠”成了专业的“研究员”，从传道、授业、解惑的“教师”成了学生各方面的“导师”，从讲台的“独奏者”成了舞台的“伴奏者”……这些改变，使教师的课程意识、课程理解、课程实施能力得到提高，使大多数教师成为真正的课程专家，让教师品尝到职业的幸福，从而全身心投入班级课程的开发。

徐荣兰老师在反思中这样写道：

以前的我，觉得上课就是走程序，只要把知识教给学生，程序走下来就算完成任务了。班级社团课程开发以来，我发现自己变了，不仅课程意识增强了，更重要的是体验到了作为教师的幸福，那种不断超越自己的幸福，那种因自己的努力而给学生带来变化的幸福。这让我明白知识是有生命的，知识的生命因教者的入境、入情、入理而精彩。

王泽贞老师在记录心桥课程心得时这样写道：

“心灵之约”经历了一个漫长的不断发展的过程。最初就是想写几句话鼓励学生，是家长们的主动回信，启发了我，于是我又在对学生的评价中加上了“家长意见或建议”。电脑普及之后，便开始给学生打印评语。一段时间之后觉得打印的评语太呆板，不如手写的有亲和力和感染力，于是又亲自手写。为了锻炼学生的写作能力和评价能力，我又增加了“学生心语”和“组长寄语”。学生在我的鼓励教育下，个个信心十足，思想品质、行为习惯和各项潜能都得到发展。为了让学生有持续的生活动力和乐观的生活态度，“心灵之约”发展为今天的老师写、家长写、学生写这更为广阔的心灵交流空间。

“心灵之约”让我走进了每一个学生的心灵，走进了每一个学生的家庭，我以朋友的心态正视学生的差异，谅解他们的错误和失败，为他们创造愉快的学习氛围，给他们一个幸福快乐的童年，使他们逐渐养成了良好的行为习惯，并不断战胜自己，超越自己，逐渐从优秀走向卓越。

王娟老师在做她的幸福随笔课程时这样写道：

俯仰无愧天地，褒贬自有春秋。作为一个虔诚的教书育人者，无论是做课题还是做课程，只要心有所属，用心行走其中，站在给学生幸福的角度上有所思考，有所行动，就一定能具有点石成金的力量，我想这就是幸福的味道吧。你看，那块小石子已经开始发出钻石的光芒了……

二、幸福的家长在分享

班级社团课程的开发不仅教师全部参与，家长也被带动起来。班级成为师生生命发展的重要场所，课程本身赋予师生生命成长重要能量。这个能量也辐射到了家长身上。

"蜜蜂社团"张博尧的妈妈来信说道：

家长会后，我进行了深刻的反思，孩子抵抗力差、瘦弱，与我有不可推卸的责任，我不应该总是图省事把孩子托付给老人照顾。现在，我已经开始研究如何让孩子吃得科学健康了。老师，感谢您那生动的家长会，对我们和孩子都是一场及时雨。现在，我已经很少在外面吃早餐了，张大勇同志（孩子父亲）也改掉了不吃早餐的习惯，孩子和我们一起也吃得有滋有味了。我还学会了蒸包子、烙饼、烙水煎包等，虽然技术时好时坏，但全家人都爱吃，我也满心欢喜，感受到了家的温馨。我最想对您说："您不仅是孩子的老师，更是我们家长的益友。"

"小葵花社团"卜天宇的妈妈在给老师的回信中这样写道：

王老师您好！鉴于卜天宇本周在家的良好表现特提出表扬。卜天宇本周能及时独立完成家庭作业，并帮助家长分担部分家务。另外，周末卜天宇还去公园捡拾垃圾，为绿色环保出自己的一份力。我相信，在以后的人生中，他一定会时刻从环保的角度来要求自己并影响身边的人的。

"雁行社团"朱夏祺的妈妈在班级主题帖这样写道：

您的幸福课程对孩子的成长太有意义了，很幸运孩子能跟着您学习，我们全家都跟着受益。什么是富有？我们担当的角色太多了，尽职尽责就有了幸福的感觉。谢谢您！

"青竹儿社团"张可心妈妈在班级《爱心日记》中记录了孩子成长的点点滴滴：

2012 年 2 月 20 日

今天晚上孩子在我的提醒下完成了您布置的作业。孩子的爸爸不舍得女儿受累，很不情愿地接过女儿打来的洗脚水，却死活不让女儿给他洗脚。女儿拗不过爸爸，只好给我洗。女儿手很轻，像是故意挠我痒似的，我们在嘻嘻哈哈中洗完了脚。但洗完后，女儿急忙往洗手间跑，边跑边说："恶心死了，我要洗手。"唉，孩子仅仅是在完成作业！但我想，在您的教育下她一定能学会真正地尽忠尽孝。

2012 年 2 月 21 日

今晚女儿又给我洗脚了。令我欣慰的是她非常开心、主动，洗完后还主动给我拿擦脚布。她小心地站在马桶上，慢慢拿下来，两只小手抱着我的脚认真地擦，动作虽不娴熟，但我看得出她是发自内心的，脸上一直洋溢着笑容，而且没有像昨天那样嫌臭也没有迫不及待地去洗手。万老师，您的爱如春风化雨，润物无声。我想：这颗爱的种子用不了多久就会在孩子心中扎根，并且会根深蒂固。

2012年2月26日

这个周末，张可心整理了自己的房间，在妈妈的帮助下把大被子叠得整整齐齐。她还自己打水洗了头发，并把头发擦干。另外，今晚有客人吃饭，客人走后，她主动帮我洗碗筷，虽然弄湿了衣服但没抱怨什么。她还给爸爸倒水洗脚，而且没有嫌臭，洗得很开心。他爸爸高兴地打电话告诉老家的亲人。

看着孩子一天一天长大，变得越来越懂事，我们打心眼里高兴。

三、幸福的学生在飞翔

“小主人社团”的责任课程。这个班的学生纪律涣散，学习成绩差，解相花老师怀着对教育的热爱，义不容辞地接了这个班。为了改变现状，解老师给这个班起名“小主人”，通过开展“我是自己的小主人”“我是家庭的小主人”“我是班级的小主人”“我是社区的小主人”“我是大自然的小主人”等一系列活动，提高了学生的责任意识，培养了学生的主人翁精神。仅一年的时间，学生学习主动了、进步了，纪律变好了，更让人惊喜的是学校举行的各项活动，该班学生，团结一心，精诚合作，屡拿大奖，班级多次被评为“星级完美教室”。

“百花乐园社团”的个性课程。“百花乐园社团”大力提倡个性发展。花朝节，百花的节日，利用手抄报，他们每个人都向大家展示了自己最钟爱的花，并推荐与花相关的诗文及故事等。菊花的傲霜枝、梅花的斗风雪、百合的坚定信念、山茶的含蓄典雅，学生们从中找到自己的花神，并把这种精神当作自己前进的动力。“百花乐园社团”的每一个学生都是一朵与众不同的美丽的花朵。

“雏鹰社团”的随笔课程。面对即将进入青春期的浮躁，面对即将毕业的留恋，“雏鹰社团”的师生相约坚持写随笔，进行心灵沟通。日记“在即将毕业的日子里”，是教师和即将离开母校的学生共同书写生命的见证。在这本日记里，教师用心倾诉对学生的期待，学生们也用心感受和回报教师的爱。“让沾满蜂蜜的字迹成为师生终身受益的载体！”是师生的共同心愿。

一段段精美的文字陪伴花开花落，一句句温暖的话语伴随爱心旅程。随笔，让学生尽展童年的风采，留下永恒的回忆……

“青草地社团”的电影课程。随着多媒体教室的普及，在教室里看电影成了平常不过的事。张燕老师充分利用多媒体研发了电影课程。通过悉心选电影、快乐看电影、开心聊电影、趣味演电影，让学生们受益匪浅。学生通过《小世界》（《微观世界》）从各种小动物身上学到团结就是力量，明白做人要有勇气、有理想、有作为、有爱心、有担当。从话剧《犟龟》中，学生感受到犟龟身上的坚持不懈、勇往直前、不动摇的犟精神！在《漂亮妈妈》《功夫熊猫》《看上去很美》《放牛的孩子王二小》等电影中，学生找到了自己的榜样，并以此激励自己不断进步！电影课程开设，使那些优秀人物的品质、思想如春风化雨般融入学生的心灵。

“大自然社团”的游学课程。大自然是一本厚重的无字书，为了让学生从中汲取更丰富的自然之光，“大自然社团”在家长委员会的帮助下，利用节假日带领学生探访英雄足迹、走近科技殿堂……在这间“流动”的“大教室”中，社会上的许多场所成为他们教学的一部分。通过游学课程，曾经忧郁的单亲家庭的孩子，成长为活泼、快乐的阳光少年；曾经封闭的弱势女孩儿成为班级充满自信的一员……就这样，“大自然社团”的学生在课程之旅中读着大自然这本无字之书不断地朝着班级愿景迈进。四年来，“大自然社团”以诸城市为圆心，从家庭到社区、到市区再到周围县市，乃至省外，慢慢地读着大自然这本无字书，四年来他们寻访过30多个地方，这成为学生成长中最重要的营养套餐。

让我们一起来看一下王娟老师是怎样带领着“石头城堡”的孩子们来写幸福随笔，享受幸福教育的吧。

苏霍姆林斯基曾经说过，教育的最高理想在于让所有的儿童都成为幸福的主人。在教学大纲和教科书中，有给予学生的各种知识，但却没有给予学生最重要的东西——幸福。怎样的教育才是幸福的教育呢？反思自己从教这些年的现状，却又多了许多辛酸：教师们忙忙碌碌，学生们苦不堪言。难怪有人说，这几年，我们的教育进入了一个怪圈，学生厌学，教师厌教，何谈幸福？

教育的最终目的应该是培养真正的人，让每一个自己培养出来的人都能幸福地度过一生。这就是教育应该追求的价值。“给学生幸福”看着这几个字，我的心怦然一震，确实，每个人都渴望幸福，我们的学生也不例外。可怎样让他们幸福，却值得我们每一个教育工作者思考。

去年，送走了毕业班，我又接手了一个调皮学生极多的班。这个班的学生多心浮气躁，纪律涣散，学习成绩与同级部班级差距较大，尤其是语文学习中的写作成了难题，家长们也为此怨声载道。于是，我便想寻找一个切入点，用他们能够接受的方式打动他们，从而让他们接受我，并一步步改变这种现状。这时，我想到了我校的教育理念——幸福快乐教育。于是，我就围绕着幸福来创建自己的班级课程。我先将班名改为“石头城堡”。我跟学生说，他们就是一块块石头，有许多棱角，外表粗糙，有这样那样的缺点，但是我相信，这些石头都蕴藏着珍贵的宝石。不是少数，而是每一块都是宝石。看着学生将信将疑的样子，我接着告诉他们，我就是一个赌石头的工匠，我相信我的眼光。我们这些石头要紧密连在一起，筑成我们幸福的石头城堡，一起幸福的学习和生活。我让学生在语文书的第一页写上：我要让身边的人因为我的存在而感到幸福。确定了这个主题，我又结合学校的各项活动，采用德育与智育相结合的方式，通过多种活动对学生进行思想教育，借力于以前的生活化随笔小课题研究，结合缔造星级完美教室的班级文化和愿景，创造一种针对我班实际，适合我班现状的班级课程借力生活随笔，点亮幸福人生——石头城堡的幸福随笔课程。

【课程目标】

通过课程的开发，结合多种形式的教育活动，让学生体验到学习的快乐与幸福，让他们从厌学到乐学，从“让我学”到“我要学”，在学中体验成长的幸福。短期目标是改变纪律涣散的现状，使学生不再对作文及语文学习有畏难情绪，拉近与兄弟班级的距离，从纪律到学习都有一个长足的进步。中长期目标是到六年级毕业时，学生能爱上习作与表达，有自己的文集，在各级各类刊物上发表文章，真正体验到幸福的真谛，为初中的学习打下良好的基础。

【课程内容】

从显性和隐性两个方面来完成，显性的课程建设包括教室的布置、班规的制订与实施等。隐性的包括学生的能力生成、教师的言传身教、学生思想道德品质及幸福指数的提升等。

【活动设计】

第二学期"石头城堡社团"幸福随笔规划

周次	活动主题	类型	随笔内容	方式
1	新学期打算	感悟随笔	开学啦	交流
2	游山玩水觅诗词	语言积累	描写风景的诗句	展评
3	感恩母亲	实践活动	为母亲做一件事并写出过程及感想	赏评
4	感恩诗歌朗诵	诗歌诵读	记录过程或是三言两语写出体会	比赛
5	种植作物	实践活动	春种一粒粟（记录、观察生长过程）	交流
6	校内外寻找春天	观察体验	我和春天有个约会（校园春早）	交际
7	参观游记轻松写	参观游记	按一定顺序写一处景物（参观校园）	展示
8	校园体育活动	活动随笔	写出参加校园体育活动的感受	交流
9	校园体育活动	新闻播报	用简单的话语播报校园活动的新闻	发布会
10	感恩系列活动	游戏随笔	记录"护蛋"行动的过程及感受	习作展
11	童话续编系列	创编童话	"我的想象我做主"随笔接力棒（题材不限）	故事会
12	发现生活之美	生活实践	发现、记录生活中的感人细节	组报
13	父亲的爱	人生感悟	寻找细节中的父爱	交流
14	环保进行时	实践探究	护绿小队在行动（过程及感受）	交际
15	随笔交流会	交流评价	交流满意随笔，进行小作家评选	展示

【课程评价方式】

1. 问卷调查。调查学生的幸福指数，调查家长、学生的表现及变化，以及对班级课程的满意度，调查班里任课教师的总体状态。

2. 前后状态对照（个人的、集体的）。可参照实施前后学生的幸福指数、目标达成度、习作能力评测等几个方面来进行评价。

3. 根据具体的课程评价方法，对参与课程实施的主体进行评价。（自评、组评、同学评、教师评、家长评）通过实施者提供的一手资料，对课程的过程及成果进行中期和终结性评价。

【课程研究具体实施】

1. 润物细无声——打造和谐、温馨的幸福教室。

杜威曾说："要想改变一个人，必须改变其环境，环境变了，人也就被改变了。"这是从人与环境的关系谈到环境对人成长的影响。在班级课程建设中，对学生产生较为直接影响的首先是教室的文化环境。教室是学生学习、活动的重要场所，是我们向学生传道授业的主阵地，也是我们对学生进行思想教育、品德培养的重要舞台。所以，我先从改造教室开始。我和学生一起在教室里贴上了我们的班风、班训、班级愿景。在教室的墙壁上张贴学生的书画作品；布置了漂亮的竞赛树，又将学生分为四个小队，每月评出优胜小队，将小队的名字制成苹果的形状，贴在漂亮的竞赛树上。教室里设了图书角，师生将看过的图书捐献出来，供同学交流阅读。黑板上设了评比栏，公示学生的积分，让他们随时看到自己及本小队的得分情况，从而加强他们的竞争意识。他们的纪律就在这种潜移默化中日渐好转，其转变程度让人欣喜。虽然偶有犯错的学生，但在全体同学的监督和教育下，都能迅速改正缺点。而我们的榜样栏，又起到了很好的激励作用。让许多表现优秀的学生感受到被肯定的快乐，也让那些犯错误的学生看到了努力的方向。

2. 规矩成方圆——制订科学、合理的幸福班规。

一个优秀的班集体，必然有良好的秩序，而这种秩序是靠班级制度来保障的。班级制度，不仅为学生提供了评定品行的内在尺度，而且使学生时时都在一定的准则规范下自觉地约束自己的言行。我和“小石头们”一起制订了切实可行的班规，其中包括文明礼仪、学习常规、考勤常规、基本规范、卫生值勤、奖惩等多个方面。整个制度以激励为主，讲实效、重落实、奖惩分明，起到了很好的引导作用。

由于此班规是师生一起讨论，共同决定的，所以大家都能自觉认真地执行，且把班规视为自己的行为准则。有了规矩，学生做事就有了依据，加上与奖励、评比挂钩，效果也就特别明显。

3. 掬水月在手——拓展阅读，点亮幸福的智慧明灯。

在找准问题，明确目标之后，我开始了对学生的阅读攻势。针对学生不懂感恩的现象，我准备用阅读的方式改变他们。我从图书室借了六十二本《爱心树》，专门选出一节课与他们一起阅读，读着读着，他们气愤了，一个劲地指责那个男孩。我适时地叫他们想一想，书中的男孩像谁，而书中的大树又像我们身边的哪些人？孩子们安静了，有人开始脸红，他们说，大树真像是自己的父母，而他们就是那个只知索取的孩子。于是，我们的第一篇习作，便是《爱心树》的读后感。后来，我们又看《放牛班的春

天》，让学生更加坚信，他们都是最珍贵的石头，他们都有最美的春天。我们采取了多种方式进行课内外阅读。课上，学一篇文章后便拓展出相同或相似题材的内容进行阅读，抓住精彩内容进行仿写、表情达意等小练笔。课外，结合经典诵读、图书角图书等，引导学生徜徉书海，尽情遨游。每次阅读之后，我都让学生一起交流自己印象最深的地方，说一说所读所悟，在这样的展示交流中，他们的阅读能力、理解能力得到不断提高，写起作文来，再也不那么痛苦了。掬水在手，却见盈盈月影；随手扦插，已是绿柳成阴。拓展阅读，就在不经意间，点亮了学生心中的智慧灯火，而这灯火，在他们漫长的人生旅程中，具有着星火燎原的力量。

4. 弄花香满衣——言传身教，打造无形的精神力量。

我注重对学生爱心的培养，不放过每一个教育的机会。有一次，我正在上课，忽然发现教室南边一阵骚动，只听有人说："恶心死了！"只见周围的学生纷纷捂起了鼻子。我赶紧走过去，只见一名学生脸色苍白，秽物吐了一地，发出难闻的味道。再看看旁边的学生，唯恐避之不及，没有一个人去打扫安慰。看着眉头紧皱、脸色蜡黄，站都站不住了的学生，我顾不得他身上还没有擦掉的脏物，二话没说，背起他便往医务室跑，几个学生赶紧跟了上来。回到教室，我发现，教室已经打扫干净了。我听说，我走后教室里突然安静了，不一会儿，就有学生主动拿工具收拾，接着很多学生争抢着过来主动帮忙。那一刻，我感受到了幸福的力量，我仿佛听到了一朵朵花开的声音，是那么澄澈，那么空明，恍若月下海棠初绽，不染一丝尘埃。

5. 源头寻活水——借力随笔，妙手记录生活点滴。

俗话说："巧妇难为无米之炊。"写作的材料犹如做饭之米一样重要，没有材料就无从写作。写作材料主要来源于生活，离开生活，一切写作都会变成无源之水，无本之木。许多学生都很怕作文，究其原因，最普遍的回答是没有内容可写，更没有作文的愿望。这固然与学生的生活不够充实、丰富有关，但更主要的还是平时对周围事物的不留心观察所致。因此我有意识地让学生多接触千姿百态的大自然，多接触丰富多彩的社会，并指导他们在接触生活的过程中，时时处处做个有心人，用自己的眼睛去看、耳朵去听，并用自己的头脑去想。同时我还激发学生把生活中印象最深的地方说出来，写下来，养成写日记的习惯，日积月累，便会形成源源不断的写作素材，从而感到作文是一件有趣而简单的事。

于是，随笔习作成了我们幸福课程的重要组成部分。我将作文课堂教学与学生生活充分联系起来，让学生接触大自然，激发学生写作的兴趣。春天，带领学生在校园里参观，在玉兰树下、丁香花里寻找春天，记下看到的点点滴滴。夏天，在教室里看雨，听雨敲打教室的玻璃，感受夏的暴躁。秋天，让学生采集颜色、形状各异的树叶，拼出美丽的树叶贴画，感受叶落归根的情怀，还带领学生在菊花的芬芳中感悟生命。冬天，带领学生观察雪和雪后的景象，并一起堆雪人、打雪仗，让学生在玩中积累写作的素材。我还充分利用教室的种植园、养殖区，让学生种一种、养一养，看一看、写一写。鼓励学生在班里种植黄豆、辣椒等，让学生随时观察，随时记录。对学生带来的小蝌蚪、小乌龟、小仓鼠等进行养殖和观察，仔细观察记录蝌蚪变青蛙的过程。

我还引导他们观察生活中看似平常的人和事：记录家庭成员或左邻右舍的一次谈话、一种爱好等，注意他们的神态变化；有目的地观察节日的大街，了解家乡的民俗、民风，搜集有关节日的传说和来历等。

另外，我还创设各类有趣的活动或游戏，让学生随笔成文。利用学校组织的各种活动，让学生写新闻报道。开设“今天我当家”活动，记下当家的心得。学做一个菜，记录过程和感受。另外，还在班内组织各种有趣的游戏。比如，你说我猜、贴鼻子、成语接龙、击鼓传花、耳语传信等学生喜欢的游戏，充分调动学生的习作热情，激发学生的写作动机。

雾霾遮挡了阳光，我们发表感慨；故事引发辩论，我们面红耳赤。当然，装饰教室、评比心得，我都会让学生一起分享，或是口头表述，或是三言两语记之，虽未明说，但在不知不觉中，已让这些顽皮的孩子们对生活多了些观察，多了些思考。

6. 实践出真知——活动架桥，塑造幸福人生。

除了学校组织的各种活动外，我们还以此为契机，设计和开展多种班级活动。例如，我们进行的朗诵比赛、书写比赛、精彩故事会、新闻播报、今天我当家等活动，既让学生感受到人生的丰富，又让学生体会到人与人之间的真挚情感，更重要的是通过各种活动，让学生懂得了幸福的真正含义。

7. 聚沙成宝塔——积累习作，绘出人生精彩瞬间。

每个学期，我都让学生选择自己的五篇习作进行精细修改，然后做成电子稿，还可以加入插图，制作成精美的习作集。这样，日复一日，年复一年，相信等到他们毕业之时，每人的精美习作都能结成厚厚的文集。这本文集，记录着他们成长的点点滴滴，串起了他们人生的一个个精彩瞬间。

8. 花开别样红——成果累累，喜看旧貌换新颜。

通过开展手抄报展、读书笔记展、读书交流会、古诗词诵读比赛、故事演讲、古诗词知识竞赛、阅读习作等活动，使阅读成为班级学生习惯养成中的一抹亮色，很多学生阅读了大量的书籍，结识了许多童话作家，习作、想象、表达、阅读能力发了巨大的变化。不仅如此，学生的纪律、秩序、能力也有了很大提升。班风正了，学风浓了，学生对习作已不再畏惧，路队、两操、升旗，都已有模有样，整个班级的面貌焕然一新，学习成绩也有了较大提高，不经意间，已是旧貌换新颜。

班级愿景：我是一块小小的不起眼的石头，可是我坚信，我的心里蕴藏着无价的宝石。努力，便一定会发出耀眼的光亮，筑起牢固的城堡，就算是铺成小路，也要给别人带来幸福和欢乐。

如今，当你经过喧嚣的街道走进实验小学，走进每一间教室时，你会发现相同面积的教室里，班级装饰异彩纷呈，相同空间里流动着不同的文化气息，有清香淡雅的荷花气息，有阳光灿烂的向日葵气息，有飞翔于天穹中的雏鹰气息，有勤奋不知疲倦的蜜蜂气息……真是“此是桃源仙境界，已同浊世隔尘埃”。当你走进教室，你会发现每一面墙壁、每一个角落都留存着学生曾经走过的足迹。那一张张照片上学生天真的脸庞，或是微笑，或是凝思，或是灿烂；那一张张学生的作品，或是幼稚，或是精彩，或是成熟，无不展示出学生生命的拔节与成长。每一间教室有每一间教室的特质，教室已不仅仅是教师教书、学生听课的地方，还是图书馆、实践场、探究室、操作间、展览室，更是习惯养成地、人格成长室、共同生活所、生命栖居室。

班级社团课程的开发为我校文化再添一方绿洲，更重要的是改变了师生每天的教育生活，改变了教师的行走方式，改变了学生的生存状态，让师生体验到幸福不只是一种味道，完整不只是一种色彩，生命需要用生命去缔造，生命需要用生命去书写，生命因生命而精彩。

第五章

走班课程，个性在自由中生长

走班课程，即学校为培养学生的综合素养和个性特长，充分利用当地社区和学校课程资源开发的具有多样性的、可供学生选择的校本课程。走班课程定位于学校的选择性课程，它作为国家课程和地方课程的优化整合与补充，是发展学生优势潜能的舞台，它的积极落实，既有利于丰富校园文化，拓展学生视野，也有利于学生的终身发展。

走班课程，即学校为培养学生的综合素养和个性特长，充分利用当地社区和学校课程资源开发的具有多样性的、可供学生选择的校本课程。

走班课程是学校课程的重要组成部分，它对深化基础教育课程改革，全面实施素质教育，提高教师的课程意识，促进学校办学特色的形成都具有重要作用。学校走班课程的开发以学生为中心，强调学生的需要，倡导学生的多元化发展，重视学生的自主权和个性解放等，鼓励学生积极主动参与、伙伴合作互动、集体民主决策。美国后现代主义课程理论专家多尔认为，课程是通过参与者的行为和相互作用形成的，不是那种预先设定的课程。课程的学习者需要对所研究的材料有足够的了解，并有足够的信心既能解决、解释、分析和表达所呈现的材料，又能以富有想象力的方式和神奇的材料进行游戏。我们认为，走班课程就是这样的课程。

第一节　着眼于学生的持续发展

“课程”一词源于拉丁语，原意是“跑道”。实施走班课程，有助于为每个学生的成长需求开辟适合自己的“跑道”。从课程的角度出发，我们把学校的走班课程定位于学校的选择性课程，将它作为国家课程和地方课程的优化整合与补充，使其成为发展学生优势潜能的舞台。教师应发现每一个学生的不同，唤醒每一个学生的潜能，启动每一个学生的内在动力，让每一个学生成为自我发展的承担者。只有解放了学生，让他们拥有相信自己的力量，他们才能去实现心中的梦想。走班活动课程的积极落实，既有利于丰富校园文化，拓展学生视野，也有利于学生的终身发展。

一、走班课程的产生

从 1997 年开始，我校在“素质教育”理念的引领下，探索并开设了民乐、乒乓球、绘画、书法等培养学生特长的活动课程，对学生的素质发展起到了一定的促进作用。但随着活动课程的深入开展，我们也发现，由于学生自身条件及兴趣爱好的差异，某些活动课成了令部分学生头疼却不得不硬着头皮去上的课程，而一部分学生想参加某种活动却没有机会，这引起了我们的思考。校本课程之所以具有生命力是因为它符合学生的兴趣，所以应把学生个性的发展作为教育的出发点和归宿点，尽可能地满足学生的需要，激起学生的兴趣，如果我们所提供的课程不能满足学生的兴趣需求，不能顾及学生的个性差异，那么课程也就会失去它应有的生命力。

不管是国外的走班教学，还是国内一些学校的走班教学，一直都是教育界关注和讨论的热点。比如，国外的一些中学，学校为每个学生提供的课表都是量身订制的，一学期选修几门课程，准备用多长时间修完，都由学生自己做主。北京市十一学校的“选课走班”，有多少名学生，就有多少张课程表。这些都触动了我们。我校认为，敢于走班就是课程改革和教学改革的成功。结合学校实际，我校尝试为学生提供类似的课程学习“服务”。

在新课改理念的引领下，我校将各学科三级课程的学习内容进行整合后，结合学校师资结构与学生知识能力水平形成了具有学校特色的课程体系。“三级课程整合，主题学习引领”已逐渐得到学生的认可，“走班学习”这一形式，更能使学生在这种多元的、系统的课程知识体系中得到持续的发展。

二、走班课程的梯度目标

走班课程是基于学生的兴趣、需求而开发设计的，满足了我校学生在国家课程和地方课程中未能得到满足的种种合理需要。我校实施走班课程的宗旨是“学生人人参与，人人选定自己喜欢的项目，人人享有个性发展的舞台”。这一宗旨体现了学校“幸福快乐教育”的核心办学理念，也符合新课程标准全面育人的要求。实施走班课程，就是要让学生在本班教室进行文化知识学习的基础上，充分利用每天下午近一个小时的时间锻炼自己，发展自己的素质技能，激发学习兴趣和学习的积极性，培养合作交流、动手动脑等优秀品质。所以，我们遵循一个基本方针来确立走班课程的目标体系：以人为本，促进学生的全面发展、个性发展。

诸城市实验小学走班课程目标体系

名称	目标设置	备注说明
总目标	通过走班课程的开发和建设，满足学生的需要，为师生提供更多的课程选择权，突出师生特长，张扬师生个性。通过选课和走班的学习方式，体现以学生为本的“幸福快乐教育”理念，高质量地实现学生“全面发展、个性发展”的教育目标。培养学生爱动脑、乐学习、勤动手、爱活动的良好行为习惯，提高学生的审美能力、创新能力和实践能力，让学生在体验中快乐成长。	
具体课程目标	1. 基本掌握所选择学习领域的基本规律和技能，形成良好的学习习惯。能自主选择适合自身发展的课程，具有个体的学习经历、经验和体验，形成自身的兴趣爱好或特长并使其得到进一步发展。 2. 进一步激发参与活动的兴趣，坚持参加活动，形成勇敢顽强和坚韧不拔的意志，在身体、心理和社会适应能力等方面健康、和谐地发展。 3. 在积极的情感体验中发展观察能力、想象能力和创造能力，提高审美能力，增强对自然和人类社会的责任感，形成创造美好生活的能力。 4. 建立一些基本的科学概念，发展科学思维和语言能力，培养勇于质疑的意识和敢于尝试的创新精神，形成良好的个性品质。	
年级学段课程目标	1. 低年级学段（1～2 年级） （1）注重良好学习习惯和行为习惯的培养，把养成教育落实于走班课程学习中。 （2）认识校园中的花草树木，激发对大自然的美好情感，学会关爱校园的一草一木，关爱自己和周围的人。 （3）通过走班课程的学习，感受小学生活的快乐，增强对校园生活的喜爱。 （4）简单了解学校的发展历史，初步树立“我是实小一员，我为实小添彩”的观念。 2. 中高年级学段（3～6 年级） （1）通过走班课程，参加丰富多彩的校园竞赛活动，拓展基础知识，提高基本技能，提高选择学习、自我规划和自主学习的能力。 （2）通过社会实践和社会公益活动，培养团队意识，拓展和加深对自然、社会、自我的认识。 （3）把走班课程与学校的主题活动有机结合起来，通过多种学习途径，增强合作、管理、实践的能力。 （4）形成良好的个性心理品质和健全的人格，具有公民意识、社会责任感和创新精神，能够适应时代的变化，为终身可持续发展奠定基础。	

三、走班课程的内容体系

决定走班课程实施成效的因素很多，学习内容的适宜与否就是其中的一个重要因素，而学习内容应根据学生的兴趣来设置。著名教育家杜威认为兴趣具有统一性、发展性，以兴趣为基础的课程应该基于儿童本能，源于儿童生活。为此，我们分别对师生进行问卷调查，对学生的兴趣爱好、教师的特长、家长的意愿等情况进行摸底调查，在广泛征求学生、教师和家长的意见与建议的基础上，选择走班课程的内容。通过汇总，初步摸清了师生的兴趣、特长和家长的期望。在此基础上，学校根据学生的兴趣爱好、学校及社区教育资源等最后确定了以下几类主要课程内容。

1. 学科拓展类。

主要是语文、数学、英语等基础学科的整合与延伸。如语文学科开发了关于诗歌鉴赏的走班课程，培养学生识字、写字能力的硬笔书法课程；数学学科开发了有助于思维训练的数学与生活课程、智慧碰撞课程；英语学科开发了模拟英语训练课程等。

2. 科学素养类。

北京师范大学郁波教授是这样给科学素养下定义的，他认为科学素养有三个层面的解释：一是使学生具有必备的基础学科知识，二是使学生具有科学的思维方式，三是使学生具有科学的生活方式。我们认为义务教育小学阶段主要就是要使学生具有科学的思维方式，于是根据学生的兴趣爱好开发了动漫设计、环保等方面的走班课程。

3. 人文素养类。

人文素养就是人的内在素质和文化底蕴。在当今物质文明高度发达而精神文明极其匮乏的时代，人文素养显得极为重要。著名教育家杜威说过，离开了人和人的发展，一切美妙的教育计划都无异于海市蜃楼。作家龙应台在论述素养与知识的区别时强调，知识是外在的东西，是材料，是工具，是可以量化的；而素养是知识进入人的认知本体，渗透于人的生活与行为后，所体现出来的对人类、对自然的一种终极关怀。于是，我们开发了文学欣赏、新闻采访、写作、朗诵、文明礼仪、地方文化等方面的走班课程。

4. 生活技能类。

让学生具备一定的生活和生存技能是教育最起码的目标和职责。于是，我们将引导学生学会生存、学会生活、学会做人作为走班课程目标制订的依据。生活技能是人们在长期的社会生活中形成的，是人们运用生活知识和经验去完成某一活动的能力，它在现实生活中具有重要的作用，是国民素质的一个重要方面，是“学会生存”所必须具备的一种能力。鉴于此，我们开发了食品制作、木工操作、剪纸等方面的走班课程。

5. 体育、艺术类。

《规划纲要》中提出了坚持全面发展，全面加强和改进德育、智育、体育、美育的要求。全面实施素质教育，组织广大中小学生参加科学健康、生动活泼的体育和艺术活动，提高学生的运动能力和艺术素养，促进学生健康成长、全面发展，已成为当今学校的发展目标。教育部提出的“体育、艺术 2+1 项目”也再次说明国家对学生体育、艺术教育的重视。为给学生的终身发展奠定良好的基础，让每个学生至少学习掌握两项体育运动技能和一项艺术特长，我们开设了球类、棋类、美术鉴赏、歌舞、乐器、书法、绘画等方面的走班课程。

课程的设置不能仅仅满足学生的需求，还要有助于发现学生的潜能。教师是最重要的课程资源，学生也是课程资源。课程内容的设置没有宽度，课程的消亡和产生随时都在进行。我们允许学生提出以前从来没有听说过的课程设想，同样也会支持经过论证的成熟的课程的确立。

诸城市实验小学走班课程开设家长调查问卷

亲爱的家长：

您好！

从本学期开始，为促进学生的健康、全面发展，学校特开设走班课程（具体的课程设置已发给您）。希望您能协助我们完成这份调查问卷，您的协助对我们活动的开展至关重要，请把您认为最合适的答案填在括号里，非常感谢您参与本次调查！

1. 软笔书法是我校今年必开的一门走班课程，除此之外您还希望孩子参加哪方面的兴趣班？（　　）

A. 门球　　B. 乒乓球　　C. 儿童画　　D. 合唱　　E. 舞蹈

F. 科技实践　　G. 电脑动漫　　H. 象棋　　I. 围棋　　J. 电声乐

K. 硬笔书法　　L. 其他

2. 您了解您的孩子有什么兴趣爱好吗？(　　)

A. 了解　　B. 不太了解

3. 您是否支持孩子参加走班课程？(　　)

A. 支持　　B. 无所谓　　C. 不支持

4. 您觉得学校的走班课程对孩子的成长有帮助吗？(　　)

A. 有　　B. 没有　　C. 不清楚

5. 您觉得当前您的孩子最需要上什么样的走班课程兴趣班？(　　)

A. 孩子自己喜欢的就行

B. 培养兴趣特长的

C. 丰富孩子课余文化生活的

D. 提高孩子的综合修养，培养孩子气质的

E. 有助于在参加比赛时取得优秀成绩的

F. 别的孩子学的

G. 对以后孩子的事业道路有帮助的

6. 如果是在室外进行的走班课程，您觉得一节课多长时间比较好？(　　)

A. 1个小时　　B. 1.5个小时　　C. 2个小时　　D. 2.5小时

7. 您希望通过什么方式来检验孩子参加走班课程的学习效果？(　　)

A. 汇报演出　　B. 比赛　　C. 考试　　D. 家庭联谊

E. 其他

8. 您觉得如果孩子参加体育类的走班课程，需要坚持多长时间比较合适？(　　)

A. 一个学期　　B. 两个学期　　C. 三个学期　　D. 四个学期

E. 其他

9. 您觉得走班课程的学习时间如何安排合适？(　　)

A. 每天放学后　　B. 中午　　C. 早晨

D. 每周二、四下午的自主活动时间

理由是＿＿＿＿＿＿＿＿＿＿＿＿＿＿＿＿＿＿＿＿＿＿＿＿＿＿＿＿

10. 当孩子给您讲他（她）参加走班课程的活动感受时，您的态度是(　　)。

A. 非常关注　　B. 应付了事

C. 不耐烦　　　　　　　　　　D. 让孩子去和其他人说

11. 您认为孩子除了学习之外最应具备的能力是(　　)。

A. 交往能力　　B. 适应环境能力　　C. 团队合作能力

D. 做事能力　　E. 户外生存能力　　F. 其他

12. 您对学校开设走班课程有什么好的建议或者能提供什么帮助?

____

____

感谢您的大力支持,最后在此向您表示诚挚的谢意!

诸城市实验小学走班课程开设学生调查问卷

亲爱的同学,你好!为了全面深入了解我校走班课程的发展现状,对我校学生走班课程进行更加正确合理的规范引导,特进行此次问卷调查,希望你能如实填写本问卷,并提出宝贵的意见与建议。谢谢!

1. 你现在所在的年级是(　　)。

A. 一年级　　B. 二年级　　C. 三年级　　D. 四年级

E. 五年级　　F. 六年级

2. 你是否参加过走班课程?(　　)

A. 是　　B. 否

3. 你是否向家长或朋友介绍过我校走班课程的活动情况?(　　)

A. 是　　B. 否

4. 你是否知道目前我校走班课程的数量?(　　)

A. 10~30 个　　B. 30~50 个　　C. 50~70 个　　D. 不清楚

5. 你是否参与过学校走班课程中开展的活动?(　　)

A. 是　　B. 否

你较为喜欢的走班课程活动是____________________

6. 你主要是通过什么途径来了解我校的走班课程的?(　　)

A. 教师或同学介绍

B. 学校走班课程活动图片或资料介绍

C. 活动现场

7. 你希望目前走班课程应该在哪些方面进行加强?(　　)

A. 专业学习　　B. 比赛活动　　C. 校外实践　　D. 娱乐联欢

E. 其他（请举例________________）

8. 总体上你认为我校走班课程的发展情况如何？（　　）

A. 很好　　B. 较好　　C. 一般　　D. 较差

9. 你认为我校的走班课程总体质量如何？（　　）

A. 很好　　B. 较好　　C. 一般　　D. 较差

10. 你认为我校的走班课程管理如何？（　　）

A. 好　　B. 一般　　C. 差　　D. 不知道

11. 请写下你最喜欢的1～3个走班课程。（可写简称，表达清楚即可）

____

12. 你对我校走班课程的开设和管理有何看法及建议？

____

____

最后，再次感谢你对本次调查的参与和支持。谢谢！

诸城市实验小学走班课程开设教师调查问卷

亲爱的老师：

您好！

从本学期开始，为促进学生的健康、全面、可持续发展，学校特开设走班课程。这次调查的目的是为了让您更好地了解学校的课程建设，并能积极参与学校走班课程的规划，发现自己感兴趣的课程。希望您能协助我们完成这份调查问卷，您的协助对我们活动的开展至关重要，请把您认为最合适的答案填在括号里，非常感谢您参与本次调查！

1. 您了解学校的走班课程吗？（　　）

A. 了解　　B. 不太了解

2. 您是否支持自己班里的学生参与走班课程学习？（　　）

A. 支持　　B. 无所谓　　C. 不支持

3. 您希望自己能参与哪一门走班课程的开发和建设？（多选）（　　）

A. 门球　　B. 乒乓球　　C. 儿童画　　D. 合唱

E. 舞蹈　　F. 科技实践　　G. 电脑动漫　　H. 象棋

I. 围棋　　J. 电声乐　　K. 硬笔书法　　L. 阅读写作

M. 趣味数学　　N. 英语角主持　　O. 其他__________

4. 您觉得学校的走班课程对学生的成长有帮助吗？（　　）

A. 有　　B. 没有　　C. 不清楚

5. 您觉得当前学生们选择怎样的走班课程较好？（　　）

A. 学生自己喜欢的

B. 培养兴趣特长的

C. 丰富学生课余文化生活的

D. 提高学生综合修养，培养学生气质的

E. 有助于在参加比赛时取得优秀成绩的

6. 如果是在室外进行的走班课程，您觉得一节课多长时间比较好？（　　）

A. 1个小时　　B. 1.5个小时　　C. 2个小时　　D. 2.5小时

7. 您希望通过什么方式来检验学生参加走班课程的学习效果？（　　）

A. 汇报演出　　B. 比赛　　C. 考试　　D. 家庭联谊

E. 其他____________

8. 您觉得学生参加体育类的走班课程，需要坚持多长时间比较合适？（　　）

A. 一个学期　　B. 两个学期　　C. 三个学期　　D. 四个学期

E. 其他____________

9. 您觉得走班课程的学习时间如何安排更合适？（　　）

A. 每天放学后　　B. 中午　　C. 早晨

D. 每周二、四下午的自主活动时间

理由是____

10. 当学生给您讲他（她）参加走班课程的活动感受时，您的态度是（　　）。

A. 非常关注　　B. 应付了事

C. 不耐烦　　D. 让学生去和其他人说

11. 您认为学生学习之外最重要的能力是什么？（　　）

A. 交往能力　　B. 适应环境能力

C. 团队合作能力　　D. 做事能力

E. 户外生存能力　　F. 其他________________

12. 您对学校开设走班课程有什么好的建议或者能提供什么帮助?

____

____

感谢您的大力支持，最后在此向您表示诚挚的谢意!

第二节　我的课程我做主

走班课程的开设体现了以人为本的思想，实现了学生的多样性发展，是对当前教学要求、教学方式和教学平台的一次积极变革。我校走班课程各团队的组建，完全立足于学校实际和学生的需要。

一、解放思想，先行一步的选择

学生喜闻乐见的课程，就是组织形式灵活、充满乐趣的课程，如日常教学中的综合实践课。为让学生找到自己真正喜欢的课程，学校决定放手，试着解放思想，在体育、艺术领域进行走班课程试点。2011 年，我们先在四、五年级组织实施电声乐课程、乒乓球课程、书法课程。本着双向选择的原则，由学生根据自己的爱好和专长，在个人自愿申报、班级同学民主推荐、家长同意、班主任和指导教师总体协调的基础上确定相应团队成员。电声乐队、书法团队队员尽量由同一年级的学生组成，乒乓球团队根据需要可跨年级组建，由指导教师协同班主任落实。一个月后，学生可以根据自己的实际情况进行课程调整，再次选择后，学生至少要坚持一年的学习时间，从而确保了每一名学生的学习效果，同时充分体现了学生的自主性。通过一段时间的观察，我们发现学生明显倾向于健康、活泼的课程，并能积极参加。走班课程使学生不仅陶冶了性情，还锻炼了动手、动脑和交往的能力。

二、二次选择，全新的课程体验

过去课程是由教师执行的，现在课程是教师与学生共创的，课程教学不再是固定划一的。所以，在每学期开学前，学校会要求教师先将自己想开设课程的目标与任务、活动内容与形式、场地与器材要求等书面报到学校德育处，学校在科学论证的基础上进行审批。学校在剪纸班、舞蹈班、葫芦丝班、合唱班、朗诵班、科技班等的基础上，逐年增加学生喜欢的其他创新型课程，开设了跆拳道班、古琴班、电声乐班等。不断丰富的走班课程，给学生提供了自主选择的权利，让自主选择变得真实而简单。

“我今年想学门球，锻炼一下自己的反应能力。”“你们班报什么的多?”“老师，我想报名参加朗诵班和舞蹈班，您可以给我点建议吗?”……新学年开学的第一周，讨论选择怎样的课程是实验小学学生最津津乐道的事情。

开学第一天，学校会将本学期所开设的课程及报名要求下发到各个班级，供学生思考、选择。同时，班主任还会对学生不太熟悉的活动项目进行必要的解释，并提供一定的指导意见。若是学生有需求，还可以到相关的指导教师那里了解课程设置的意义、内容、学习方法等，进一步减少选择的盲目性。在充分的自我思考和与家长达成共识后，学生填写好申请表，交给班主任。此为第一次选择，即学生的单向选择。班主任负责将本班的报名情况进行统计，然后上交学校德育处，各走班课程的指导教师在开学后的第一个周三进行师生见面会，对报名的学生进行一次简单的测试，根据场地、器材、教学要求等，确定适合参加本课程的学生。没被选中的学生，还可以到同时申报的其他班去参加测试。若均未被选中，则汇报班主任，参加本级部开设的其他走班课程。此为学生的第二次选择，即学校和学生间的双向选择。

本着双向选择的原则，先由学生根据自己的爱好和专长自愿申报，然后由班主任和指导教师在总体协调的基础上确定相应团队成员。各团队成员尽量由一个年级的学生组成，特殊团队根据需要可跨年级组建，由指导教师协同班主任落实。学生一旦选定参加一个团队（或种类），至少要坚持一年的活动时间。若学生在学习过程中再次出现不适应的情况，经辅导教师和班主任的引导也无法协调的，学校会在每学期中间和寒假开学时，给学生提供一次再次选择走班课程的机会。学校尊重学生的自主选择，同时给予学生一定的教育引导。学校将走班课程学习时间定为每周二、四下午的第三节课（校园活动时间），并且固定在每学期开学的第二周开始学习。

三、调动资源，打造良好的课程品质

为了打造良好的走班课程品质，学校调动资源，做了如下的工作。

一是全方位提供硬件设施。学校坚持一室多用、高效利用的原则，投资改造了 20 个活动室，整合、改建了 15 个团队活动专用场，添置了有关走班课程教学活动的设备和器材。只要是有利于学生素质发展和技能培养的，学校都会尽力提供便利的平台。

二是加强师资队伍建设。指导教师是各活动团队的核心和关键，因而学校高度重视指导教师的选拔、培训和管理。除充分利用校内事业心强、有责任感、热心学生个性成长、在某一个门类具备专长的教师担任指导教师外，还广泛邀请社会上的专业人士担任相关团队的辅导员，并纳入学校活动团队师资统一管理。学校加强对指导教师的管理，明确指出指导教师要秉持人高为师、学正为范的信念，不断强化理论学习和技能提升，不断提高自身的修养。指导教师要认真履行辅导职责，根据团队性质、队员实际情况和训练特点，科学制订训练计划，重点规划阶段性活动，做到高起点规划、高标准要求、从严从细从实训练，做好每一次课程的记录，确保每一次活动的效率，力争通过走班课程使学生的素质得到提高，个性得以张扬，并力求在各级技能比赛或展示中脱颖而出。目前，学校共有活动团队指导教师 90 余名，其中外聘 10 名。师生在多姿多彩的走班课程中教学相长，共同提高了技艺和素质。

三是注重走班课程的研发和实施。走班教学打破了传统意义上的课堂学习模式，它以活动为核心，以实践为支撑，以学生为主体，以教师为主导，活动内容和形式完全由学生个体需求和团队性质决定，有较大的学习空间。以此为出发点，学校重视各类课程的研发，要求教师在通盘设计学期活动的前提下，研发能够凸显团队特点、符合学生实际、有一定深度和广度的特色课程，真正提升活动质量，打造学校特色。目前，各类课程或由教师单独操作，或教师合作攻关，或对知识进行整合，或对技能加以筛选，已形成特色鲜明、适用性强的校本走班课程体系。

第三节　师生共同成长的见证

新课程改革是一场关注生命，蕴含崭新理念，需要用崭新方式去解读、实践的现代教学革命，其突破点在于赋予了学校更大的课程管理自主权，给予了学校、教师、学生更大的发展空间，也为创办特色学校、培养多元化人才开辟了一条重要通道。为此，在推进新课程改革的过程中，形成自主发展、张扬个性的思想就成了我校的追求。学校立足于学生的需求、社会的需求、家长的愿望、教师的特长，注重分层推进，分类培养，努力完善走班课程体系，积极开发适合学生个性发展的课程，以实现我们的课程愿景——让课程走近学生，让每一个学生快乐学习、健康成长、幸福生活。

一、走班课程，精彩不只是一瞬间

每周二、四下午的大课间，诸城市实验小学的操场上、走廊里，都是行色匆匆的学生。因为每个人心里都装着自己的走班课程，都忙着“跑”向自己的“新班级”。

“我是新闻人”——小记者走班课程

小记者走班课程不仅对提高学生的观察能力、社会活动能力、语言表达能力、组织协调能力等颇有益处，还给学生提供了交流和社会实践的广阔空间。此课程旨在培养学生主动积极的学习态度，增强学生的实践能力，使学生养成制订学习计划和写总结的习惯；培养学生与他人合作学习的能力，使学生形成团队精神。

【教学目标】

1. 了解新闻的采访、写作、编辑，以及办报与摄影的基本知识。
2. 培养获取信息、处理信息的能力。
3. 培养团队精神和合作能力、实践能力、社交能力。
4. 培养克服困难、应对挫折的能力。

5. 培养策划、组织能力和责任感。

6. 激发对科学技术、社会调查的兴趣。

我校的小记者也是记者，但不是严格意义上的记者，因为他们都是学生。这里我们也可以用一句话概括小记者的含义：小记者就是专门为少儿报刊、少儿电台或校黑板报、校广播站、校电视台等进行采访报道的学生记者。衣明翠老师精心为学生设置了小记者走班课程。

诸城市实验小学小记者走班课程内容简表

基础知识	1. 了解记者的相关知识。	
	2. 介绍记者的“工作任务”。	
	3. 制订小记者团的纪律。	
基本礼仪	1. 自我介绍（开场）	1. 介绍自己来自哪个媒体，叫什么名字。 2. 说明采访的原因、目的。 3. 征求采访时间或询问采访对象是否接受采访。 例如，×××，您好！我是实验小学记者团的小记者×××，我想就“×××”这个主题采访一下您，请问您能接受我的采访吗？
	2. 电话礼仪	1. 礼貌用语：您好、请问、谢谢、再见、麻烦您。 2. 自我介绍并确定对方是不是自己要找的人。 3. 打电话的时间：办公时间（如周一至周五上午 8:30—下午 5:30），避开休息时间。 4. 采访场所：可约到餐厅、运动场等休闲场所进行采访。
	3. 着装礼仪和采访时的礼仪	1. 穿戴整齐、面容干净、室内不戴帽子。 2. 不穿短裤、背心、拖鞋。 3. 举止大方，声音响亮，语速适中，语调自然，不要出现背课文式的语调。 4. 表情放松，目光专注，说话时应看着对方，态度温和。 5. 无论什么时候都应以礼相待，哪怕对方出言不逊，自己也不应急躁。

（续表）

基本技能	1. 报纸制作过程	1. 记者采访、写稿。 2. 编辑改稿。 3. 总编签稿。 4. 编辑排稿。 5. 印刷发行。
	2. 工作步骤	第一步：搜集与采访有关的事实材料。 第二步：采访，寻找问题的答案。 第三步：写稿。 第四步：迅速向新闻机构发稿件。
	3. 小记者要具备的素质	1. 爱看报，勤思考，做好笔记。 2. 交朋友，爱提问，善于倾听。 3. 多练笔，勤写作，敢于发表。 4. 爱学校，爱家人，乐于助人。
	4. 采访要素	1. 什么是采访。 2. 采访的特点。 3. 采访的方式。 4. 采访前的准备。 5. 采访技巧。
实践活动	1. 文化主题活动	集体采风活动：恐龙文化、特色烧烤、历史名人、美丽诸城。
	2. 实践演练活动	与校园“四节”和各级现场会议紧密结合。
	3. 采访体验活动	定期为诸城人民广播电台、诸城电视台、《红领巾报》等推送稿件。

每学期，我们都安排社团进行集体采风活动，让小记者们了解极富地域特色的诸城文化，如恐龙文化、特色烧烤、历史名人、美丽诸城等，并针对活动内容和小记者团的特点进行不同的指导，形成不同的专题。每个小记者参加活动不只是简单地参观，还要查阅资料、采访、调查，并完成调查手记。

成长是在不断地实践中获得的，一学期仅靠一次大型的集体采风活动是远远不够的，我们还有很多依托本地资源的实践演练活动，也有很多丰富多彩的课外社团和主题活动。而这些，正是小记者锻炼能力、提高素质的练兵场。我们完全可以把这些阵地纳入该课程体系中，让小记者深入活动，采访报道，锻炼能力。只要指导者加以留心，每个星期都有这样的锻

炼机会。另外，我们还组织学生参观博物馆、图书馆。这些灵活多样的活动课程，为小记者提供了广阔的锻炼舞台。如果说实践演练活动，对小记者来说都是一些“小练兵”的话，那么深入媒体的采访体验活动，则是“沙场点兵”，考验的是小记者的真实本领。采访知名文化人士、参与重要活动报道、采写最新信息动态等活动本身就对小记者充满着吸引力，采访后完成的新闻稿还有机会在媒体刊出，对小记者来说更是非常难得的体验。

【实施要点】

1. 授之以渔，让学生自主发展。

小记者走班课程以兴趣发展为主，这就要求我们更加关注课程质量，让学生体会到学习的快乐，获得自主发展。课堂中，辅导教师要教给学生一些采访的基本技巧，让学生可以在实践中灵活运用。制度上，也要给学生充分的空间，让他们自主确定自己的发展目标。

2. 走向社会，让学生得到锻炼。

小记者走班课程不能只限于理论教学，学生的能力只有在实践中才能得到锻炼和提高。平时要尽量多地给学生创造锻炼的机会，让他们在摸爬滚打中成长。同时，这样的锻炼需要从扶到放，逐步展开。基础课程可以安排一些模拟练习，活动课程可以从最基础的实践演练开始，逐步过渡到需要更高能力的采访体验活动。

3. 打开“窗户”，让学生开阔视野。

我们要让学生了解一些在学校不能学到的知识、不曾听到的内容，开拓学生的视野，丰富学生的见闻，这样的课程才对学生具有吸引力，这样的课程培养出来的学生，才称得上优秀。在基础课程的教学中引入最新的实例，开展课程时把握时尚脉搏，这些都可以让学生站在更高的起点上，多元发展。

4. 关注心灵，让学生获得成长。

我们肩负着教育的责任，应该从学习者的角度出发，关注学生心灵的成长。不受应试教育的束缚，贴近学生的兴趣和心灵，正是走班课程的优势。课程实施过程中，教师要多和学生沟通交流，听听他们对课程的看法，和他们一起创设课程，同时要让学生自由地说出他们想到的东西，分享他们的信息和情绪。

银球舞动校园——乒乓球走班课程

我校是一所具有传统体育特色的老校，各项运动都开展得有声有色。我校开展乒乓球运动已有悠久的历史，氛围和教学基础非常好，师生参与积极性极高。历年来，我校乒乓球队在县、市都取得过优异的成绩。在新课程改革的契机下，我校将乒乓球列入校本课程开发项目之一。

学校根据体育教学理论知识的指导和专业体育教师多年的实践经验，参考各校校本课程的开发实施方案，得出校本课程的开发实施必须立足于本校学生的实际情况、学校的基本资源，因此我们先评估本校体育设施资源、学校人力资源等，再拟定课程方案，然后确定教学的方法，最后实施。我们探究出了一套具有本校特色的选才方法，并立足于前辈的珍贵实践经验，结合教师的理论知识和科学创新，摸索出了显有成效的教学模式。

诸城市实验小学乒乓球走班课程实施纲要

<table>
<tr><th>课程项目介绍</th><th>方　法</th><th>措　施</th><th>备　注</th></tr>
<tr><td rowspan="3">科学选才</td><td>1. 观察及调查法</td><td>1. 教师通过体育课观察学生的体型、模仿能力和身体协调性。
2. 教师通过日常课内外活动观察学生的心理素质、意志品质、运动兴趣等情况。
3. 教师通过其他教师了解学生的品质、学习成绩、家庭情况、家长的支持度等。</td><td rowspan="2">在开学第一周的师生见面会上及日常体育课中进行选拔。</td></tr>
<tr><td>2. 科学测试法</td><td>1. 颠球测试。
2. 推球测试。
3. 快速反应能力测试。
4. 速度和灵敏性测试。</td></tr>
<tr><td>3. 竞赛对抗法</td><td>每年举办一次乒乓球赛，经过公平公正的比赛，选拔出各年级男女学生的前五名参加专业的乒乓球走班课程学习。</td><td>在每年 12 月份的校园乒乓球比赛中进行。</td></tr>
</table>

（续表）

课程项目介绍	方 法	措 施	备 注
主要教学方法	1. 直观教学法	1. 动作示范。 2. 战术示范。 3. 比赛示范。 4. 观看电影和电视录像。	
	2. 语言提示法	1. 讲解法。 2. 口令和指示。 3. 口头评定。 4. 阅读校本教材。 5. “默念”和“自我暗示”。	
	3. 练习法	1. 模拟练习和辅助性练习。 2. 自抛自打练习。 3. 一推一攻，对推、对攻练习法。	
	4. 比赛法	1. 技术比赛。 2. 单个战术比赛。 3. 综合练习比赛。 4. 对打式比赛。 5. 适应性比赛。	

选择素质好的学生参加乒乓球学习班，体现了校本课程对学生个性发展的促进作用。让具有打乒乓球潜能的学生发挥潜质是走班课程的一个主要目标；让有兴趣的学生能喜欢上乒乓球运动，养成自我锻炼、自我激励的好习惯是走班课程的重要目的。以往参加县、市的比赛，选才对象以二年级以上的学生为主。现在，在学校大力支持走班课程的良好形势下，我们扩大选才范围，一年级的学生也能参与选拔。

如何实现走班课程开发的目的，使学生的身体和心理素质都得到健康的发展？如何提高课堂教学效率？这不是靠天天训练就能做到的。无论是技术、战术训练，还是身体、心理素质训练，都要遵循学习、巩固、提高，再学习、再巩固、再提高这一发展规律来进行，在此基础上坚持反复练习和经常复习。

随着乒乓球走班课程的实施，学生的身体素质得到了增强，反应能力、协调能力也得到了提高。此外，大多数学生还掌握了如持拍方法、推挡、正手攻球、脚步移动等基本技术，体验到乒乓球运动带给他们的快乐。在练习和比赛中，培养了学生团结协作、竞争、创新的意识；在外出比赛中，锻炼了学生的心理素质，增强了学生的集体荣誉感和社会适应能力。在潍坊市和诸城市的各级比赛中，我校获得团体第一名共计 11 次、个人第一名 18 人次。这些荣誉的获得，大大提升了学校的知名度，扩大了学校的影响力，并得到了市教体局的充分肯定。

“我是小小创作家”——Flash 动画制作走班课程

当今世界，信息技术的发展日新月异，引领着未来科技的发展。可以说，谁掌握了信息技术，谁就占领了未来发展的制高点。因此，及早对学生进行信息技术教育，激发他们的信息技术兴趣，培养学生的信息素养、创新精神和实践能力便显得尤为重要。Flash 动画制作课程的开设不仅能够帮助学生通过学习动漫设计，提高信息素养，还可以促使学生养成合理使用计算机的良好习惯，树立自觉学习、终身学习的理念，增强他们的科学素养。

课程的开设循序渐进、生动活泼、深入浅出、通俗易懂，必将为小学生了解和学习动画带来具有实际意义的帮助。

【教学目标】

1. 通过本课程的理论学习和实践学习，掌握 Flash 设计动画的一般方法和特点，了解 Flash 的基本功能。

2. 能够理解设计 Flash 动画的方法和技巧，并能够根据实际需要运用 Flash 8 开发工具自行开发设计简单的 Flash 动画。

3. 能充分利用网络形成的智能环境，提高浏览、查寻、搜集、获得、处理信息的能力，培养创新意识与创造能力。

4. 在获取基本技能的基础上，能从日常生活、学习中获取素材，并对这些信息进行创造性探索，熟练运用 Flash 8 进行加工，完成作品。

5. 通过基础练习、综合实践和能力拓展，培养动手实践能力，提高鉴赏能力和创造能力。

6. 培养积极探索、勇于创新、关注社会生活的良好意识，善于发现和捕捉学习与生活中的问题点、兴趣点和闪光点，创作出有助于理解课堂知识、开阔视野的作品。

【课程内容】

学生可以通过实例了解制作 Flash 动画的一般步骤，完成优秀的作品。制作动画的过程，可以使学生充满浓厚的学习兴趣。

自 2011 年来，我校就成立了由信息技术教师、美术教师、语文教师、音乐教师和科学教师组成的动漫实验教师团队。教师通过自学和参加各级培训，学会使用 Flash 等动画制作软件后，结合学校实际情况对学生的各方面情况展开了认真调查。调查发现：大部分学生爱看动画片，看过的动画片也很多，但对动画知识了解不多，对真、善、美也缺乏一定的感知；大部分学生的美术功底不是很好；学生很想自己动手做动画，对动画有浓厚的兴趣，但由于我校信息技术教材缺乏，学生没有接触过 Flash 制作软件，技术基础差。鉴于此，教师就把各班喜欢动漫而且有一定美术基础的学生先组织起来，形成动漫制作社团。最初活动时，先让学生欣赏各类有趣的图画和动画，尤其是历届全国中小学生电脑制作活动的获奖作品，以培养学生的兴趣，激发学生的学习热情和创作热情，然后以动画创作流程为基本体系结构，由不同学科的动漫实验教师轮流和学生一起学习 Flash 软件的基本操作、绘图的基本知识、编写动漫故事等。每次活动后教师都布置符合学生水平的作业并选择有代表性的作业进行整理、保存。我校还建立了动漫作品展示平台，组织开展动漫作品比赛，以激发学生的创作热情。

根据我校学生的电脑操作和绘画水平，其课程设置如下。

诸城市实验小学 Flash 动画制作走班课程内容简表

章节	目标	主要内容
1. 初识 Flash 8	1. 熟悉 Flash 8 操作环境。 2. 了解动画的制作过程。	1. 介绍 Flash 8。 2. 实例：运动的小球。 3. 实践：模仿制作运动的小球。
2. 逐帧动画	1. 理解制作动画的原理，了解 Flash 动画的分类。 2. 理解帧、关键帧、时间轴的概念。 3. 掌握逐帧动画的制作方法。	1. 概念介绍：帧、关键帧、时间轴、舞台。 2. 学习并掌握电影文件属性的设置方法。 3. 实例：跳跃的字母。 4. 实践：设计制作逐帧动画。

（续表）

章节	目标	主要内容
3. 形变动画	1. 理解层的概念，学习工具栏中文字等工具的使用方法。 2. 掌握形变动画的制作要点。	1. 介绍形变动画的制作要点。 2. 实例：变幻的字母与图形。 3. 实践：设计制作形变动画。
4. 运动动画	1. 理解元件、场景的概念。 2. 学习箭头、部分选取等工具的使用方法。 3. 学习运动补间动画的制作方法及要点。	1. 介绍运动补间动画的制作要点，插入元件的方法。 2. 实例：变幻的五角星。 3. 实践：设计制作运动补间动画。
5. 引导线动画	1. 理解引导层的概念。 2. 学习制作沿引导线运动的动画；学习影片剪辑元件的使用方法。	1. 介绍引导层动画的制作要点。 2. 实例：太阳升起与落下。 3. 实践：设计制作引导层动画。
6. 遮罩层	1. 理解遮罩层的概念。 2. 利用遮罩层制作特效动画。	1. 介绍遮罩动画的制作要点。 2. 实例：探照灯。 3. 实践：设计制作遮罩动画。
7. 交互动画	1. 理解“交互”的含义。 2. 建立按钮元件。 3. 设置简单的帧动作。	1. 演示交互动画的实例，介绍交互动画的制作要点。 2. 实例：按钮交互动画的制作。 3. 实践：仿照实例，制作按钮交互动画。
8. 多场景动画	1. 深刻理解“场景”的概念。 2. 学习制作多场景动画。	1. 演示多场景动画，介绍多场景动画的制作要点。 2. 实例：制作多场景动画。 3. 实践：将上一节中的动画以多场景的方式组合起来。
9. 综合实践：趣味动画设计与制作	综合运用所学技能，设计并制作反映一定主题的动画作品。	1. 简单动画：“地球自转”“飘动的文字”“镂空字”“激光字”“倒影效果”。 2. 交互动画：“吃不完的苹果”“闪动的光环”“用户登录页面”的制作。 3. 实践： (1) 选取上述范例模仿制作。 (2) 自选主题，设计并制作自己的作品。(结业作品设计)

【实施要点】

1. 选择恰当的教学方式。

在教学过程中，充分以学生为主体，以任务驱动为基本教学模式，举行竞赛、实例演示等学生感兴趣的活动，让学生在生动有趣的学习实践中掌握知识与技能，培养想象力与创造力。在教学中充分结合范例、操作练习、综合实践活动等，给学生营造学习情境，重视对学生学习方法的指导，并注重学生自主学习能力的培养。

2. 以人为本，才能搞好课程开发。

我们的教师，应该为学生的未来负责，让学生自主发展，这一切都贯穿着以人为本的办学宗旨。我们的课程开发，应该一切为学生着想，以学生为主体，这样才能达到我们的既定目标。充分相信学生，放手让学生去做，学生的综合素质才能得到提高。

3. 教学的生命在于创新。

创新，可以从教学内容、教学方法、教学手段等方面去考虑，但归根到底，要因地制宜，切合学生实际和学校条件，更应从执教教师的具体实际出发进行教学，这样才能产生实效。

一切创意由人而生，如果只有观念的转变和制度的创新，而没有极具创新能力的教师，换而言之，就是没有良好的培养学生创新能力的教学过程与方式，那么观念转变和制度创新只是纸上谈兵。

教师创新能力的培养，必须借助于广博深厚的知识功底，借助于现代信息技术。只有自己热爱学习，善于学习，才能思路开阔，反应敏捷；才能将知识融会贯通；才能开拓新思维，发现新理念，产生新创意，探索新途径，才不至于人云亦云，亦步亦趋；才能推崇独立思考，独辟蹊径。

让学生学动画制作就好比让学生学打篮球、踢足球、弹钢琴等，要逐步培养学生的兴趣。只要给学生学习的机会，他们就会做出一些令人意想不到的事情来。我们要扎扎实实开展动画教学，从小培养学生的创新意识和实践能力，为培养动漫人才打下良好的基础。

快乐天使——舞蹈走班课程

开设舞蹈课对少儿身心的健康、情操的陶冶、智力的开发和社会主义精神文明的建设，都起着重要的作用。少儿舞蹈反映着学龄儿童的生活、思想、感情和态度，因此在题材和内容上，在语汇、动作节奏和形式上都有其独特的特点。其实，在小学音乐教学中合理运用舞蹈元素，不仅能激活课堂教学，让学生以感觉的方式认识世界，提升智能，还能让学生以律动的形式锻炼身体，增强体能，提高创造能力，所以我校对舞蹈课较为重视。

舞蹈走班课程是学校培养学生艺术气质的一个传统项目，但同时又在学校的发展过程中、新课改的实践过程中有着创新，我校舞蹈走班课程的教学理念有以下几点。

1. 强化舞蹈审美体验。

审美体验是在审美过程中所产生的心理效应。在舞蹈教学的各项内容、各个环节中，应以情感人，创设艺术化的教学氛围，师生共同感受美、表现美、创造美，从而丰富学生的情感世界，培育学生高尚的情操和完美的人格。

2. 激发学习舞蹈的兴趣。

兴趣是学生学习舞蹈的动力，它的产生与保持，取决于学生是否能从舞蹈动作中获得美的享受。教师要根据学生学习舞蹈的认知规律，增强舞蹈动作的贴切性，创设生动活泼的舞蹈教学环境，对学生予以赞赏和鼓励，使学生的学习兴趣不断生成、强化。

3. 注重舞蹈的文化品位。

舞蹈蕴含了很深的文化内涵，具有相应的文化价值。舞蹈教育要以舞蹈文化渗透为主，注重舞蹈教学内容的人文性与时代感，形成多元文化，达到传承民族文化、拓宽学生艺术视野的目的。

4. 重视实践。

实践是培养舞蹈能力的基础。教师在舞蹈教学中应激励学生主动参加集体性、多样性、探索性的实践活动，让学生在活动中充分发挥潜能，获取知识。

5. 关注个性发展。

舞蹈教学应充分发挥学生的个性特点，使学生在舞蹈教学活动中获得自主发展的空间。

按照舞蹈课程的定位、性质及课改的新理念，结合教师的自身特点、学生的现有水平，我校制订了总体目标、阶段目标。在课程设置上将其定位于一种拓展性课程，适合低年级，以练基本功为主，学习简单的律动以及舞蹈。

【课程总目标】

1. 通过舞蹈实践活动，激发学习兴趣，为今后的舞蹈学习奠定基础。

2. 在自信、有表情的表演中，加强合作交流，既表现个体的水平，又体现群体的意识，增强集体责任感。

3. 在舞蹈训练、表演过程中，丰富情感，提高审美能力，进而促进人格完善。

4. 了解舞蹈的基本要素：动作的姿态、节奏和表情，掌握一定的舞蹈基础知识以及一些儿童舞、民族舞的基本步伐和基本动作，培养动作的协调性、节奏感。

诸城市实验小学舞蹈走班课程实施目标简表

目标	阶段	内容	方法
知识与能力	欣赏阶段	促使学生思维处于活跃状态，积极主动地去摄取知识，这是舞蹈教学活动中的第一阶段。首先通过整体欣赏，其次通过欣赏舞蹈动作，促进学生对美的认识与追求，从而激起学生的创新意识，使其产生创编欲望。与此同时，在优美的音乐中，学生全身心地沉浸到情感和情绪体验之中，受到春风化雨般的感染和陶冶。	欣赏、发现。
	模仿阶段	学生学习及掌握知识的阶段。通过教师模仿使学生了解舞蹈的思想性、艺术性，让学生的舞蹈想象力受到充分启发；通过模仿舞蹈的基本动作，使学生在生理和形体上得到发展；通过对音乐的感召力及对舞蹈知识的掌握，使学生充分肯定自我能力并充分表达艺术形象，从而激发表现欲。在此过程中，教师要创造各种各样为小学生喜闻乐见、富有情趣的教学内容，从而使其产生学习兴趣和动机。教师要让学生在“做中学”，在“学中做”，使学生初步学会创造性地解决问题，培养学生的创新能力。	示范、分解、组合等方法。
	学创阶段	充分发展学生个性，启发学生想象力和创造力的重要阶段，是学生将所理解和掌握的舞蹈知识加以巩固、应用并与拓宽延伸相结合的阶段。通过教师启发，使学生把教学活动与社会活动衔接起来进行创作，从而增强学生的知识运用能力。在此环节中，学生在“学中创”，在“创中学”，乐趣与知识的运用和创造相联系，也与学习过程中知识的丰富性和趣味性相联系，有利于增强审美体验，培养创新能力。	创作、表演。

（续表）

目标	阶段	内容	方法
过程与方法	低年级阶段	以基础形体训练和软开度训练为主。	表演、创编。
情感态度与价值观	初级阶段	加强合作交流，既表现个体的水平，又体现群体的意识，增强集体责任感。	训练、表演。
	中高级阶段	在舞蹈训练、表演过程中，丰富情感，提高审美能力。	创作、欣赏。

《拾稻穗的小姑娘》舞蹈走班课程教案

一、活动目标

1. 在熟悉音乐曲式和性质及初步学会舞蹈的基础上，启发学生尝试用铃鼓的不同敲法来表现舞蹈，动作符合节奏。

2. 激发学生的探索欲望，使学生发挥想象力。

3. 使学生在边敲边跳的过程中体验集体舞的欢快节奏。

二、活动准备

会基本舞步（进退步、踮步、踏步、小碎步）、图示谱。

三、活动过程

（一）感受音乐，复习舞蹈

1. 听前奏回忆乐曲名称。

2. 复习舞蹈。

师：让我们用好看的舞蹈把这首乐曲的活泼欢快表现出来。

（二）尝试用铃鼓的不同敲法来表现舞蹈

1. 出示铃鼓。

师：可以怎么敲？可以怎么摇？（学生说出一个方法，教师引导全体学生练习）

2. 出示图示谱。

师：哪里是敲，哪里是摇？（断断续续练习—完整集体配乐练习）

3. 学生尝试拿铃鼓跳舞。

师：大家拿着铃鼓和我一起跳，边跳边想想做什么动作时敲铃鼓，怎么敲？做什么动作时摇铃鼓，怎么摇？

（1）第一遍集体尝试边跳边敲。

（2）第二遍教师按舞蹈顺序提问，个别学生做出舞蹈动作，教师重复动作后，再集体练习。（重难点：敲肩、进退步摇、在头上方翻手腕敲）

（3）集体完整配乐练习2～3遍。

（三）节奏乐舞蹈的欣赏与练习

1. 请能力强的学生表演。

2. 集体表演。（创造性地模仿）

二、走班师生，成长不会是一眨眼

伽利略说过，真正的哲学是写在那本经常在我们眼前打开着的伟大的书里面，这本书就是宇宙，就是自然界本身，人们必须去读它。我校开发的一系列走班课程就是把学生带出课堂，带向社会，带向大自然，将丰富多彩的外部世界作为学生学习探究的对象。这样的走班课程学习，可以没有固定的教室。如对于学习科学探究走班课程的师生们来说，校园的玉兰树下比教室更温馨；对于学习小记者走班课程的学生们来说，校园的每一间办公室比教室来得更真实……这样的走班课程，可以没有师生的尊卑礼让，教师是和学生一起谈话的朋友，一起争论的同学；这样的走班课程，让教师和学生每天都在改变，都在学习和成长。学校的走班课程就是在这样和谐的师生关系中得以开发和生成的，它影响着日常教学的质量，促进了校园课程建设的良性循环。

1. 课程资源的整合在走班课程中实现。

传统的课程资源总是有形无形地拘于教材、教参，以“应试”为最终的目标总在影响着家长、学生、教师；适合学生动手实践操作的器材和场地没有得到足够的重视。走班课程的设置很好地解决了以上问题。

（1）优化配置课程资源。（场地和师资两种资源的配置）

走班课程改变了传统的课程资源供给模式和服务方式，实现了校内资源的开放共享，校内外资源的相互沟通、衔接，而且提高了课程资源开发、建设和利用的育人功效。如启真楼一楼的大厅，既是乒乓球训练场地，又是在此楼层上课的学生的活动场地。一室多用，拓宽了学生的活动空间。

（2）整合课程体系。

以学生的全面发展、个性化发展为需求，整合学科课程和走班课程，确立学科课程的基础地位，构建有特色、有层次、互为补充的走班课程。在整合课程体系时要注意处理好具有不同基础、不同层次学生的共性要求与差异性发展的关系，处理好不同潜质、不同兴趣学生的多样化需求与个性化发展的关系，还要注意分层次整合知识点，分领域设置研究性专题，分系列开展拓展性思维训练。如走班课程三、四月份整合的课程体系如下表。

走班课程	三、四月份课程主题		
	初段（低年级段）	中段（中年级段）	高段（高年级段）
涂鸦课程	春天的草地	春天的我们	春之序曲
舞蹈课程	小燕子（动作模仿）	我在春天	春
百灵课程	《小鸟，小鸟》	《春天在哪里》	《春之圆舞曲》
巧手课程	小燕子	春燕报喜	喜上眉梢
丹青课程	一去二三里	春天的诗	春天的词
科学探究课程	观察植物	春天的风向	暖春和倒春寒的研究

2. 学生的素养在走班课程中提升。

新课程的核心理念是学生是学习的主人，提倡学生开展自主、合作、探究学习。以这种学习方式构成的课堂必然蕴含着丰富的生成性资源，因为学生本身就是一个资源库，这个资源库的信息是最灵动、最富于变化的，具有即时性和创生性。学生不是被动接受知识的“容器”，他们不是空着脑袋走进课堂的，其原有的知识结构和生活经验使他们参与课程的“二次开发”成为可能。当我们确立了学生在课程中的主体地位以后，学生就不是课程的被动接受者，而是自己课程的开发者了。学生不仅有权选择教师提供的教材，而且有权决定学习的目标、内容和未来的发展方向，因此，他们也是自己课程决策的参与者之一。

第斯多惠提出，如果我们能重点培养人的天赋，那么人便会达到自己的使命，这种人将是幸福的，而且会创造幸福。学生的全面发展离不开教师的培养。走班课程让学生找到了成功的快乐，如选课成功的快乐，能力得到认可的快乐……五年级的王钰涵字写得不够漂亮，于是报了书法班，短短一个学期王钰涵的字就有了明显提高，他高兴地说：“我现在再也不用害怕别人看我的作业和试卷啦!”六年级的葛瑶，自从参加了学校的朗诵课程后，心理素质和朗诵技巧有了很大提高，2013 年还代表学校参加了诸城市举办的“学雷锋，做有道德的人”演讲比赛，取得了第一名的好成绩。用葛瑶同学自己的话说：“这一成绩的取得，是学校走班课程的老师的功劳。”

走班课程的实施，不仅培养了学生的自主选择能力，还大大增强了学生的自主规划能力和公共空间意识。在以往，一旦离开自己的教室，不少学生的公共责任感便降低了，而走班课程正好是培养学生文明素养的契机。因为在班级中，学生会自觉维护班级秩序，保护班级财产、爱护班级卫生，走班课程的实施使多间教室成为学生的临时班级，从而培养了学生的公共卫生意识和自我约束能力。经过走班，学生的公共意识和责任心大大增强，使学校的管理和教学真正做到了和谐统一。

3. 教师的价值在走班课程中实现。

教师既是教育教学资源的承载者和释放者，也是课程资源的开发者和利用者。新课程理念认为，教师本身就是一种教学资源，每个教师都是一个蕴含着丰富资源的极具个性的资源库。新课程改革通过校本课程赋予教师以参与课程开发与管理的权利，使教师成为课程开发的主体，这为教师提供了无限的表现与创造空间。为让每个教师在这场教学革命中找到自己发展的突破点，我校充分挖掘教师特长，为教师搭建发展平台，引导教师主动发展。

教师对教材的“二次开发”是课程实施的一个主要环节，课程实施是将新的课程方案付诸实践的过程，这一过程显然离不开教师的课程运作。美国学者古德莱德将课程分为理想的课程、正式的课程、领悟的课程、运作的课程和经验的课程五个层次。前两者是专家设计和教育部正式颁布的课程，属“应然课程”。后三者是“实然课程”。课程从“应然状态”走向“实然状态”，还需教师的运作，而这种运作主要是指教师对课程材料的“再加工”或“二次开发”。这其间不可避免地介入了教师的知识和经验，需要教师在具体教学情境中创造性地研究教学内容和教学方法。如负责剪纸走班课程的朱凤英老师，同时是二（7）班的数学老师。在开发剪纸课程资源的过程中，她将数学课程中“对称图形”的相关内容，及时添加到剪纸课程内容中，使学生在动手操作的过程中自然而然地明白了轴对称的意义，这样的整合受到学生的喜爱。负责小记者走班课程的衣明翠老师，还是三年级品德与社会教研组组长和任课教师，她根据自己的教学经验，带领教研组内的教师，将教材中认识学校、家庭这部分内容和小记者走班课程进行整合，确立了“分组学习”的调查模式，即走班课程中的小记者先行一步，在采访过程中熟悉学校的功能和主要管理人员，这些小记者回到自己的所在班级后，再带领组内同学做进一步的调查分析，在这一过程中教师成了真正的幕后“老板”。我们相信，每一名教师都能充分挖掘自身的资源，使之与教学内容有机整合，从而产生独特的教学设计，形成个性化的教学风格。我们欣喜地看到教师专业素养得到了提升，有力促进了教育教学工作的开展；教师的专业自信度得到提高，更加大气，更有品味了。

第四节　走班课程的坚守与创新

当走班课程得到了全校师生的认可，师生自主探究学习的氛围就会不自觉地融入课程文化中，成为课程文化中不可缺少的一部分。随着课程的深入，师生的共同行为就成了一种坚守。为让走班课程从坚守走向创新，学校制订了“激励调控，多元评价”的课程评价体系。

一、多元介入的评价体系

课程评价者是课程评价体系中的重要组成部分。我校走班课程的评价者由学生、教师、校级走班课程小组、校外评价小组组成，他们是课程健康发展的指引者。

教师是走班课程的开发者与实施者，也是走班课程的管理者与评价者。所以，教师评价，一方面是学校对教师进行走班课程开发与实施的评价；另一方面是教师对走班课程开发与实施的自我反思性评价。学校对教师的评价，重点指向教师开发与实施校本课程的教育理念和能力、教学手段和方法以及由此达到的教学效果。教师的自我评价，重点指向教师对自己的教育思想、教学方法、教学过程和教学效果的反思。通过评价与反思，促进教师业务水平的进一步提高。

学生是走班课程实施的参与者，也是教学过程的直接感受者。学生评价，既是教师对学生的评价，又是学生对课程和教师的评价。教师对学生

的评价，可以从学生对校本课程的参与度、学生在教学过程中的行为表现来进行。学生对课程的评价，可以从学生对某一走班课程的喜爱程度表现出来。例如，某一门走班课程，学生都不愿意参加，或者虽然参加了却没有积极性，这样的课程显然是不受欢迎的。值得强调的是，学生是学习的主人，他们最有权对走班课程的构建和教师的教学行为进行评价，所以一定要重视学生对课程和教师的评价。特别是课程建设的初期，让学生对课程和教师进行评价，就能得到第一手资料，这对调整和改进工作，有着非常重要的作用。

校级走班课程小组评价，主要是校内人员对走班课程的宏观评价，如走班课程设计是否合理、管理是否落实到位等。

校外评价小组主要由校外相关专家组成，其主要是从旁观者的角度对走班课程的方方面面进行评价，给出意见或建议。

这种多元化的评价体系，是学校对走班课程进行跟踪管理的一种方法。

走班课程的评价，应该以学校课程资源为基点，以开发与实施过程为主线，以学生发展为目的。在实施评价时，既要评价走班课程开发的程序和内容，又要评价教师和学生在课程实施过程中的行为，还要评价走班课程作为教育信息载体在学校发展中的作用。这就要求对走班课程的开发与实施进行全方位的评价，以评价促发展，以评价促提高，保证走班课程在校本课程中的整体推进，让每一个学生都得到积极向上的发展。对此，我校制订了走班课程的评价标准，它包括四个方面：课程设置评价标准、课程方案评价标准、课程实施过程评价标准、学生学习情况评价标准。

走班课程评价标准

评价标准	内　容
课程设置评价标准	1. 满足社会、地方需求：走班课程的开发应充分考虑到社会、地方经济发展对学生学识和能力的需求。 2. 促进学生个性充分发展：走班课程应尽量满足学生的兴趣和需要，促进学生个性特长的发展，为学生的可持续发展创造条件。 3. 体现教师特长和学校特色：应根据学校的传统和优势，充分利用学校现有师资和条件，努力促进教师教育教学能力的提高和学校特色的形成。走班课程要保持一定的延续性和稳定性，特别应体现教师的个性、才华，弘扬学校特色。

（续表）

评价标准	内　容
课程方案评价标准	课程方案评价的要素主要有课程目标是否符合学校的办学宗旨，目标是否明确、清楚；课程内容的选择是否合适，所需的课程资源是否能够有效获取，内容的设计是否具体而有弹性；课程组织是否恰当，是否符合学生身心发展的特点；课程评价的方式方法是否恰当；整个课程方案是否切实可行；等等。
课程实施过程评价标准	课程实施过程评价主要是对教师教学过程的评定。教务处、教科室通过听课、查阅资料、调查访问等形式，对教师进行考核，并记入业务档案。评价标准主要有五看：一看选择该科的学生人数，二看学生实际接受的效果，三看领导与其他教师听课后的反映，四看学生问卷调查的结果，五看教师的教学案例、教案等。
学生学习情况评价标准	学生学习情况评价主要是对学生在学习过程中，知识、技能、情感、态度、价值观、学习方法等方面取得的成绩做出评价，评价要有利于促进学生个性的发展。走班课程不采用书面形式的考试或考查，对学生的评价主要是发展性评价：一看学生在学习过程中的表现，如积极性、参与状况等，可分为优秀、良好、一般、较差等形式记录在案，作为“优秀学生”评比条件；二看学生学习的成果，学生学习成果可通过实践操作、作品鉴定、竞赛、评比、汇报演出等形式展示，对于成绩优秀者，可将成果记入其档案。

对学生参与走班课程的评价，要做好两个“统一”：一是统一记录学生参加的课程内容，二是走班课程学习评价指标要相对统一。这其中主要包括以下几点。第一，学习态度。主要考查出勤情况，以及是否积极、热情地参与学习。第二，学习的进步幅度。比如，学生甲参加儿童画走班课程学习，课余时间在专业美术班学习，因此水平较高；而学生乙也参加儿童画走班课程学习，但没有任何基础，在参加学习以后，积极性非常高，特别努力，进步较快。尽管甲、乙二人的水平相差较大，但都可以被评为“优”。第三，互助合作的情况。看学生之间是否互相帮助，彼此鼓励，共同提高。

此外，学校还采取行政人员集中听课、随堂听课的方式，关注常态教学情况。

在四个维度的评价体系中，要注重课程实施过程评价和学生学习情况评价。因为课程不仅是一种结果，而且是一种过程，更是一种意识。在课程实施过程评价中，教师与学生是评价主体。在学生学习情况评价中，要突出对学生学习过程与学习差异的评价。走班课程是针对学生发展需求而开设的，是为了促进学生的发展，所以采取注重过程的形成性评价更有利于了解学生的学习困难，帮助学生调控自己的学习过程，激励学生进一步提高自己的发展水平。在评价的方法上，教师可根据评价目的、评价内容的性质采取多样化的评价方式。如对于可测量的学习结果，可以采取考试、测验的方式进行评价；对于难以测量的学习结果，可通过作品展示、现场表演、实物制作、项目设计、对话交流等多种方式进行评价。同时，在评价过程中应考虑到学生个人知识水平和接受能力的不同，尽可能使每位学生都获得符合自己能力的进步，真正体现走班课程的价值。

二、对走班课程的反思

走班课程的开发丰富了学生的学习体验和学校的教育经验，为学生全面而主动的发展提供了课程保障，同时为学校文化建设注入了新的活力，成为培植校园精神文化的又一载体。

走班课程开发的流程，也是课程不断完善的过程，都要经历“了解—研究—开发—早期实践—观察—反思—再开发”的过程，在这个过程中，教师的课程理念逐步得到更新和提升，原有的知识结构得到延伸和拓展，师生的个人品质也日趋求真、务实。回顾我校走班课程开发建设之路，还需做好以下工作，以求不断创新。

1. 释放课程资源，加强课程管理。

现在我校走班课程的活动内容多以艺术类为主，课程资源的取材范围相对狭窄，下一步需要多从学生的生活实践出发，拓宽课程教学的思路，向科技活动、社会教育等方面发展。同时要做到：发挥教师策划、设计课程资源的作用，把学生已有的生活经验和学习阅历作为课程资源的微观背景与教学相链接，体现教学设计的针对性、过程性和建构性；充分发挥团队力量整合课程资源，鼓励同学科、同发展特长的教师集体创意、群策群力，共同研发、配置课程资源；充分发挥学校管理课程资源的作用，以课程资源整合与实践改变教师的学习方式和工作方式，体现教师的劳动价值和生命价值。

2. 加强课程学习，提升教师素养。

郑金洲教授指出，走向校本，将最终导致每一位教师走向自己的生活舞台，关注自己的生存空间和生活方式，更好地激发自身的创作热情，从而使学校生活和课堂更具活力，更有效率。教师应继续深造、学习，不能停留在原有的水平上，对学生的作品也要提出更高的要求，做到“精加工”“细加工”。学校层面上的师资培训要由粗放层面上的“外力灌注”转向哲学占上位的“内力发动”，发挥教师自身对课程资源的承载能力，培养教师的自我发展能力。

3. 完善课程评价，呵护师生的课程意识。

如果没有实施和评价，再好的课程、教材、教案都只是一纸空文。因为教学过程从某种意义上说，是教师的个体劳动。教学过程又是一个复杂的科学性、艺术性的劳动，教师在实施新课程过程中与学生相互依存、相互促进、共同发展。教师和学生是课程的主体和创造者，课程是由教师真正讲授的内容和传递给学生的内容组成的，是教师根据自己的知识、信念和态度进行解释的课程。课程要实现其社会功用，有赖于教师和学生的课程实践过程，既取决于教师对课程的重构，又取决于学生对课程的适应。所以，学校要爱护师生在走班课程开发中的课程意识，建立合理的课程评价体系。

在走班课程整合实践探索中，陶行知先生“生活即教育”“社会即学校”“教学做合一”的教育思想在我校得到全力实践，使学生的学习生活和人格发展得到了积极关注。学生在一次次的选择中了解自我、明确志向。走班课程的开发，促进了师生教与学关系的转变，促进了知识呈现方式的转变，促进了教学过程和方法的转变。走班课程的开设得到了学生、教师和家长的欢迎，每个人都从中感受到了成功的喜悦，而成功的体验不断累积，就会形成一种习惯，形成一种持续发展的能力。

虽然课程的意识、课程的智慧在走班课程的开发实践中离我们越来越近，但我们深知，走班课程的建设任重而道远，只有起点，没有终点。

第六章

课程实施，学校教育目标的落实

课程实施是通过教学活动将新的课程计划付诸实践的过程，而新的课程计划通常蕴含着对原有课程的一种变革，课程实施就是力图在实践中实现这种变革。这就要求课程实施者做出一系列的调整，包括对个人习惯、行为方式、课程安排等进行一系列的创新组织。在这期间，还需要相关的规章制度“保驾护航”。

课程实施是实现育人目标的基本途径，没有课程实施，学校的教育目标就无法落实。我国的课程理论起步较晚，在以前的课程实施过程中，人们对其认识不足，往往只停留在感性的层面，认为课程实施就是严格执行课程计划，就是以课程设计者为中心，单方面地要求教师通过自身的努力，准确、客观地理解课程设计者的意图。而哲学理论认为，课程实施的目的不再是试图恢复或符合课程设计者的意图和主旨，不再是试图重建或符合文本（课程内容）的原意，而是师生和课程设计者间的相互对话、理解和视界融合，是课程意义的创生和师生精神的成长。

这里的“视界融合”，不是指以任何一方为中心，也不是使其中一方牺牲自己的前见或视域而进入并投合另一方的视域的融合，而是双方基于相互尊重的前提，在活动中相互倾听、相互理解、相互走进式的融合。教师和学生的视界是各自在基于自己的知识背景、生活阅历、思想观念等所形成的成见的基础上看问题时所达到的具有一定范围的视域。因此，他们的视界是不同的，只有当解释者的“先见”和被解释者的内容能够融合在一起并产生意义时，才会存在真正的理解。同时，师生在课程实施过程中和课程设计者的视界不断融合从而产生新的理解，进而使课程呈现出新的意义，这个融和、产生和呈现的过程就是对课程实施的解释过程。在这期间，教师不仅是课程实施中理解和解释的纽带，更是课程开发和实施的主体。因此，课程实施是否成功，教师起着决定性作用。

第一节　课程实施中的“后现代”课程观

何谓“课程观”?

这是一个看似容易却很难回答的问题。在这里，我们尝试把它理解为

关于课程的观念，即对课程的各种认识和看法的总称，包括对课程的概念、课程的编制、课程的实施、课程的评价等各个方面的认识。不同的课程观往往体现出不同的课程价值取向，并形成不同的课程形态。更为重要的是，不同的课程观往往隐含着不同的课程思维方式，它直接或间接地影响着人们对于那些重要的课程问题的思考和解答。同时，也影响新课程改革的顺利实施。

现代课程观认为，知识是预设的，可确定的，教师只是知识的传递者。教师更多地扮演着知识、技能、道德规范的传承者的角色，其目的是将学生最终纳入现有社会体系，培养成符合标准的“社会零件”。美国大学教授小威廉姆·E. 多尔认为，后现代课程具有构建性与非线性特点，课程在开放、互动、共同的对话中形成与发展，师生是平等的，教师的作用并没有被抛弃，而是得以重新构建，以另一种更重要的形式出现。教师不再是既定课程的“操作工”，而是广泛地参与到课程目标的设定、课程内容的选择和实施、课程评价的把握等整个课程开发的过程中去，真真正正成了课程开发与实施的主体。随着新课程改革的不断深入，课程观逐步迈入了后现代，下面我们主要从教师的角色转变来进行分析论证。

一、教师是课程实施中的开发者和优化者

在传统的教学中，教学与课程是彼此分离的。教师被排斥于课程之外，教师的任务只是教学，即按照教科书、教学参考资料、试卷和标准答案等去教学，教师成了教育行政部门各项规定的机械执行者，成了各种教学参考资料的简单照搬者。

多尔以其宽广的视野、独特的思维将后现代框架应用于课程领域。他吸收了广大学者的理论与思想，构建了自己的后现代课程理论。“自组织”是其理论基础，这种作为过程的课程具有构建性和非线性的特点，文本、读者、教师、学生、体验、意识等都构成了课程本身。多尔在运用后现代主义所提出的观点、原则、问题与方法考察课程领域后，提出了“4R”说：丰富性、回归性、关联性、严密性。

丰富性。指课程的深度和意义的层次具有多种可能性或多种解释。多尔认为，为了促使学生和教师发生转变和被转变，课程应具备适当的不确定性、异常性、无效性、模糊性、不平衡性、耗散性与生动经验。

回归性。回归性通常与教学的重复运算相关。在重复中，一个等式一次运算的结果是另一次运算的输入，于是一个公式便一次又一次地运算下去。如在 $y=3x+1$ 这个算式中，y 等于 4（如果 $x=1$）成为下一个 x，然后新的 $y=13$ 又成为下一个 x，如此这般重复下去。在这种重复中，既具有稳定性又具有变化性——公式不变，变量在改变。在回归性的课程中，没有固定的起点和终点。如著名教育家杜威所指出的，每个终点就是一个新的起点，每一个起点来自于前一个终点。

关联性。关联的概念对后现代转变性课程在两个方面具有重要意义：教育方面和文化方面。前者可自然地称之为教育联系，主要指那些课程中的联系；后者可自然地称之为文化联系，指那些课程之外的文化联系。两者往往互相补充。

严密性。多尔认为严密性是以上四个标准中最主要的一个。严密性，即概念的重新界定与诠释同不确定性联系在一起，强调不要过早或最终以一种观点的正确而结束，而是要将所有的观点投入不同的组合之中。在此，严密性意味着有目的地寻找不同的选择方案、关系和联系。

课程的丰富性、回归性、关联性意味着课程是开放、复杂、转变的。课程已不再是具体编制的教材，不再是脱离教师、学生和情境的知识的简单组合，不再是他人简单排列的、序列化的步骤材料，它的含义已远远超越现代课程。

在这种丰富的课程网络上，教师仅仅是各平等因素中的一个，是网络上的一个点，但却是一个关键的点，是平等因素中的“首席”。要在这种复杂的网络中达到相应的教学效果，教师的作用不是降低了，而是对其提出了更高的要求。在课程变化过程中，教师必须随时对课程进行建构与解构，提前走在学生还没有看到的地方。首先，教师要有强烈的课程参与意识，发挥课程变化的主体作用，积极主动地生成文本，促进课程向有利于教育的方向发展。其次，教师要有转变课程的技能，了解课程开发的特点，随时优化课程结构，熟悉与掌握课程自组织中的可能情况和突变情况。因此，教师是课程的开发者与设计者，也是课程实施的优化者。

本次课程改革确立了国家课程、地方课程、校本课程三级课程管理体系，赋予了教师参与课程开发和课程管理的权利。这就要求课程必须与教学相互整合，教师必须在课程改革中发挥主体性作用。教师不能只是成为

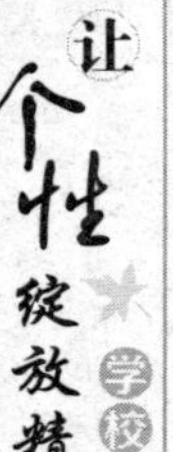

课程实施中的执行者，更应成为课程的建设者和开发者。为此，教师要了解和掌握各个层次的课程知识，包括国家层次、地方层次、学校层次、课堂层次和学生层次，以及这些层次之间的关系；教师要提高和增强课程建设能力，使国家课程、地方课程在学校和课堂实施中不断增值、丰富并完善；教师要锻炼并形成课程开发的能力。新课程越来越需要教师具有开发本土化、乡土化、校本化课程的能力，需要教师能够充分利用各种课程资源，包括校内的、校外的、网络的、显性的、隐性的、自然的、社会的、文字的、实物的、活动的、信息化的，等等，结合当地实际，寻找其本身对学生有益的问题，实施校本课程的研究和建设；教师要根据教学目标、学生的特点和班级的实际，恰当地选择课程方案与教材去实施教学，选择教材和教具设计教学过程；教师要培养对课程进行评价的能力，学会对各种教材进行评鉴，对课程实施的状况进行分析、对学生学习的过程和结果进行评定，从而优化新一轮的课程实施。

二、教师是教学过程的组织者和反思者

后现代课程观下的教学过程是面对丰富、不确定的网络式课程而展开的多向互动、动态生成的过程。它强调系统的开放性、自组织性、创造性，注重过程，强调不确定性，重视师生互动及对话。在这种联系的、互动的课程中，教学过程中真正的知识或观点不是预设的，而往往是在“未经探索的联系中”、在“半遮半掩和半透明的可能中”逐渐创造出来的。多尔认为，自组织的结果有两种走向，一种是有意义的，能保持会话的继续，为再发展提供动力；另一种“可能导向某种混乱，这种混乱并不会引导我们走向新的和更为复杂的秩序，而是导向毁灭的深渊”。

作为教学过程中影响课程发展的主要因素之一的教师，不仅会影响教学过程的走向，而且决定了教学过程的效果。如果教学过程中出现偶发事件，课堂秩序失控，课堂教学就会出现浪费时间、低效率、低水平等现象，解决这一问题的关键在于，教学过程的主要干扰者之一的教师在教学过程中要善于发现问题，做出判断，及时进行组织和引领；对过去所采用的行为进行及时的建构或解构，迅速判断当时的情景，提出解决措施，“建构一种过去、现在和未来的经验都联系起来的网络”；通过反思在促进课程不平衡产生的同时也要限制这种不平衡，不让它变成不可控制的一种破坏，甚

至是毁灭，以保证下一步更好地实施课程。

传统教育文化的特征主要体现在它的“独白式”教学，其实质就是“灌输式”教学，并以这种教学控制整个教学过程的逻辑、机制和使命。在“独白式”教学中，教师教，学生被教；教师无所不知，学生一无所知；教师思考，学生被考虑；教师讲，学生听——温驯地听；教师制订纪律，学生遵守；教师做出选择并将选择强加于学生，学生唯命是从。教师作为布道者和知识的代言人，向学生传授“经世致用”的知识。学生作为知识的接受者，主要任务是完完全全地、被动地接受来自教师所传授的知识。教育变成了一种储蓄行为，学生是保管人，教师是储户。教师根本不用考虑课堂上的偶发事件，不用考虑学生的内心反映，教学完全以教师为主体。

新课程强调，为了革除传统教育的弊病，凸显教学的真正意蕴，发展学生各方面的能力，教学应是教与学的交往、互动，是师生双方的相互交流、相互沟通、相互启发、相互补充，在这个过程中，教师与学生分享彼此的思考、经验和知识，交流彼此的情感、体验与观念，丰富教学内容，求得新的发现，从而达成共识、共享、共进，实现教学相长和共同发展，彼此形成一个真正的“学习共同体”。在这个共同体的学习过程中，作为课程的实施者，教师应按照自己的活动方案进行课程实施，面临千差万别的学生和千变万化的教育内容，教师要随时关注会话的进展，时刻关注学生的变化，并做出相应的反思与调整，做到因材施教，成为教学过程中的引领者，成为平等关系中的“首席”。

三、教师是学生学习的参与者和促进者

一直以来，课堂上都强调教师是教学的主体，但主要局限于学生接受知识的积极性、主动性上，传统的学习方式把学生的学习建立在人的客体性、受动性、依赖性上，学生是纯粹的接受者，他们习惯于一切听命于教师，接受教师的安排，教师就是知识与经验的“代言人”。这不仅导致学生的主体性、能动性、独立性不断消失，而且使学生在面对剧增的知识时无所适从。这些旧模式对学生的影响显而易见，甚至会在学生的成长与发展中留下终身的遗憾。

多尔认为，在一个“富有想象力的领域”，对知识的探讨的过程中，学生不是去发现已经存在于某处的事实，而是通过多种形式去解释“上帝微

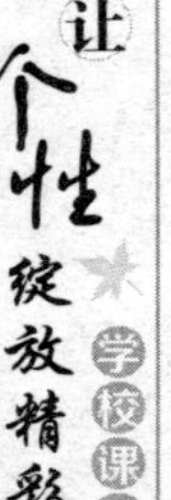

笑的回声”，就是说学生的学习是师生通过不断对话而探究未知领域的过程，在不断探究的过程中，学生的学习能力得以提升。多尔在吸收杜威的“做中学”观点与施瓦布课程范式中的积极因素后，提出后现代课程中学生学习的本质是实践的理论，他主张理论应当植根于实践并发展于实践。实践教学是建构在学生已有知识基础上，始于问题，终于问题，围绕“产生问题—解决问题—产生新问题”的循环式学习。在此过程中，学生自主选择学习方式、参与发现学习资源、阐述自己的问题、决定自己的行动路线、承担自己选择的结果，在自我学习中其内在能量得以释放，真正成为学习的主人。

由于情境是复杂多变的，课程的严密性又要求防止课程变得弥散，考虑到学生受制于自身身心发展的规律，不足以保证在自我学习中不使学习走向弥散，因此在展开学习过程中，教师就应该以学生为主体，充分启发和调动学生积极参与教学活动，彻底改变一讲到底的做法，引导学生自己去研究问题、分析问题、解决问题，以提高学生的认知兴趣和求知欲望。同时，教师应给予适当点拨，多组织一些讨论与交流，使每个学生都有展示自我的机会。在教学时，教师要对学生的学习给予及时的指导。指导学生如何自我学习，提供给学生个性化的学习方法；指导学生如何提问，帮助学生形成合理的知识结构；提供合适的活动场景或问题，组织良好的教学方式（如探究式学习、模仿性学习、合作性学习等）展开教学，促进学生较快地发展。

在新课程理念指导下，教师实施课程的过程不是被动地接受课程思想的过程，而是教师与课程设计者在各自视域的基础上，达到共同理解，根据学生特点，形成可实施的方案，然后在课堂教学中，把学生当作学习的主人，师生通过对话，共同探讨课程文本，构建其自身不同的理解，最终形成新的意义的过程。只保持“对话”的继续是不够的，教学过程的最终目标是实现学生的和谐发展。为了保证教学过程的高效性，必须让学生能积极自主反思，积极与文本对话，创造出更多的灵感。在这一过程中，教师要进行课程设计，然后通过与学生“对话”，使课程的内容和价值得以重构。在这个视域融合的过程中，教师要不断地反思、调整，从而促进课程知识的转化，促使学生不断获取新的知识。

在传统教学中，教师和学生之间是单纯的传递和接受的关系。新课程改革实施以来，学生学习的促进者是教师最明显、最直接、最富时代性的角色特征，是教师角色特征中的核心特征。面对现代科学知识信息量大且发展快、学生获得知识信息的渠道多样化的特点，教师应从过去"知识传授者"这一核心角色中解放出来，通过激发动机、提供支架、提供必要的辅导，支持和示范等方式来促进学生的学习，使学生学得更深入。教师从教学中的"权威"变成"合作者"，从传统的知识"传授者"转向学生发展的"促进者"，真正从"独奏"成为"伴奏"，从"主角"成为"导演"。

四、教师是"社会大课堂"的协调者

在传统教育教学中，学生的学习基本上被圈定在书本知识范围内。学生对所学习的知识了解和掌握得越多，就越能获得良好的"成绩"，也会得到教师的表扬和家长的肯定，反之，就会遭到教师的批评和家长的否定。在学生的成长过程中，生活世界被严重地剥离，科学世界成了学生的唯一生长家园。于是，人与人、社会和自然之间就出现了空前的危机，教育过程的丰富性已被冷冰冰的知识传授和理智训练所代替，人的主体性受到排挤和摧残。

从现代课程观层面看，人们对于学校教育，在观念上也出现了一些误解：过分强调组织化的、有序化的学校教育的特有作用，学生只能在学校里学到东西，然而学校却有忽视甚至脱离社会教育的倾向。

教育历史发展的逻辑已经证明，科学世界和生活世界应始终交织在一起，冷落任何一方的教育行为，都将是异化的教育行为，都会对人才培养和社会发展带来消极的影响。随着社会的发展，学校渐渐地不再只是社区中的一座"象牙塔"而与社区生活毫无联系，而是越来越广泛地同家庭、社区乃至整个社会发生各种各样的内在联系。一方面，学校的教育资源向社区开放，参与社区的一些社会活动，尤其是教育活动。另一方面，社区也向学校开放可供利用的教育资源，参与学校的教育活动。学校教育与社区生活甚至社会已构成学生成长的"大课堂"，这使学校与社会发展相结合，教育与经济相结合，建立起来一个多层、多维的立体网络教育体系。新课程改革特别强调学校与社区的互动，重视挖掘社区的教育资源。这种情况下，教师的角色相应地也要求变革。教师的教育工作不能仅仅局限于学校和课堂了，教师不仅仅是学校的一员，也是整个社区的一员，是整个社会教育、科学、文化事业的共建者。

多尔所倡导的后现代课程观并没有提及学校教育与社会教育的问题，但从后现代课程的组成要素以及课程的丰富性、回归性、关联性看，多尔提倡的课堂一定是把学校教育、社会教育与家庭教育融为一体的社区课堂。在这个社区里，不仅包括生成的知识，还包括诸如行为规范、社会制度、风俗习惯、宗教信仰及前辈留下来的历史文化知识，以及如何管理社区各种不同性格、不同需求的人。社区教育的真正目的是关注人的生存，使人成为人，而不仅是为学生提供知识，发展其认知，更主要的是把一个人在体力、智力、情绪、伦理各方面的因素综合起来，使之成为一个完善的人。社区不仅承担着教学功能，还包含社会道德教育的功能，促进学生的社会化，使之形成良好的道德规范以及维持社区发展所需要的知识与行为规范。

教师队伍在社区教育中是一支不可忽视的力量，他们不仅要具有丰富的教育理论，还要有一定的实践能力，要有协调社区各因素的能力，能教会学生如何在实践学习中与社区各种各样的资源发生作用，教会学生在实践中如何正确对待发生的事情。他们不仅要协调校内其他学科的教师、学校领导、实验员和图书管理员等，还要协调社区中家长、参观社区服务等活动地点所涉及的管理者。从另一种意义上讲，这也是在真正落实我国著名教育家陶行知所倡导的“生活即教育”“社会即学校”“教学做合一”的教育理念。

通过对教师角色的对比分析我们不难看出，新课程改革与后现代课程观在很多方面不谋而合。在后现代思潮的影响下，教师的教学观念和教学行为发生了可喜的变化，学生的学习方式和方法都有了根本性的转变，教师为自己脱下了权威的外衣，学生则进入“自由的王国”，彼此间能友好相处、坦诚沟通。在课堂教学过程中，学生也不再仅仅是知识的被动“接受者”，而更多的是知识的自主构建者。学生的学习动机得以激发，学习兴趣得到培养，学习乐趣显著增强。不同的个体丰富了思想，更新了知识，培育了个性，提升了精神，课程也因此实现了构建与生成。在多尔的课程理想中，教师在教学过程中是“平等中的首席”，这种教师观是对传统教育中教师绝对权威地位的彻底否定，事实上教师的作用不但没有被抛弃，反而得以重新构建，从外在于学生的情境转向与情境共存，并成为一个重要的组成部分，教师的权威也转入情境之中，教师成为内在于情境的组织者、探究者，而不是外在的代言人、传言者。这一转换不仅没有降低教师的作用，相反却赋予了教师更为崇高的使命。

课程观已来到后现代时代！但人们对后现代课程观所确定的教师的角色与后现代课程一样都充满着期待，后现代课程观所普遍持有的过渡批判、怀疑、解构，评价的多元化以及不确定性、偶然性等方面的过渡推崇，除给人以振奋外，也让人觉得其存在着偏激和否定等问题，教师有时可能会无所适从。因此，课程实施完全进入后现代将是一个漫长的、逐渐接近的过程。

第二节　课程实施中的制度创新

课程改革的核心环节是课程实施，而课程实施的基本途径是课堂教学。若想落实课程改革的要求和理念，课堂教学改革就成了课程改革的重点。在新课程改革不断推进的今天，如何保持课堂教学与时俱进，更好地促进师生的发展，从而永具活力呢？制度创新至关重要！好的制度可以保证学校建立起良好的校风、教风、学风，保证学校朝着既定的目标发展，它也必然是促进课堂教学朝向理想境界的保障。

任何制度的形成和使用都不可能一成不变，因此，随着时代的发展，面对具体的变革，我校结合学校教学的实际情况，围绕学校整体发展规划和“幸福快乐教育”的办学理念，以促进学校可持续发展、教师专业成长、学生健康幸福成长为目标，以教学改革为核心，广集意见，对原有的规章制度进行了必要的整理和修订，废除了与学校发展不相符的旧制度，补充了部分新的制度和内容，使修订后的学校规章制度更加完善、科学，从而更好地为教学服务。

一、形成“三级”校本培训制度

一所学校要想获得跨越式发展，其内涵和根基必定是教师。为了确保课堂教学改革的有效展开，确保素质教育落到实处，我校把教师队伍自身的建设放在首位。首先是把以前的校本培训制度进行了改善，开发形成了

“三级”校本培训制度。这三级指教师个人、校级、校外，并分别形成了三项分制度。

1. 教师个人自修制度。

制订了“四专”自修模式，即专业读书、专业写作、专练基本功、专题研修，这四项内容是教师专业成长的基石。

“专业读书”应成为教师生命的一部分。教师要努力做一个有文化、有思想的人。自觉读书、走进经典是教师力争成为有文化、有思想的教师的最有效途径，因此，学校提倡教师要多读经典，浸润身心。为了促进教师专业发展，学校要求教师一学年最少读四本教育专著，其中，学校提供一部分必读书目。每月读两本教育期刊，在学习过程中要做好读书笔记，对照并反思自己的教学行为。为了保持教师的读书热情，学校会定期组织学习读书笔记展览、读书演讲、读书明星评选、业务理论考试等活动，业务理论试题分为文化构建、理念解读、心灵碰撞、读书心得、学科素养五大版块，成绩计入教师个人量化考评。

“专业写作”应成为教师的一种生活方式。许多教师拥有丰富的教学经验，却因为没有被记录下来而慢慢淡忘了，或者以片段形式存在而难以构成自己的教育风格。虽然写作不是教师的职业要求，但教师的职业从来没有离开过写作，没有写作能力，教师专业能力的发展将会受到极大的影响。因此，相关制度中规定教师在读书的过程中要写读书心得；教学时，要写教学反思，结合课堂教学每单元一反思，写在执行教案上，每周一篇随笔存入自己的电脑，每月上传一篇优秀案例，学校每月评选优秀随笔张榜公布，每学期上交一篇与教学有关的“金点子”案例。通过写教学反思来修正、弥补过去的缺憾，把昨天的难点、憾点变成今天的焦点和明天的亮点，鼓励教师展示自己的反思成果，生成个性化的教学智慧和风格。同时，学校将把优秀的随笔结集出版。

学校还提倡教师通过“心语”随笔——心灵的沟通，加强师生之间的情感交流，体验教学相长的乐趣；通过“延伸”随笔——生活的写照，促使师生主动去观察生活，思考生活；通过“创新”随笔——思维的火花，及时发现教师和学生思维过程中的闪光点，培养师生的创新意识和创新能力，激发学生的创造力，提高教师的专业水平。

“专练基本功”应成为教师每天的必修课。这要求教师提笔就是练字时，做好学生的表率，每天坚持练“三笔”字，即毛笔字、粉笔字、钢笔字，音体美等专业教师要利用平时强化内功。所有教师都要跟上时代发展的步伐，学习信息技术。学校定期组织各类基本功比赛，并将成绩纳入教师个人量化考评。

“专题研修”应成为教师接触先进教育教学理念的主渠道。专题研修主要指山东省教师远程研修和教研室组织的各类网上研修，教师应认真学习，学校会根据研修情况评选优秀学员和优秀研修组长，研修成绩也会计入教师个人量化考评。

2. 校内培训制度。

一是确定每周周三下午放学的时间为统一的学科组业务培训时间，具体分为三个大组：语文组、数学组、综合组，学校将本着求真务实的原则，围绕“提升课程执行力”和“提升教师教学素养”两项主题，针对学科教学，精心策划、周密组织、开展活动，为教师的专业化成长创设条件、搭建平台，全力打造一支师德好、教艺精、底蕴厚、发展快的教师队伍。二是确定周六上午为统一的全校集体活动时间，主要内容为传达教育局及学校教研文件精神，学习领会相关教学理念，介绍外出学习经验，对开展的各项活动进行阶段性总结，观看优秀课例，推荐优秀做法，请专家到校做报告等。关于这两项培训，学校将统一发放活动记录表，教师可以根据具体内容做好活动记录和反思。学校将针对教师出勤率和参与、记录情况进行个人和教研组评比。

3. 校外培训制度。

学校积极组织教师参加上级的各类培训。教育干部或教师凡是外出学习考察或者培训的，结束后 5 天内形成考察报告或者培训体会，报校长审阅，以供校长批转或大会交流，考察报告由教务处负责收集保存。凡外出培训的教师回校后都要对其他教师进行二次培训，以达到资源共享。同时，学校会出资鼓励教师学历进修。

“三级”校本培训制度，形成了“个人—学校—校外”三位一体的培训模式，激励教师自我约束，向名家学习，向教育家要理论，紧密结合自己的教学实践，求实共进地提升自己的教学与理论水平，使教师品尝到学习的甜头，更加理解“活到老，学到老”的幸福内涵。“三级”校本培训制度对业务理论提升有要求、有评价、有鼓励，教师应从制度的约束逐渐走向

自觉行动、内心需求，以促进业务学习经常化、制度化和规范化，为课堂教学改革提供源头活水。

二、构建“一体化”科研制度

苏霍姆林斯基说：“如果你想让教师的劳动能够给教师带来乐趣，使天天上课不至于变成一种单调乏味的义务，那你就应当引导每一位教师走上从事研究这条幸福的道路上来。”

陶行知先生曾经说过，对于教育问题，用分析的、客观的方法研究。将大问题分析为数十数百个小问题，每一个小问题至少有一人继续研究办理，如是，即使大问题也不难解决。

因此，学校要坚持把教学中的问题生成课题，把教研作为学校科研的基本形式，围绕学校教学中优先要解决的问题，衍生成学校的课题，之后教研组可以围绕学校课题结合年级、学科特点制订组课题，最后个人依据教研组课题选择一个小点进行个体研究，即小课题研究。这样就形成了学校、教研组、个人课题研究的一体化的教科研局面。为了较好地使学校课题研究工作和谐、有序、高效地开展，学校建立了一套能够激活学校课题研究活动的管理机制，让“大课题搭台，小课题唱戏”，大小联动，上承下接，整体推进。

1. 学校层面的科研制度。

学校成立行政领导组实施项目管理，组成学术委员会进行技术指导，成立核心研究团队进行核心研究，同时这几个组织也要负责科研课题招标，组织教研组自主申报、定期评估、案例解读与交流展示，科研课题奖励与推介等。

2. 教研组教研制度。

教研组集体研究是校本教研的标志和灵魂。教育研究的起步首先是课题的选择及设计，小课题组应以本组的发展需求为出发点，以解决教育教学中需要迫切解决的问题为选题方向，选择具有一定研究价值、操作性强的、有实效的小课题。教研组的教研制度包括以下几方面。

选题：教研组长带领组员，以本组发展需求为出发点，以解决教学中需要迫切解决的问题为选题的方向，选择具有一定研究价值，操作性强、有实效的课题。

制订计划：教研组围绕所选课题制订研究计划并做好分工。同时，每个教师根据分工确定自己的小课题。

研究形式：在教研组长的带领下依托周听评课研讨活动，采取同课异构、异课同构等形式进行研究。

评价：每月上交一次《教研组活动记录》，学期末上交活动总结，并在全校汇报本教研组的研究成果，这一项将作为优秀教研组评选的重要内容。学术委员会成员随机深入各教研组督促指导教研活动科学、规范地开展，并对优秀研究成果进行推广。

在教研组教研制度的引领下，很多教研组取得了一定的成绩。如三年级语文教研组针对三年级学生的特点，选择“三年级作文起步教学”作为小课题进行研究。通过研究，缓解了学生对作文的惧怕心理，让学生喜欢作文、善写作文。这一研究在学校形成了浓厚的作文教研氛围。一年级数学教研组认识到低年级的学生对数字不敏感这一问题，怎么让学生积极动手操作，对课堂上的授课内容感兴趣，并做到乐学、会学，从而学好数学知识呢？该教研组把“如何在低年级教学中使数学生活化”作为切入点进行研究，激发了学生学习数学的兴趣，搭建了学生在生活中学习数学的桥梁。

一滴水只有融入大海才不会干涸，一个人只有在集体中才能更好地得到锻炼，才能施展才华。教研组教师从不同的背景和角度出发，相互协商、相互质疑、交换意见、解决问题。“独学而无友，则孤陋而寡闻”，这种团体研究方式不仅解决了教学中的棘手问题，还对教师的专业发展起到了非常重要的作用，形成了团队团结合作的文化。

3. 个人小课题研究制度。

小课题是撬动学校的“支点”，它能解决制约学校教学的“大问题”，个人小课题研究是我校课题研究的重点和关键。小课题研究的过程简单，这对教学任务比较繁重的教师而言，更容易接受，也更容易入手。同时，让教师感觉比较有用，但是这种研究并不是自生自灭的，它也需要引导与管理。

指导制度。学校教科室负责人会定期组织教师一起学习《教师课题研究和管理措施》，指导教师从课题的选题、起名、提出、拟定解决的关键问题、研究方法等方面对课题研究进行系统的学习。同时，在研究过程中，

联合学术委员会成员针对遇到的问题进行指导。

引领制度。包括专家引领和典型引领。其中，专家引领是聘请省、市专家对课题的方案设计、课题研究理论、中期研究检查、结题报告撰写等方面进行多方位的指导；典型引领是发挥本校科研骨干的作用，课题研究做得较成熟的典型教师将在全校范围内做报告，以此引领其他教师进行课题研究。

评价制度。这是激发教师参与小课题研究的热情，促进学校小课题研究持久深入开展的根本保障。在评价方式上主要有检查性评价、指导性评价、竞赛性评价、展示性评价；在小课题研究成果方面，除了常规的研究报告外，还可以是教育叙事、教育随笔、教育案例、课堂教学光盘、课件、自制教具等。学校将小课题研究的情况一方面作为先进教研组评审的重要内容，另一方面又将小课题研究成果作为教师年度考核、创先评优、职称评定、工资晋级的重要依据，并作为各级骨干教师、教学能手和学科带头人选拔和考核的门槛。

小课题研究是一种草根性的研究，有着极强的生命力。正是因为草根，所以才有其生长发展的根基。因为教师在平时的教学中，经常会遇到这样那样的问题，小课题研究恰恰是解决这些问题的有效形式。教师通过研究、解决这些问题，能有效地提高教学效率。在这种研究过程中，教师的研究意识与课题意识会逐渐增强，教学的水平也就自然而然“水涨船高”。这会给教师带来很大的自信，让他们意识到，所谓的课题研究，并不是那么遥远，也不是那么神秘，而是就在自己身边，通过自己或与同事一起研究就可以解决。当教师从这种研究与发展中体验到幸福的时候，所谓的教师职业倦怠也就烟消云散了。

易的问题解决了，难的问题也多数都能解决；小的问题解决了，大的问题也多数能解决。我们就是利用这种上下联动的科研管理模式解决了很多课堂教学中的难题，让学校的课堂教学逐步呈现出“一枝独秀不是春，百花齐放春满园”的景象。

如有效性备课的改革形成了“主餐＋套餐”的集体备课模式，开发了校本执行课程，解决了个人备课耗时低效的现状。又如我校“整合式”语文主题教学也是在这样的科研范式下一步步形成的。课题研究已成为学校的一个新亮点，学校承担的七个国家级课题都已经结题，多人次获“诸城市中小学重大教育教学问题行动研究成果”一等奖。38 项小课题研究成果被诸城市教科所作为样板在全市进行推介。

一开始课题研究固然离不开学校的强制推行，但教师在研究过程中逐渐感受到自身的不断发展和变化，他们不断超越现实、追求理想，达到教育教学的“自为”和“自由”境界，他们从中体验到职业的乐趣，感受到职业的内在尊严、价值与自信，从而激发起内心对研究的热爱，萌发出教育研究的幸福感。此时，小课题研究便成为教师的一种自觉行为，成为教师专业成长的有力内驱机制。通过小课题研究，教师找到了专业发展的新基点。在小课题研究中，教师成为有思想、有能力、有智慧、有悟性的教育实践主体。小课题研究为教师提供了一条螺旋上升的内在发展之路。

三、制订“梯队名师”培养制度

为了让我校更多的教师走向名师行列，促进教师队伍素质的提高，带动课堂教学的改革，我校以培养优秀人才为目标，“容人所短，用人所长”，促进教职工的成长，引导广大教职工积极进取、与时俱进，提出了“校级名师—市级名师—省级名师”教师名师队伍梯队，激励每位教师根据自身实际争创相应的梯次，形成人人有追求，人人有目标的良好氛围。

学校首先成立了“名师培养”工作领导小组，在名师培养上，为了让教师有章可循上，经过商讨，学校制订了《实验小学名师培养制度》，制度结合学校的实际，从培养目标、组织管理、培养内容及方式，各级名师的审定及考核标准，各级名师的待遇、权利及义务等方面做了翔实的规定。

1. 名师的审定。

学校制订详细的名师考核标准，教师必须符合其基本标准才能进入名师行列，基本标准包括师德、教育教学、课题研究等方面内容。根据教师获得的校级、市级、省级等不同级别的荣誉称号，来确定校级、市级、省级三级名师称号。已获得的名师称号也不是永久性的，会一年一审核。学校采取一票否决制，对于审核不合格的做降一个等级处理。

各级名师考核标准

1. 基本条件。

师德方面：认真贯彻党的教育方针，爱岗敬业，模范遵守《中小学教

师职业道德规范》，关心爱护学生，受到学生和家长爱戴，师德考核为优秀等次。

教育教学情况：具有先进的教育教学理念，圆满完成教育教学任务。积极参与学校组织的课堂教学活动，获得优秀等次，已形成个人教学风格。

课题研究情况：具有参加教育教学科研的热情和能力。自己的小课题已顺利结题。

2. 级别标准。

校级名师：年龄应在三十五周岁以下，具有三年以上教龄，并具有校级业务称号。

市级名师：年龄应在四十周岁以下，具有八年以上教龄和中学一级以上职称；获得市级骨干教师、教学能手或学科带头人等市级荣誉称号。

省级名师：年龄应在五十周岁以下，具有十五年以上教龄和中学一级以上职称；获得省级骨干教师、教学能手等省级荣誉称号。

2. 名师的升级制度。

为了激励教师成为校级名师，尽快成长为市级和省级名师，只要教师达到哪一个级别的标准，就可以进行个人申请，学校每年对名师培养对象目标达成情况进行一次考核评估，考核合格者，发放相应的级别证书。

3. 名师的待遇。

学校会根据名师级别的不同在个人量化上加上相应等级的分数，同时在各类评优中，也会优先考虑名师。学校积极创造条件，鼓励和支持名师培养对象参加学校以外的教育教学研讨交流活动，以开阔视野，增长才干，提高知名度。

4. 名师的培养。

首先，教师自己要制订个人发展规划，“名师培养”工作领导小组根据培养对象的具体情况，对照名师的条件按“缺什么补什么”的原则，在培养对象个人发展计划的基础上，明确其阶段培养要求和目标，对培养对象实行目标管理。名师培养对象要高质量地完成教育教学任务，完成读书和进修等继续教育任务，原则上要承担或参与一项市级以上教科研课题，每学年至少写一篇高水平的教育教学论文，每学期执教一节公开课，设计一份精品教案。学校给每位名师培养对象配备相应的导师，必要时，其导师可从校外名师中聘请。

5. 名师的义务。

学校实行“1＋N”名师带徒制度，一个名师可以带一个或一批教师。校级名师必须带好一个徒弟，市级名师带好两个校级名师徒弟，省级名师可以成立名师工作室，最少带好五个市级名师徒弟。所谓的“带好”就是在其指导和帮助下，让教师尽快成为高一级别的名师。为此，学校制订了《诸城市实验小学“师徒结对”活动方案及考核细则》，采取骨干引领、发挥优势辐射的功能，促进师徒教学相长。学校十分关注师徒带教的过程与结果并及时给予师徒评价，以增强师徒带教的实施力度，做好传帮带工作。

诸城市实验小学“师徒结对”活动方案及考核细则

一、指导思想

学校的生命在于质量，要实现学校发展长盛不衰，关键是要有一支结构合理、思想素质好、业务水平高的教师队伍，所以做好教师的培养工作，是学校可持续发展战略的重中之重。我们要充分发挥骨干教师、优秀班主任等的传帮带作用，使青年教师在其指导下，迅速适应并卓有成效地开展教育教学工作，不断提高教育教学水平，实现我校教师队伍素质的动态提升。

二、总体要求

1. 从总体入手，提高全体教师的素质。

对学校师徒结对工作有一个长远、全面的规划，从整体入手，提高全体教师的素质。

2. 着眼于长远，分层次，分目标。

改一般学校的“平面培养模式”为“立体培养模式”：实行一师多徒或多师一徒制，有的教师既可上拜师傅，又可下带徒弟，因人而异，确定目标。

3. 讲求师徒结对效果，在传、帮、带的过程中，多角度、立体式相互切磋，融洽关系，共同提高。

三、结对对象

师傅：骨干教师、优秀班主任等。

徒弟：新上岗教师以及新改科教师。

四、结对程序

1. 根据工作经历，结合专业发展的需要，确定带教对象。

2. 举行拜师活动，建立师徒关系，签订师徒协议。

五、基本职责

师傅要做到“三带”：带师魂——爱岗敬业，无私奉献；带师能——掌握教育教学基础知识与技能；带师德——育德之道，为人师表。

徒弟要做到“三学”：学思想——教育教学理念；学本领——教育教学基本功；学做人——为人处世，为善、求真。

六、岗位职责

师傅：

1. 向徒弟介绍教育教学经验，提供相关信息，推荐学习文章，使徒弟开阔视野，不断提升。

2. 每周至少为徒弟上一节示范课。

3. 精心指导徒弟备好课，每周至少听一节徒弟的随堂课，课后及时评价，共同研究改进措施，并做好听课和评课记录，期末上交备查。

4. 认真审查徒弟批改作业是否认真、是否规范、是否有针对性，并提出改进意见。

5. 每学期指导徒弟至少在校内上一堂展示汇报课，并完成一份对徒弟的书面评课稿。

6. 每学期完成一份带教工作总结。

徒弟：

1. 认真备课、主动请教，每学期至少上交三篇教案让师傅给予指导。

2. 主动听课，每周至少听两节师傅的课。听课时要认真记录，听课后写出个人体会或见解，期末上交备查。

3. 每周至少让师傅听一节自己的随堂课，并请师傅给予指导。

4. 每学期必须完成一份有质量的教案，上好一堂展示汇报课，每月撰写一篇教学反思。

5. 每学期研读一本教育教学理论书籍，并撰写读书心得。结合自身教学实际，进行校本行动研究，一学期完成一篇质量较高的论文。

6. 每学期写一份拜师心得。

七、管理与考核

在校长的领导下，由教导处实施管理与考核。

1. 强化目标考核。

根据师徒结对协议，多渠道（自评、领导评、同行评、看资料、看成效等）对师徒结对工作进行目标考核。

2. 实行动态滚动管理。

提倡立体式、多层次的动态培养模式。每一阶段的师徒结对工作后，要求徒弟根据自己的实际，分析自身的优势和不足，明确今后结对的方向及今后的预期目标，从而实现师徒结对的动态滚动管理，最终形成金字塔形教师队伍结构，实现我校教师队伍素质的动态提升。

3. 建立完善的师徒结对档案。

每学期上交相关的师徒结对材料，对师徒结对工作建立完整的档案，记录师徒的成长历程，作为晋职和评优的依据。

八、待遇

1. 优先给予师徒共同外出学习的机会。

2. 将师徒结对工作作为教师专业发展的一个专项内容，学期结束前，分别对师父的带教、徒弟的拜师态度及师徒结对效果进行考核，根据实际予以适当的奖励。

① 学校将把这项工作纳入年度考核，并实施考核评比奖惩等，充分激发指导教师与学员的积极性。

② 学期末，学校根据师徒结对活动的工作成效，对指导教师进行奖励。

③ 如师傅辅导徒弟参加各种比赛获奖，学校为师傅颁发相应的指导证书。

3. 师徒结对时间为一年，经学校各方面考核，审核合格后，由学校颁发结业证书，不合格者则继续拜师，直至合格。

诸城市实验小学名师培养制度的诞生，充分发挥了名师的示范引领和辐射指导作用，为教师的成长提供了机会，搭建了舞台，激励了教师开拓创新、积极向上的精神，让越来越多的教师走出学校，走出县市，在教育教学领域发挥着引领作用。

四、完善“多元”评价制度

传统的评价是一种面向过去的终结性评价，其主要着眼于教师过去已具备的素质、承担的责任和取得的成就，以教师是否符合学校的某些要求作为评先评优的标准。评价体系指标的设置存在一定的局限性，显性因素的评价标准设置比较完备，而隐性因素的评价标准设置则不足。评价信息的获取渠道比较单一，淡化了教师自我评价的积极性和主动性，忽略了大部分教师发展的内在需求，不能对促进教师发展、提高教学质量起到应有的导向和激励作用，从而使整个教师队伍的发展相对缓慢。《纲要》中提出，建立促进教师不断提高的评价体系，强调教师对自己教学行为的分析与反思，建立以教师自评为主，校长、教师、学生、家长共同参与的评价制度，使教师从多种渠道获得信息，不断提高教学水平。因此，学校根据本校的实际情况，认真学习和研究发展性评价理论，群策群力，制订出有利于促进师生发展的发展性评价标准，《实验小学教师工作全面评价方案》和《实验小学教职工绩效工资实施方案》。两个方案倾斜于一线教师，倾斜于教育教学，对全校教师进行目标管理和量化评价。

1. 夯实评价过程。

在对教师的评价中，我们要注重把过程性评价和终结性评价结合起来，并加强过程性评价。实行随机评价、阶段评价、终结评价，评价结果按比例计入教师的评估成绩。实行定性、定量评价相结合，对如工作量、出勤率、教育教学常规、教师专业水平、学生的考试成绩、教育教学成果、额外工作量等评价指标实行量化。

2. 拓宽参与评价的主体。

一是建立教师成长档案，增强个人评价意识。建立成长档案，从教师专业成长的全过程来看待每次考评的成果，将教师的个人资料、培训过程、课题研究、专题讲座、论文、专业成长典型活动和事件、教育教学成果及所受的表彰奖励等材料整理归档，对教师专业发展进行详细记录，以帮助教师全面了解自己，明确自己所处的成长阶段和进一步努力的方向。二是对教师在日常教育教学过程中无法量化的因素（如教师的工作态度、师生关系、学生课业负担等非智力因素）的培养，实行以学评教，建立开放的评价体系。发放调查问卷，倾听学生的意见、收集家长的反馈信息，实现评价过程的动态化、评价主体的互动化、评价内容的多元化，调动教师教学的积极性与主动性，使教师不断调整自我、完善自我，提升自己的教育教学水平。

3. 形成科学评价导向。

在考评上，努力使考评过程成为引导教师反思和自我总结的过程，使教师进一步提高认识、更新观念。在考评结果的使用上，通过绩效分配方案及奖励方案对在教育教学工作中做出成绩的教职工给予奖励，以达到鼓励教师创新、争优的效果。

4. 丰富评价内容。

为打造“和而不同”的高素质教师队伍，让每位教师都能找到自己的闪光点，营造齐头并进争先进的氛围，学校丰富了评价内容。

一是学校根据教师特色和工作业绩，家长和学生的反应等情况，结合学校幸福课堂评优制度，丰富了个人评价的名称。如 2011 年度的创新型班主任、创新型教师、特别贡献优秀教师、新教育实验优秀教师、城乡交流优秀教师等，2012 年度的课堂教学改革优秀团队、课堂教学改革卓越教师、课堂教学改革首席教师、课堂教学改革先进个人、教学常规大赛优胜教师、校教育宣传工作先进个人、学生个性化成长优秀辅导教师、新教育实验工作十佳班级主题帖教师、课堂教学改革积极分子、教学改革赛课优秀教师等，这些都丰富了评价内容，让每位教师在适合自己的领域内成为不同层次的名师。不断树立的教师典型，发挥着带动和引领作用，在教师中形成“比、学、赶、帮、超”的良好风气。

二是建立了优秀团队表彰制度，采取捆绑式评价，加强团队建设。学校综合考评各教研组课改的积极性与成果，每年都会表彰成绩突出的团队，拟红头文件、发荣誉证书、照合影、读颁奖词、挂奖牌、宣传报道，极大地激发了教师的团队意识和课改热情。

三是项目奖励制度，提高教师科研意识。学校每学期从基础和发展两方面进行教研项目奖励，对于具有突出贡献的项目，根据贡献的大小对该项目的负责成员给予不同的奖励。

评价是对制度落实情况的考核与评估，会对学生和教师的发展产生巨大的影响和导向作用，它不仅仅只是一种管理手段，更是一种促进学校和教师发展的驱动机制。学校以评价促管理，以评价促成长，激励和引领广大师生在幸福和快乐中成长，使师生表现出深思好学、与时俱进、不断超越的精神风貌。

曾任哈佛大学荣誉校长的陆登庭说，哈佛大学的成功主要在于其形成

了一种明确的办学理念，一套系统的制度和机制，所以现在即使没有校长，哈佛大学一样可以正常运转。可见，好的学校一定要有一套好的制度，好的制度一定会引领教师自觉自愿地工作。

我校以“幸福快乐教育”为办学理念，为促进课堂教学改革制订的制度自成体系，内容方面不仅有刚性的要求，还有指导、鼓励和柔性引领，正是这种刚柔并济的引领，使教师自觉地“把素质当追求，把教学当艺术，把科研当习惯”，逐步走向学者型、专家型的幸福教师。诸城市教育局的领导经常说我校是名师和名校长的摇篮。特级教师不断大量涌现，许多优秀人才早已成为各个学校的领导者。学校还涌现出一大批课堂教学和班级管理以及文学、艺术、体育、科技等方面的名师，现有全国百名班主任之星、山东省教学能手、潍坊市优秀教师等近 50 人，多家媒体对学校课堂教学改革进行了专题报道。我校取得这些成绩与教育制度的创新不无关系，无论是在教师队伍培养的发展过程中，还是在课题研究等课堂教学改革的实际操作过程中，制度都无不显示出其强大的力量。“三级”校本培训制度促使教师的业务理论水平不断提高，为课堂教学改革提供了理论支持；“一体化”科研制度，丰富了教师的实践经验，为课堂教学改革提供了实践依据；“梯队名师”培养制度，激励教师不断超越自我，为课堂教学改革提供了动力保障；“多元”评价制度，促使教师不断成长，为课堂教学改革提供了源源不断的活水。教师自觉自愿的课堂教学改革行为已成为一种文化自觉，促使学校的课堂教学改革逐步走向前沿、迈向卓越。

第三节　课程实施中的复合型教师

为实现课程目标，我校不断加强课程整合，促进三级课程对学校和学生的适应性，从而形成了独具特色的校本执行课程。

随着课程改革的不断深入，教师在课程中的主体地位逐渐得以显现。在我校，每位教师都承担着几门课程，如学科课程、社团课程和一门走班课程或者特色课程。每一类课程都在教师开发、设计和完善的过程中，在教师与学生视域不断融合的过程中，被逐渐内化成一个与众不同的完整的课程系统，众多执行课程，便造就了教师的多重角色，使教师成为复合型人才。

一、每位教师都是学科整合的实践者

学科课程，即国家课程，它是课程体系中最重要的课程，是学生素质发展的基石。教师是课程的实施者，学科课程必须依靠教师去实施。在我校，学校根据教师所学专业以及个人意愿和学校的需求采取聘用制，在双方达成协议的情况下，每位教师承担一门国家课程。

为响应新课程改革的号召，使学生在不同内容和方法的相互交叉、渗透和整合中开阔视野，提高学习效率，初步获得现代社会所需要的实践能力，学校倡导教师批判性地使用教材，实现国家课程、地方课程和校本课程三级课程的有机整合，还给教师的课程研制参与权和自主重构权，使教师的专业能力得到提升。

1. 重构教学目标，引领教师在目标的构建过程中成长。

从本质上说，课程目标是学生学习应该达到的底线，是他们的学习目标。国家在制定课程方案时，只将课程目标设计成一个公共目标、一个整体目标——知识与能力、过程与方法、情感态度与价值观，这样的目标空泛，缺乏针对性，没有发展性。因此，我校组织所有教师研读各学科课程标准、《规划纲要》，根据整合的理念，确定了整合目标。首先，组织骨干教师围绕学校育人目标确定了学科整合的总目标，然后各学科教研组长根据学科特点，在总目标的引领下制订学科分目标。各级部在教研组长的带领下，根据学生的年龄特点制订学科的学段目标、学年目标、学期目标、单元目标。最后，教师根据本班实际和单元目标来制订课时目标（教学目标）。整合目标的制订实质上是在育人目标的引领下，逐一分解和细化的过程，使得目标更加具体，便于实施。

教学目标是引导师生教和学活动的标尺，是教师在备课时，根据课标的要求、教材内容和学生实际水平而预设的，主要是根据学生个体成长需要，按照学科整体目标分解设计的。教师构建教学目标时，通常要关注以下两个方面：一是针对学生成长需要，设计目标；二是针对学科教育需要，细划目标。设计教学目标的过程是教师自主学习的过程，也是教师自我成长的过程。

教学目标虽然需要课前设计，但也更需要在课堂教学中进行调控，通过师生互相碰撞来生成。教师预设教学目标时，对学生的“已知”并非真正了解，只是自己根据经验预想的，而学生的实际情况常常会和教师的“猜测”有一定差距，此时，教师需要根据学生的实际情况对目标进行调整。经历教学目标的构建过程，教师不仅了解了学生，重构了科学的教学目标，而且培养了驾驭课堂的能力，养成了良好的教学品质。

2. 统整教学内容，引领教师在内容的选择中成长。

从教育意义上讲，课程内容应该高于学习者的“现实”，接近学习者的“可能”。从实际情况来看，各学科间教材内容重复交叉，教材中常有不适合某个地区学生学习的内容，需要教师根据具体情况选择、修改和补充。因此，我校教师要依据整合后的目标对三级课程资源进行梳理，选择适合本科和本课时的教学内容。

在整合内容的过程中，教师可以根据整合目标，按照学生的学习需要和学习方式重构文本，引入和文本相关的课外内容，超越文本，丰富课程内容。这便要求教师掌握丰富的学科知识，了解教育规律和人的成长规律。重构文本的过程也是教师自主学习、自我探究、自我丰富的过程，也是追求学校—社会教育一体化的过程，是促进教师自觉成长的过程。

3. 探寻教学方法，引领教师在方法的探究中成长。

一个好的教学方法是在长期孕育中产生的。我校本着为学生终身发展负责的态度，树立了“终身学习”的理念，通过分析“金字塔理论”，结合学校总的教学理念——“以生为本，自能探究”，学校提出了“三勤四让五环节”课堂教学总纲领。依据总纲领进行学科建模，要求教师“可以仿照模式，但不可模式化”，要把课程整合落到实处，把课堂真正还给学生，转变学生的学习方式，让学生自主、合作、探究，实现轻负高效。因此，在这个探寻方法的过程中，教师可结合自己的特长，遵循因材施教的原则，多次实验，发现问题、反思问题、解决问题，从而提升教学素养。教学方法是教学活动中教师个体独立设计和实施的教学方式与途径。教学方法的设计和实施是教师教育理论和实践水平的体现，是教师教育智慧的一种体现。通过设计和实施教学，教师的执教能力得以提升，专业得以发展。

二、每位教师都是特色课程的实施者

依据学校长期以来的办学特色和培养目标，学校将一直作为重中之重的写字教学、大量阅读、阳光体育、棋艺教学四大板块升级为书法艺术课程、书香课程、健康课程、棋艺课程。在这四类课程中，除了棋艺课程和健康课程中的阳光体育课程需要专业教师承担之外，对于其他三类课程，各位教师根据所教学科或角色不同承担不同的课程任务。

1. 书法艺术课程。

中国书法源远流长，内容丰富。学校的书法教育从墨香校园的营造、课时开设、师资队伍、课程编写、课外活动、课题研究等方面入手，精心呵护，倾力打造，科学规律地实施书法教学和书法艺术活动的每一个环节，使学生的书写水平、学校的书法艺术教育逐渐取得了扎实丰硕的成效。在这个实施的过程中，学校从所有教师中选取了五名书法优秀的教师作为书法专业教师，他们不仅承担着学校每周一节的毛笔书法课，还承担着整个书法课程的方案制订和落实、教材的编写、活动竞赛的开展等。其他语文教师则结合年级的特点进行书法研究，做好日常写字教学的指导。

如在激发学生写字兴趣，优化写字教学方法方面，纪艳梅老师采取了激趣“五法”。

一是讲故事激发学生兴趣。根据儿童喜欢听故事的特点，给学生讲古代书法家勤学苦练、献身书法艺术的故事，如苏轼故居“墨池”的来历，书法四大家之一颜真卿拜师的故事等。这些故事不仅让学生开始了解和热爱祖国古老的书法艺术，更激发了学生立志写好字的愿望。

二是在比较中保持兴趣。让学生和自己比，开学的第一节写字课，教师将学生的练习作业有意识地保留下来，经过一段时间的练习之后，让学生把当前的作业与开学时的作业相比较，多数学生会欣喜地发现自己的进步，从而增强写好字的信心。将学生和同学比，一个月或一学期内，自己得了几个优，同学得了几个优。利用儿童的好胜心理，经常开展这样的互比互学，学生就能取长补短，见贤思齐，保持练字的兴趣。

三是找尖子，立标兵，以榜样激趣。无论哪个班，都会有几个书写较好的学生。教师根据儿童好仿效的特点，大力发现和扶植书写好苗子，使他们成为学生身边的榜样，他们怎么做，其他学生也会跟着学，从而起到

"抓典型、带一片"的效果，在班集体中形成你追我赶的生动局面。

四是重视作业批改，在评价中激趣。对于学生每一次的书写作业，都要逐字批改，而不是笼统地全篇画一个"√"，对写得匀称、美观的字用圆圈逐个圈出，对笔画或结构严重失误的字，则用"×"标出，并在旁边写上范字，提醒学生改进。教师可以经常以批语形式，多从正面鼓励学生，同样可以起到让学生保持写字兴趣的作用。

五是办展览，搞比赛，在活动中激趣。举办展览，让学校和班级变成学生展示自己写字才华的舞台。利用书法展示专栏，定期展出学生的书法作品、优秀试卷、优秀作业；搞书法展，在学校走廊等醒目的地方，设毛笔书法和硬笔书法展示窗，定期展出学生的书法精品；举办书法比赛，每学期举办一次学生人人参与的"年级书法比赛"和优秀特长生参加的"学校书法比赛"，鼓励并组织书法特长生参加全国和省、市的少儿书法比赛。

学生在纪老师的激励下，个个书写认真、漂亮，很多学生都获得了市级以上奖项。

同时，学校提倡所有教师都要成为书法指导教师，一笔一画都要做好示范。书法艺术课程的开展让教师的书法水平与学生共同提高。

2. 书香课程。

一个人知识的丰富、精神的陶冶、智慧的启迪无不来源于阅读，阅读能让人获得终身发展，能为社会提供高素质人才。我校从书香环境的布置到书籍的购买、活动的开展及评价各方面，都进行了细致的规划与实施，形成了教师、学生、家长共读的温馨环境。丰富了师生的阅历，陶冶了师生的品格，实现了"书香人"的培养目标。

在这一课程的实施过程中，学校组织骨干教师营造书香氛围，购买图书等硬件设施。每位语文教师都要按年级、班级和语文学科的特点，开发属于自己班级特色的书香课程，从班级阅读书目的选择、活动的开展、读书情况的评价等方面进行科学规划与实施。

例如，我校解相花老师为了激发学生的读书热情，扩充学生的读书量，开阔学生的视野，培养学生有系统、有目标地读书，开展了"为'大书'添光彩"的读书活动。

活动前，在班级的后墙上开辟了"读书推荐区"作为"大书"的题目，然后告诉学生："我们班后墙上有一本大书，但内容是空白的，需要同学们去填充，这本大书能否变成一本内容丰富的好书，就看同学们的努力了。”学生听了以后热情高涨，跃跃欲试，急切地询问解老师应如何让“大书”内容丰富起来。为了培养学生广泛的阅读兴趣，引导学生多读书，好读书，读好书，读整本的书，解老师告诉学生：“每个星期，你们围绕一本书看，读书时要做记号，写批注。双休日就你所阅读的这本书做读书推荐卡。推荐卡内容包括‘推荐人、书名、主要内容、最感兴趣的地方、读书感想、字数、借阅人’等，每周周一的第一节课定为读书推荐课。读书推荐课先以小组为单位，根据读书推荐卡的内容进行读书推荐活动，交流后组内成员就感兴趣的书进行借阅，借阅后在借阅人处写上你的名字，并按时归还。然后小组内再选出读书推荐最精彩的在讲台前做推荐，全班同学就感兴趣的书籍进行借阅，如果经济允许也可以自己去购买。”推荐课结束后，解老师把大家的读书推荐卡贴在“读书推荐区”这本大书固定的区域里，并根据借阅人的多少评出周推荐明星和学期推荐明星。

一学期下来，“为‘大书’添光彩”的读书活动把学生的读书热情推向了高潮，既扩充了学生的读书量，也提高了学生的语言表达能力和写作水平。“大书”也真正变成了丰富多彩的好书。

著名教育家苏霍姆林斯基曾说过，让学生变聪明的方法，不是补课，不是增加作业量，而是阅读、阅读、再阅读。因此，我校各个学科都提倡学生去阅读与之相关的书目。如科学学科，布置学生阅读《探索科学奥秘》《百科全书》等，英语、数学等学科结合年级特点分别开发了适合学生阅读的《英语阅读校本教材》《美丽的数学童年》。心理健康学科组还编写了适合学生阅读的《迈好起跑线的第一步》《我的生活我做主》等读本。

教师在要求学生读书时，自己必然要提前阅读。因此，在书香课程的实施中，教师也在书香浸润中幸福成长。

3. 健康课程（健康课程包括阳光体育课程和心理健康课程）。

阳光体育课程主要由体育老师承担，其实质上是体育课程的丰富与升华，体育老师根据学生现在的体质结合新制订的体育课程目标，采取游戏化教学法优化体育课教学，让学生爱上运动；重视课间活动，创编课间运动模式，让学生爱上这一小时的运动时间；组织节假日运动，让学生养成天天锻炼的习惯；重视体育展示比赛活动，成立各类体育小社团，激发学生的运动兴趣，培养体育特长生。在体育课程的开发过程中，体育老师专

业得到了提升，幸福感不断增强。

面对学生心理问题日益凸显的现状，我校成立了以校长为首的领导小组，组建了中心教研组，组织教师积极参加相关业务培训。学校出资鼓励教师考取国家级心理咨询师，并倡导所有教师都去做学生的心理辅导教师，都成为心理课程的实施者。取得国家二级咨询师的教师承担专职咨询任务，做好咨询室装饰和个别学生的咨询与疏导工作。心理教研组的教师做好学生集体辅导工作，制订心理健康课程目标，编好校本执行课程，上好示范课；班主任上好心理健康教育课，关注平时，落实好心理健康教育；非班主任队伍立足每一节课，挖掘教材中的心理素质对应点，结合教材内容向学生渗透健康教育。同时，我校在育人方面，采用导师制，每个学生都有导师，每个教师都是导师，且是多个学生的导师。导师要了解自己所辅导的学生的各个方面，并根据计划随时关注学生成长中的点点滴滴，及时辅导和帮助学生，让问题消失在萌芽中。

教书育人是教师的职责，心理健康课让教师更加了解学生的成长规律的同时，提升了育人方面的专业素养。

三、每位教师都是社团课程的参与者

我校从课程的角度出发，把学校的社团课程定位为学校的选择性课程，每一个班级就是一个社团。在每个社团中，班主任是主要负责人，任课教师、学生和家长是参与者，社团以德育为根，以个性教育为辅，群策群力，探究和开发适合本班学生特点，彰显班级特色，让学生幸福快乐成长的课程。

首先，所有参与人员结合班级的成长故事构建社团精神文化，为社团起名字，制作社团旗，设想社团愿景，确定社团名言等。其次，装饰班级，构建相应的物质文化，继而构建自己的特色课程。最后，各社团通过家校联盟与社区资源有机整合，将学生的学习延伸到家庭和社会，让学生在社会中学习，在生活中实践，学会有用的知识，会用所学知识，为学生的健康成长营造良好氛围。

在社团课程的构建中，教师不仅是设计者和组织者，更是参与者，在这个参与的过程中，教师与学生一起学习，共同见证生命的成长。

社团课程建设使教师完全用心地参与其中，成为课程的一部分，他们所带领的社团虽然名称不同，愿景不同，社团开设的课程也不相同，但是

他们都在用自己的青春和热血耕耘心中的田野，缔造自己的梦，用有力的行动、饱满的激情演绎着属于自己的教育传奇。

四、特长教师都是走班课程的开发者

三级课程整合可以有效地减轻学生的课业负担，保持学生的学习兴趣，但课堂时间是有限的，不能把所有东西全部放进去，也不能满足所有学生兴趣发展的需求。为促进学生的个性化发展，丰富学生的生命体验，学校开设了走班课程，并把走班课程作为实施素质教育的抓手。

走班课程的教师除了外聘教师外，都是根据自己的特长，自愿报名承担走班课程的。走班课程没有固定的教材，也没有固定的教法，一切都是新的。教师要根据学生的基础和走班课程的目标，确定所承担的这一类课程的目标，然后围绕目标选取教学内容，制订评价方法。这一切都需要教师自己去开发、实施、完善。

走班课程让教师的个性得到张扬。孙志勇老师是一位数学老师，在走班课程实验之初，他毛遂自荐要成立一个电声乐队并自任指挥。他当时担任着一个班级的数学教师，还是班内“金童乐队”的班主任，再担任一个走班课程的指导教师会不会对教学有影响？面对质疑，孙志勇老师表态，绝对不会影响其他教学。事实证明，孙老师班非但没有影响教学成绩，电声乐队以及班级社团还在学校广受欢迎。

走班课程让老教师乐于发挥余力，彰显特长。老教师是一个特殊的群体，他们踏实肯干、兢兢业业，他们不喜欢被冷落，渴望在激烈的竞争中有自己的一席之地。焦老师是走班课程——国画的指导教师，他是第一个向学校提出申请带走班课程的老教师。两年来，焦老师指导的学生国画作品经常获奖。

这两位教师仅仅是学校走班教师的一个缩影。通过走班课程，学校把课程、教师和学生“撮合”在一起，学生是“选择者”，而教师和课程“打包”以后成了“被选者”。形象地说，学校是“饭馆”，教师和课程是“菜单”，而学生则是“食客”。“走班制”让课程成了“点菜机”，学生成了“点菜者”，其主体地位得到充分的尊重，个性得到充分的培养。为了让学生对“菜单”感兴趣，对菜吃了还想吃，并且吃得有营养，走班教师需要不断提高自己的水平，开发好课程。这个开发的过程，就是教师不断磨炼

和充实自己的过程。

教师担任一门课程，都有一个从预备、成长到成熟的过程。在我校，每个教师最少承担三门课程，对此，有些人一定会担心，老师能吃得消吗？事实证明，老师不仅吃得消，而且吃得有滋有味。为什么呢？因为无论老师承担几门课程，都是围绕个人专业或特长来选择的。当然也有些课程，不是特长教师也要承担，这是教师专业成长的需要。如一名语文教师要承担语文课程整合的教学，还要承担特色课程中的书法艺术课程、书香课程、健康课程中的心理健康课程，还要承担社团课程，如果书法有特长，还要承担走班课程中的硬笔书法课程。在他所承担的这些课程中，我们不难发现，书法艺术课程、书香课程、走班课程中的硬笔书法课程都是与语文学科相关的。

走班课程的实施不仅充实了师资力量，而且在这些课程交叉的建设实践中，教师的知识体系更加浓厚了，专业体系更加系统了，教学方法更加灵活了，人文情怀更加丰富了，教师在实施所承担的各类课程中，探索出了一条优化师资队伍建设、提升职业幸福的新路径。

第四节　课程实施中的个性化课堂

课堂是课程实施的主渠道，课堂教学不仅意味着对学生“知识生命”的培养，也在于对其“价值生命”的养育。课堂教学是否有效，不仅决定着学校育人目标的实现，更关系着学生今天是否快乐，将来能否幸福。

多年来，我校一直把课堂教学改革作为重中之重。围绕“幸福快乐教育”的核心理念，学科教研组经过探讨形成了本学科的教学模式。

教学有模，但无定模，贵在创模，无模之模，乃为至模。在模式引领的长期实践中，自能探究的理念渐渐融入教师的思想，这种课堂教学方式也渐渐内化为师生的习惯。学校考虑到，模式只是承载教学理念的一种形式，主要任务是形成一种学习环境，以最适宜的方式促进学生的学习和发展，但是没有一种模式是为完成所有类型的学习或者是为适用于所有学习风格而设计的。因此，由教师自主执行的课堂应运而生，在自主执行的过程中，教师本着把“课程整合落到实处”“把课堂真正还给学生”的原则，以课堂教学总纲领为引领，根据自己的特长、教学内容和学生的学习情况，“自作主张”走出模式，自主落实执行课程，形成个性化的课堂。

通过近几年的教学实践研究，不少教师的个性得到彰显，很多教师形成了自己的个性化课堂。

一、大胆放手型

“　”

自从我校实施课堂教学改革以来，刘兰明老师一改传统教学模式，遵循学校提出的“以生为本，自能探究”的教学理念，在语文教学过程中，大胆放手，实行开放式教学。在教学中，根据需要，让学生尽可能去想、去看、去画、去说、去做，让学生批判与创造性地接受知识，让学生自己总结学习方法，收到了意想不到的效果。

如教学《画风》一课时，刘老师在设计时重点突出一个“画”字。刘老师和学生都用画的方式来表达思维结果，刘老师用简笔画板书出书上所说的风中的事物，然后让学生在一幅美丽的风景画上想办法画出“风”来，看谁的办法想得多，并要求学生说出为什么这样就能把风画出来了。这样就激起了学生主动探究的兴趣，培养了学生动脑和动手的能力，学生在探究怎样画的过程中，明白了“风”是不能直接被画出来的，只有通过其他事物在风的作用下的形态来表示，如此一来，要比教师直接将这一知识点讲出来的效果好多了。

学生通过亲自去看、去体验、去交流、去想象、去实践，从不同的观察角度和思考层面把自己所获得的信息用不同的形式表达出来，使学生在课堂上更好地将动手、动口和动脑结合起来，弥补了学生上课只用耳听，不用手来操作的不足。

学《詹天佑》一课时，学生在敬佩詹天佑的同时，还针对他的“‘人’字形铁路的设计”“中部凿井法”“相对凿井法”谈出了自己的设计、想法，进行了合理的想象、科学的思维。又如学《蛇与庄稼》时，学生大胆地说，庄稼得不到好收成的原因不仅仅是蛇被洪水淹死了，还因为海水是咸的，破坏了土壤，使那里的泥土不适应庄稼生长了，几年后，雨水稀释了以前被盐水破坏的土壤中的盐份，所以庄稼又丰收了。

学生用自己已有的知识经验进行了合理的分析，并且大胆怀疑、敢于创造性地接受知识，充分地展示了学生合理的思维过程。刘老师在这里营造了宽松的环境，培养了学生坚持真理、遵循事物客观规律、敢于怀疑前人、不唯书、不唯上的精神。

经过一段时间的实践，刘老师发现学生学习兴趣浓厚了，学习主动了，课堂回答问题积极了，过去课堂上那种死气沉沉，千启不发的场面不见了。刘老师说："短短的几个月里就发生了这样大的变化，简直不可思议，可它就发生在我的眼前，让我不吐不快。"

只要教师转变教育观念，给学生留下时间、空间和机会，放手让学生大胆地去想、去看、去说、去画、去做、去怀疑，相信学生总会带给教师异样的惊喜。

在我们的日常课堂中，一般都是教师站在讲台前讲课，学生在座位上听讲，可这个班站在讲台前的却是学生。

场景一：

四个"小老师"在讲台前拿着语文书，在依次向学生提问，学生争先恐后地回答他们的问题。当学生答对时，"小老师"会不由自主地竖起大拇指；当学生没答对时，"小老师"会问台下的学生："谁来帮助他们?"这便又掀起了台下学生争先恐后回答问题的热潮。当抢到问题的学生仍然没有答对时，"小老师"就会把答案告诉他们，而后继续下一个问题，而老师一直站在教室的后面关注着这一切……

场景二：

又一个问题的研讨将近尾声，"小老师"问："大家还有不同意见吗?"同学们齐声说没有了，于是，"小老师"走回自己的座位，这时一个男同学说："等一下！我还有个问题没有搞清楚。"于是，这个男同学提出了一个新的问题。"小老师"说："哦！这个问题提得好，我还真没有想到，谁来帮他解决?"沉默了一会儿后，大家纷纷提出自己的观点，解决了问题。最后，"小老师"说道："感谢这几位提出和解答问题的同学。"这时，老师走到讲台前……

这几个场景正是在我校解相花老师课堂上常见的场景，解老师在语文课堂的阅读教学中大胆放手，让学生承担教师的角色，“小老师”为了上好一节课，会熟读教材，反复备课。课堂上，“小老师”手拿教鞭，有声有色地传授知识，在解老师的调教下，个个俨然一位小老师。其他听课老师无不赞叹学生精彩的表现。

有时候，教师的“无为”恰恰成就了学生的“有为”，学生群体具有巨大的潜力，这种潜力不仅仅是解决问题的能力，更是一种相互促进的心理动力源，把课堂还给学生，课堂上便会有创新思维的火花不断闪现。

二、创建模式型

“　、　、　”

在传统的体育课上，学生的学习方式基本是听讲—练习—巩固—再现，学生完全处于一种被动接受的状态，这种单一、枯燥、被动的学习方式，不利于对学生良好的心理品质和体育技能的培养。针对这种现象，金向丽老师采用游戏的形式，创建了“创、编、展”教学法。

“创”即创设情境，主要以与本节课有关的故事和猜谜语等方式激发学生的兴趣。关于创设情境环节，游戏导入的方法很多，如在进行课前热身活动时，将游戏“跳进去拍人”编为“大闹天宫”，追拍者是“孙悟空”，其他人是“天兵天将”，教学效果较显著。

“编”即游戏的编创。首先，教师要充分备课，根据本节授课内容创编游戏形式，主要采用游戏的组合、游戏的改造、游戏的迁移等形式向学生展示授课的内容。其次，学生领会了教师教给的游戏方法，学会了基本技能后，自编游戏。

游戏的组合。即在游戏中加入其他游戏的规则和特点，如在“木头人”中有一个规则叫“真木假木”，可把这一规则加入“贴烧饼”游戏中，把“真木假木”变成“真贴假贴”，让学生进行游戏时兴趣高涨。

游戏的改造。即对体育课堂中常玩的游戏进行适当的改造使其别有一番乐趣。如在“找朋友”中，学生按逆时针或顺时针跑动，在慢跑中老师喊“3”这个数，三个学生除了要抱拢成为好朋友，还要用人体做出数字3的造型；如教师喊“5＋太阳”，那么5个同学组合并在最短的时间内拼出太阳的造型，形式不限。该游戏培养了学生的想象力及创造力。

“展”即游戏的展示，包括教师展示和学生展示。在展示的过程中，学

生们不仅可以学会技能、锻炼身体，还创编了许多新的游戏形式。如四（1）班叶子涵创编的游戏——躲避红绿灯：

这个游戏的道具很简单，有几块手帕就够了。

首先猜拳决定一个人到前面做红绿灯扮鬼脸，剩下的人用手帕蒙上眼睛，慢慢地走。听到前面的人说“停”，大家就猜他的表情是哭还是笑，猜对的人，就可以继续玩下去；猜错的人，就要代替前面那个人做红绿灯扮鬼脸。另外，前面的人可以干扰后面的人——讲笑话，如果谁笑了，就要代替他；如果有两个人同时猜错或笑了，就用猜拳的方法分出输赢，输的人当红绿灯。

又如刘轩宇创编的“火箭升空”游戏：

游戏规则：所有人分成两队进行比赛，每小队选一名同学当“火箭”，当“火箭”的同学手里拿一枚气球，一个同学挎着“火箭”的胳膊往前跑，到规定的地点，将“火箭”的胳膊递给下一个同学，继续往前跑，以此类推，看看两队谁先到达终点。游戏中，跑的同学和“火箭”的胳膊不能分开，“火箭”需要一直跑到最后，然后将气球升空，哪队先放飞气球哪队赢，输的队要表演节目。

游戏意义：能锻炼我们的体质，还能培养同学之间的默契程度，增强团队的合作能力，同学们也会很开心。

通过实施“创、编、展”游戏化体育教学模式，全面锻炼了学生的身体素质，培养了学生的学习兴趣，使学生养成了锻炼身体的好习惯。此外，还培养了学生的想象力和创新能力，养成了团结合作、吃苦耐劳的精神。在实施过程中，教师和学生及时积累课内外创造的好游戏，并将其编辑成书，作为校本课程使用。

“ ”

新课程呼唤充满生命活力的课堂，倡导让课堂回归生活。如今在英语课堂教学中，随着年级的升高，学生学习英语的积极性大大削减，出现了两极分化现象。为尽可能将枯燥的语言转变为学生乐于接受的、生动有趣的游戏形式，为学生创造丰富的语言交际情境，使学生在玩中学、学中玩，喜欢上英语，我校李志慧老师创造出了“活力课堂”英语教学法。

所谓活力课堂，即涵盖教师的教学活力、学生的学习活力、教学过程的动态生成的课堂。活力课堂是以学生为主体，使学生个性得到培育与发展的课堂，是使学生思维能力、创造能力得到最大限度提高的课堂，也必将是有利于学生素质全面提高的课堂。

李老师为了真正实现活力课堂，除了以身作则，在课堂上充满活力之外，还通过大量的教学实践，不断探索、总结和完善，形成了以“四性”为特色的“六步”英语教学模式。

“四性”即课堂教学要增加趣味性、突出互动性、体现主体性、实现拓展性。“六步”教学模式即轻松激趣—定向温故—情境教学—趣味操练—运用拓展—小结德育。轻松激趣与定向温故是复习环节，情境教学是呈现环节，趣味操练、运用拓展是巩固拓展环节，小结德育是点睛环节。每一个环节都凸显了“四性”，体现了活力。

如轻松激趣环节，李老师可谓煞费苦心。此环节形式多样，有唱歌激趣、TPR激趣、游戏激趣、自由谈话激趣、值日报告激趣（高年级选择）等，李老师根据不同的教学内容选择不同的激趣方式，让学生在轻松快乐的氛围中从旧知过渡到新知。

在情境教学环节，李老师较注意教学表情化和动作化，全面营造学生互动的氛围，努力创设学生乐学的情境，巧妙设置学生喜欢的活动，如自编游戏、唱英语歌曲、讲英语故事等。趣味操练是巩固新知的阶段，在这一环节，李老师较注意操练范围的广度，采取形式多样的操练，如开火车、找朋友、抢答竞赛、角色表演等活动，让每个学生都有表现的机会，使枯燥的练习变得趣味十足。

通过运用本教学模式，李老师的英语课堂气氛变得更加活跃了，焕发着生机。本教学模式的运用提高了教学质量，达到了预定的教学目的，培养了学生的学习兴趣，使学生不仅爱学、会学，而且学得积极主动，学得活泼，实现了从“要我学”到“我要学”的转变，让英语逐渐成为学生自觉追求的东西。

实验前、后，学生学年英语成绩对照表

项目/时间	平均分	及格率	优秀率	劣差率
实验前	88.4	92.3%	78%	10%
实验后（第一学期）	91.9	97.3%	85.7%	6.8%
实验后（第二学期）	92.8	100%	88.9%	5.3%

“ ”

董凤兰老师发现，随着年级的升高，学生学习兴趣在逐年降低，问题意识逐渐淡薄，课堂参与度逐年降低，综合能力逐渐减弱。《义务教育数学课程标准（2011 年版）》指出，“数学教学活动，特别是课堂教学应激发学生兴趣，调动学生积极性”，教师要“从学生实际出发，创设有助于学生自主学习的问题情境”，让学生“初步学会从数学的角度发现问题和提出问题”，在数学活动中“不断提高发现问题和提出问题的能力、分析问题和解决问题的能力”。为了解决问题，达到课程标准的要求，董老师不断地分析、实验、研究，最终形成了自己的教学方法——“一设二问三展示”数学教学法。

“一设”——巧设教学情境。这是首要的环节，主要采取生活情境、游戏情境、模拟情境、实物情境、图像情境、故事情境等让学生融入学习氛围。

“二问”——激发学生提出问题，引导学生产生疑问。这是关键的环节，提出问题和产生疑问是学生思考的一个重要表现，也是学生创新和发展的前提。首先，激发学生提出问题。巧妙示范提问，教会学生提出问题；适时恰当评价，鼓励学生提出问题。其次，引导学生产生疑问。主要是强化学生的问题意识，让学生多问；传授学生提问方法，让学生会问；提供多种机会，让学生敢问。

“三展示”——展示解决问题，展示梳理总结，展示反思评价。这是最重要的环节。

展示解决问题。基本问题小组集体展示，典型问题个人独立展示，拓展延伸问题全班自由展示。其中，为了让小组中的四个人都有展示的机会，董老师设计了“找、列、说、提”解决问题四步策略。找——找信息，找出解决问题需要哪些数学信息。列——列算式，板书解决问题的算式和答案。说——说思路，口述解题思路，说明解决这道题从哪里入手，先求什么，再求什么，每一步算式代表什么意思，最终如何达到目的。提——提要点，提出题目考察的知识点和解答时应注意的问题。“找、列、说、提”解决问题四步策略，不但教会了学生如何一步一步地解决问题，更重要的是这种解题策略让小组中的每个成员都承担起一定的责任，使每个人都有事可做，有话可说，促使每个成员都参与讨论和交流，从而达到真正的合作探究。

展示梳理总结。教师有意识地带领全班同学将本节课学习的所有内容按照传授的先后顺序梳理一遍。这样既可以让学生更加系统地掌握所学知识，起到当堂巩固的作用，又能通过对知识的梳理，让学生寻找、归纳和提炼本节课所学内容的精髓，总结出知识的特点和规律。主要采用设置思考问题的方式引发学生梳理总结："今天学习的重点是什么?""针对所学知识，你想提醒同学们应该注意哪些问题?""这节课的学习涉及以前学过的哪些知识点?""本节课有哪些知识让你感兴趣?""通过今天的学习，你认为自己最大的收获是什么?"……

展示反思评价。课结束之前，让学生对本节课的全过程进行深入的思索，就课堂中发生的种种现象各抒己见：一是评价自己对知识的掌握程度和学习心得；二是评价同学的学习态度、学习方法和数学知识的应用等；三是评价老师的授课方式和应改进的教学环节。通过这种综合性的评价，有效提升学生的学习兴趣、学习方法、理解能力和综合应用能力。

"一设二问三展示"数学教学法，在教研室领导及专家的多次指导下，逐渐完善、成熟，依次在全校、全市做了推介，在采用这种教学法的课堂上，学生的假设、提问、解答、展示活动逐次展开，学生深度的思考、独到的思路、充分的交流，让许多听课教师赞叹："这才是真正的学数学!"

这种教学法使学生学会在课堂活动中勇于表达自己的想法，培养了学生合作交流、独立思考、主动探究、纠错质疑的能力，学生的数学活动能力得到锻炼，数学综合素养显著提高。

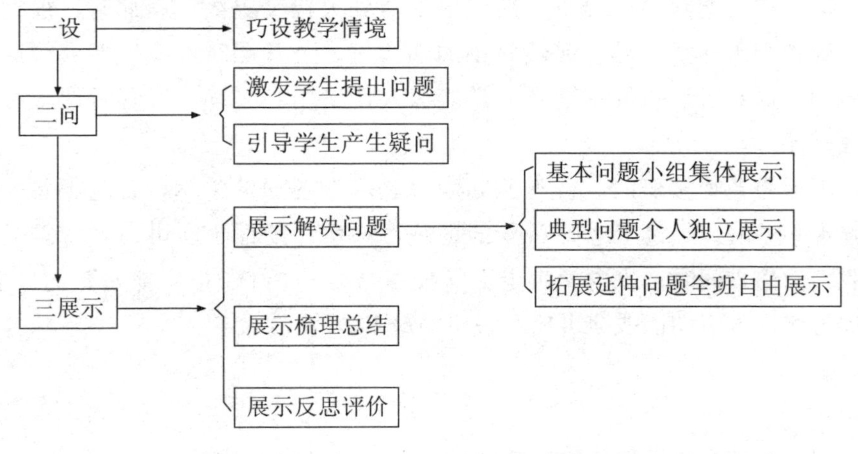

"一设二问三展示"数学教学法

三、“难点”攻关型

朗读是阅读教学中最常见、最重要的训练，因此，各年级都要重视朗读，充分发挥朗读对理解课文内容、发展语言、陶冶情感的作用。细心的语文教师不难发现，基本上新课程改革后的每一篇课文在学习目标中都有一点，那就是让学生能正确、流利、有感情的朗读课文。由此可见，小学生的朗读水平是其语文素养的重要组成部分。虽然，从一年级到六年级，几乎每节课都让学生朗读，但是真正能朗读好的学生却寥寥无几。

王淑秀老师经过反复实践，创建了一套适合本班学生的朗读训练法。首先，采用教师范读、榜样激励、名家感染等多种渠道提高学生的朗读兴趣。其次，实施切实可行的朗读指导方法提高朗读的有效性。一是实施分层训练：朗读水平较差的学生可加强基础训练、朗读中等生加强节奏的训练、全班学生进行语调的训练、朗读好的学生进行情感的训练。二是采用示范法、讲授法、比较法、情境法、欣赏法等加强朗读方法的指导。在整个过程进行不同的评价，以提高学生的朗读积极性。针对朗读好的学生，课堂上评选朗读小能手奖；针对朗读中等的学生，除了语言上的激励，更主要的是引导他们主动向朗读好的学生拜师学艺；对于朗读不是很好的学生，给其多一点时间反复练习，给予他们更多的鼓励。同时，结合平时的朗读成绩，期末进行综合评价，与考试成绩挂钩，占总成绩的10%。

学生在王老师的引导下，朗读水平得到大幅度提高。晨诵时，很远就能听到她们班抑扬顿挫、宛转悠扬的朗读声；公开课时，学生能够绘声绘色地朗读，对所学的每一篇课文都能深入情境用心去读，得到听课教师的一致好评。

王淑秀老师接班时，台秀旭同学只是一个普通的学生，音色不错，但朗读水平一般，经过王老师一年的训练，该生在朗诵、演讲、主持等活动中脱颖而出。同时，班内学生走上学校主持台、“红领巾广播站”的最多，参加市级、省级朗诵或演讲比赛获奖的最多。

识字教学是小学低年级教学的重点，汉字的枯燥难记又是教学的难点。

褚金霞老师为了激发学生识字兴趣，让学生扩大识字量，为提前阅读打好基础，在低年级就开始实施识字考级制。她在课堂上带领学生学会识字的方法；鼓励学生在生活中识字、阅读中识字。她根据学生的识字情况，随时颁发“识字大王”奖章，定期举行识字考级，对于考级过关的学生颁发相应的考级证书。这些措施都激起了学生识字的热情。这一方法得以在学校进行推广，带动了我校低年级识字教学的发展。

四、特色整合型

数学总给人枯燥无味、神秘难懂的感觉，因而很多学生不喜欢数学课，而这位教师以简单的板画来调动学生的视觉，引领学生的思维，使学生在不知不觉中掌握了数学知识。

课前，老师在黑板上飞速板画，利用黑板的黑色作海洋底色，用彩色的粉笔将鱼和其他海洋生物简单勾勒涂色。短短几分钟的时间，黑板便变得鲜活起来。

上课铃声响起的时候，学生们早已端坐在座位上认真观察图画了，有的发出唏嘘声，有的显得很兴奋，有的则小声地赞美着：“哇，真漂亮!”学生的思维被五彩缤纷的黑板吸引了。

老师先让学生欣赏、议论了几分钟，然后问道：“同学们认识这些可爱的海洋生物吗？谁能说出它们的名字?”学生争先恐后地回答。

生：我知道最大的在中间那个地方的是鲸鱼。

生：蓝色的那条是鲸鱼。

生：有1条鲸鱼。

生：鲸鱼好像不是鱼。

生：啊？那是什么？

老师及时表扬学生善思善辩，并对学生进行引导。

(师生小结：处在画面中间位置的，最大的这一条蓝颜色的是鲸鱼。)

(板书：中间　鲸鱼1条。)

生：我最喜欢老师画的海马。

生：海马在鲸鱼的下面。

生：海马有5条。

生：不对，是6条。

师：怎样才不容易数错呢？谁上来示范一下？

（师生小结：可以每数完一条，就用笔画掉一条，这样就不会重复数或者漏数了。）

（板书：下边　海马6条。）

生：我喜欢老师画的3只螃蟹。

生：螃蟹在鲸鱼的下面。

生：不对，是在鲸鱼的左边。

生：应该是在海马的左边。

师：螃蟹到底在鲸鱼的哪边呢？

（众生展开讨论，最后师生概括小结：螃蟹在鲸鱼的左下方。）

（板书：左下方　螃蟹3只。）

师：同学们都这么喜欢数数，下面老师给每位同学一次数数的机会，并把数的情况记下来，好不好？（给学生足够的时间数数，由数海生物发展到教室内物品、学生书包里的东西等，与实际生活紧密相连）

学生就这样自由地在黑板上、教室里搜索着自己想要认知的东西，并向伙伴们展示自己知道的东西，彼此相互补充着。在教师的表情提示或言语提示中，学生有次序地把诸多海洋生物或者其他物品的位置、数量关系等都准确表达了出来，并在议论的过程中收获了一些常识。课后的作业延伸，让学生尝试画出自己心目中的“海底世界”，画画时注意留心数量与位置等，体现出数学思想。

在这节上课，教师一句多余的话也没用说，和学生忘情地徜徉在“美丽的海底世界”。学生们很投入，人人参与，在教师的及时引领下，能够正确描述海洋生物的位置，思路清晰，回答问题踊跃。学生在气氛热烈的课堂中，轻松愉快地领悟到了新知识。课堂在充满热情、情绪高涨的氛围中结束，收到了意想不到的效果，教师授课轻松，学生学得自然。都说教一年级的学生很累，一节课下来，嗓子喊破，喉咙嘶哑。可是，在这节课上，并没有看到授课教师有倦容，反而因为课堂气氛和谐，学生学习主动，师生互动默契，让人感觉意犹未尽。这就是图画的力量吧，它让枯燥的数字、无味的语言，通过丰富多彩的画面悄悄渗透进学生的心田，让严肃的黑板也灿烂鲜活起来。

这位授课老师就是郑莲叶老师，郑老师喜欢音乐、美术，她创作的很多校园歌曲曾荣获国家级奖项。这个场景只是体现出了郑老师“画数学”的一个小画面，郑老师还利用自身优势，把艺术元素有机地整合到数学教学中，开展了一系列“画、唱、赏、演”等活动，使学生能由欣赏情境到融入情境，自然发现问题，并在兴趣中解决问题。这些形式的融合促进了学生的学习热情，开发了学生的想象力，培养了学生的创新能力和审美能力。学生在这样又画又唱又演的数学课堂里，怎能不高兴呢？

有家长说：“孩子以前就怕上数学课，现在成天盼着上数学课。孩子真是遇上好老师了。”

郑老师在随笔中写道：“我有一个梦想，我希望每一个孩子的身上都洋溢着艺术的气息。感谢学校开展的课程整合给了我发挥的空间和舞台。”

……

这些个性化的课堂教学，只是从我们实验小学课堂教学中采撷了几枚。在课堂教学改革方面，我校致力于改变学生的学习过程，激发学生学习的内驱力，尤其是要下大力气改变教师的教学方式，为学生创建幸福课堂。很多教师各具特色的教学风格和独特的教学模式受到了专家、其他教师的高度赞扬。如孙海莲老师上课善导，巧于设疑；叶晖老师上课善评，议论风生；初广莲老师上课善点，发幽探微；林在霞老师上课善演，绘声绘色；丁培霞老师上课重趣，引人入胜；纪永梅老师上课是和风细雨式的，讲起课来轻言慢语、娓娓道来；王柏玲老师长于逻辑推理，讲课环环紧扣、步步为营；初广宏老师上课幽默风趣、诙谐机智，深受学生喜爱；杜叶军老师以“方法多样、活中求实”让学生乐在其中。张燕、寇波、朱秀华、刘秀斌、宋杰锋、丁金霞、郭琳琳等老师以厚实的功底，全新的理念，分别展示出各自课堂独有的魅力。他们执教的课均以严谨的教学设计、独特的教学艺术、活泼的课堂气氛和良好的教学效果获得同行们的一致好评。真可谓“百花齐放，各展风姿”。

一位教育专家说，希望严谨的教师创造出严谨的课堂，豪放的教师创造出豪放的课堂，智慧的教师创造出智慧的课堂，灵秀的教师创造出灵秀的课堂，幽默的教师创造出幽默的课堂。我们呼唤丰富多彩有个性的新课堂！确实，没有教师的独特个性，就没有课堂教学的个性化与艺术性。只有个性化的教师，才能设计出个性化的课堂，才能把各门课上得“博大精

深”，上得“激情燃烧”……也正是因为教师“另辟蹊径”“独出心裁”“标新立异”的个性化教学，才让课改有了“晴空一鹤排云上，便引诗情到碧霄”的灿烂前景。

个性化教学的实践不仅使每位教师形成了自己的教学风格，成为不拘泥于模式的课堂主宰，更重要的是使课堂成了知识与思想的集散地、文本与生活的对接舱、智慧的孵化器、师生生命成长的平台。幸福快乐课堂不仅是一种模式，更是一种境界。在幸福快乐的课堂里，教学不再是灌输，而是学生在充分预习之后的个人体验、探究与对话，课堂上师生快乐互动，有发现问题后的喜悦，有解决不了时的困惑，也有教师引导后的豁然开朗，每个环节均体现了师生的智慧、品德、情感和创造才能。这个时候，学习就是一种艺术享受，课堂就是让人流连忘返的幸福殿堂。

参考文献

[1] 夏正江．论课程观的转型及其对新课改的影响［J］．课程·教材·教法．2005.

[2] 小威廉姆·E. 多尔．后现代课程观［M］．王红宇译．北京：教育科学出版社，2000.

[3] 保罗·弗莱雷著．被压迫者教育学［M］．顾建新，赵友华，何曙荣译．上海：华东师范大学出版社，2001.

[4] 戴维·伯姆著．论对话［M］．王松涛译．北京：教育科学出版社，2004.

江苏凤凰教育出版社
《行知工程》系列丛书目录

系列	序号	书名	主编	定价
教育探索者系列	1	《让个性绽放精彩——学校课程体系整合与创生》	谢建伟　徐淑萍	30.00
	2	《让每个学生都幸福——最能润泽生命的学校文化建设》	谢建伟　张新喜	30.00
教育家核心思想系列	3	《多元智能理论的本土化应用》	刘治富	30.00
	4	《大教育家最具施教力的教学思想》	白刚勋	30.00
创新教学探索系列	5	《粘连作文教学：让习作成为有个性的自我建构》	黄瑞夷	30.00
	6	《备学式教学——在体验中建构数学思维》	单广红　范雪梅	30.00
	7	《向着自主进发——自主教育的创新实施智慧》	朱亚红	30.00
	8	《写中学——让学习更有效的学科写作教学》	钟传祎	30.00
	9	《小学科学实验总动员 ——大科学课堂有效提升学生创新力》	江美华	30.00
	10	《小学语文单元整体课程实施与评价》	李怀源	30.00
	11	《小学英语单元整体课程实施与评价》	李怀源	30.00
	12	《小学数学单元整体课程实施与评价》	李怀源	30.00
行思讲坛系列	13	《师爱无疆——润泽学生心灵的教育故事》	侯忠彦	30.00
	14	《怎样反思更有效——促进教师专业发展的反思策略》	诸贝贝	30.00
	15	《成为高度自觉的教育者——写给后课标时代的数学教师》	许卫兵	30.00
	16	《哲思数学课》	刘全祥	30.00
	17	《把学生教聪明》	严育洪	30.00
	18	《教师最应该规避的教育误区》	杨坤道	30.00
	19	《用语文的方式教语文——潘文彬教学主张与实践智慧》	潘文彬	30.00
	20	《跨越式实现高效课堂 ——信息技术与课程整合高效教学方案评析》	陈　玲　刘　禹	30.00
	21	《怎样让阅读教学更有效 ——提升教学能力的十种读诵模式》	汪秀梅	28.00
	22	《让生命在润泽中起舞——当代小学生最需要的主题班会》	吴联星　罗　琳 冯卫东	30.00
	23	《让生命欢快拔节——当代中学生最需要的主题班会》	冯卫东　吴联星	30.00
	24	《课堂因生成而精彩——高效教学的生成智慧》	张文质	30.00
	25	《回到每一个人的生命化教育 ——张文质二甲中学教育行动录》	张文质	30.00
	26	《智慧数学课——黄爱华教学思维的实践策略》	黄爱华	30.00

系列	序号	书名	主编	定价
高效能教学系列	27	《让作文落地生根——提高写作实效的教学策略》	黄桂林	30.00
	28	《高效能作文教学 5 项修炼》	陈步华	30.00
	29	《高效能校长的 10 个好习惯》	张　勤	30.00
	30	《高效能教师的 10 个好习惯》	谢　英	30.00
	31	《高效能语文教学 5 项修炼》	王其华	30.00
教师必读系列	32	《教师不可不知的教学心理效应》	叶勇军	30.00
	33	《班主任不可不知的管理效应》	奚一琴	30.00
	34	《教师不可不知的教育心理效应》	孙　媛	30.00
	35	《校长不可不知的管理效应》	谢申刚　张金豹	30.00
	36	《成为好教师的 7 项修炼》	王福强　李维华	30.00
	37	《如何让学生会学习》	龙　冰	30.00
	38	《如何让学生爱学习》	周震宇　许小燕	30.00
幼师成长系列	30	《幼儿行为背后——教师如何读懂幼儿的心思》	吴亚英	30.00
	40	《最具教育力的 22 种幼儿教育思想》	杨　达	30.00
	41	《幼儿教师必知的安全应急措施》	杨　达	30.00
	42	《幼儿教师必备的教育技能》	李　玲	30.00
	43	《卓越园长 21 条幼儿园管理策略》	周　丹　江东秋	30.00
核心教学主张系列	44	《新生代语文名师核心教学主张》	许友兰	30.00
教育求索系列	45	《思政教学的人文力量》	戴晓华	30.00
	46	《师道新说——给教育者的 30 条箴言》	徐　卫	30.00
中国教育变革之路丛书	47	《百年树人师何为——教师队伍建设困顿与出路》	将丽珠　李玉向	30.00
	48	《入园何时不再难——学前教育困惑与抉择》	曾晓东 范　昕　周　慧	30.00
	49	《三尺书桌何处寻——流动人口子女教育困难与破解》	范先佐	30.00
	50	《苦旅何以得纾解——高考改革困境与突破》	郑若玲	30.00
	51	《择校纠结何时了——择校问题困局与治理》	曾晓东　周文海 曾娅琴	30.00
创新教学思想系列	52	《“大问题”教学的形与神》	黄爱华　张文质	30.00
校长领导力系列	53	《高品质学校生长要素》	王益民	30.00
	54	《校长高校教学领导力提升策略》	徐世贵　郭文哿	30.00

系列	序号	书　　名	主编	定价
教育漫笔系列	55	《课堂，诗意地栖居》	吴书华	30.00
新思维系列	56	《教育中的“不一定”——打破教育的19种思维惯式》	严育洪	30.00
教学全手册系列	57	《小学习作教学全手册》	郭家海	30.00
	58	《中学写作教学全手册》	郭家海	30.00
	59	《情境教学操作全手册》	冯卫东	35.00
	60	《合作教学操作全手册》	李春华	35.00
	61	《探究教学操作全手册》	周新桂	35.00
	62	《自主教学操作全手册》	诸葛彪	35.00
	63	《创新教学操作全手册》	王　玮	35.00
	64	《班主任工作全手册》	刘沛华	35.00
	65	《新教师工作全手册》	周震宇	35.00
	66	《学生心里健康教育全手册》	刘海莉　刘春杰	35.00
	67	《高效教学操作全手册》	马友平	35.00
校本研修系列	68	《特色校本课程开发范例解读》	刘永平　李秀伟　张雪梅	30.00
	69	《高效校本研修模型构建艺术》	刘素雁	30.00
教学提升系列	70	《有思想地教阅读——让学生学会品读文字真意》	王学东	30.00
教育艺术提升系列	71	《藏在师生体态语言里的教学智慧》	张　宇　廖生波	30.00
创新人才培养系列	72	《创新人才培养校园科普精品课程开发与指导——人大附中创新人才培养》	罗　滨	30.00
	73	《创新人才培养特色校本课程开发与创新人才培养——清华附中“国际安全下的科学技术”课程构建与实施》	王殿军　方　研　赵宏雁	30.00
	74	《创新人才培养：学校实验室建设与管理》	刘克文　杨发丽　杨　平	30.00
	75	《创新人才培养：数学探究活动开发与指导》	马云朋　韩继伟	30.00
	76	《创新人才培养：化学研究活动开发与指导》	王　磊	30.00
	77	《创新人才培养：物理探究活动开发与指导》	廖伯琴	30.00
	78	《创新人才培养：地理探究活动开发与指导》	张建珍　陈　澄	30.00
	79	《创新人才培养：生物探究活动开发与指导》	张迎春	30.00
	80	《创新人才培养：理念探索与思维突破》	王晶莹	30.00

系列	序号	书名	主编	定价
教育思想者系列	81	《教育，一切从孩子出发》	黄　俭	30.00
名师感悟系列	82	《让心灵伴着歌声成长——22位音乐名师的教育智慧》	陈　璞	30.00
	83	《超越自我的教师——32位名师的成长感悟》	李卫东　李秀伟	35.00
	84	《心灵的守护者——19位名班主任的教育智慧》	王晓松　曲文弘	30.00
	85	《名师感悟班主任有效工作艺术90例》	符礼科	30.00
	86	《名师感悟有效教学90例》	林高明　徐玉烟	30.00
新生代通派名师系列	87	《简约数学教学》	许卫兵	30.00
	88	《语文教学的本真——情意课堂展现母语之美》	吴建英	30.00
	89	《语文课堂的理想追求——欢快达成三维目标》	董一红	30.00
	90	《阅读教学的真髓——意象构建读出文学的真美》	祝　禧	30.00
	91	《美术教育的真谛——审美人生教育让生命绚丽成长》	陈铁梅	30.00
	92	《语文教学的理想境界——无痕教学润泽生命》	李　凤	30.00
	93	《儿童作文的本义——嬉乐作文让儿童乐并成长着》	王笑梅	30.00
	94	《名师是怎样炼成的》	王建明　王笑君	35.00